U0896965

“一带一路”视域下我国继续教育发展对策

鞠 华◎著

清华大学出版社
北 京

内 容 简 介

为使读者更系统地了解“一带一路”视域下我国继续教育发展的理论、技术和方法，本书通过文献检索、比较研究等方法，全景回放并跟踪探索国际、国内继续教育的发展动向，注重继续教育发展的运用，力求理论与实践相结合，体现我国继续教育发展的传承和创新。

本书共十章，主要包括继续教育的功能、发展现状、机遇挑战、发展对策、保障机制等，旨在深入学习和贯彻习近平总书记关于“一带一路”倡议构想和关于教育的重要论述的重要讲话精神，研究和探寻“一带一路”视域下我国继续教育的发展思路和对策。

本书适用于继续教育研究及主管机构，尤其是高校继续教育部门，以深入开展服务于“一带一路”倡议的继续教育改革与发展研究，建设具有国际化视野的继续教育研究和工作团队，为继续教育研究提供参照性建议，同时对从事继续教育的实践工作者也具有一定的参考价值。

图书在版编目（CIP）数据

“一带一路”视域下我国继续教育发展对策 / 鞠华著. — 北京：清华大学出版社，2021.12

ISBN 978-7-302-59887-9

Ⅰ. ①一…　Ⅱ. ①鞠…　Ⅲ. ①继续教育－发展－研究－中国　Ⅳ. ①G729.2

中国版本图书馆 CIP 数据核字（2021）第 278822 号

责任编辑：杜春杰
封面设计：刘　超
版式设计：文森时代
责任校对：马军令
责任印制：曹婉颖

出版发行：清华大学出版社
网　　址：http://www.tup.com.cn，http://www.wqbook.com
地　　址：北京清华大学学研大厦 A 座　　邮　　编：100084
社 总 机：010-62770175　　邮　　购：010-62786544
投稿与读者服务：010-62776969，c-service@tup.tsinghua.edu.cn
质量反馈：010-62772015，zhiliang@tup.tsinghua.edu.cn
印 装 者：小森印刷霸州有限公司
经　　销：全国新华书店
开　　本：170mm×240mm　　印　　张：16.25　　字　　数：273 千字
版　　次：2022 年 1 月第 1 版　　印　　次：2022 年 1 月第 1 次印刷
定　　价：69.80 元

产品编号：078178-01

序

马克思指出：“生产劳动和教育的早期结合是改造现代社会的最强有力的手段之一。”毛泽东强调：“学习一定要学到底，学习的最大敌人是不到‘底’。”习近平强调：“到了知识经济时代，一个人必须学习一辈子，才能跟上时代前进的脚步。”这些观点反映出马克思主义经典作家对学习的重视，以及终身学习的重要性。继续教育作为现代社会人力资源开发的重要手段，对人的终身学习能发挥“充电器”“加油站”的功能，在学习型社会建设中的作用举足轻重。

今天，《“一带一路”视域下我国继续教育发展对策》问世了，对此我感到由衷的高兴。本书以马克思主义世界观、方法论为指导，以宽广的眼界观察世界和时代，采用文献检索和比较研究法，在系统梳理继续教育历程、经验的基础上，结合习近平总书记关于“一带一路”倡议和发展教育的重要论述和指示精神，对“一带一路”视域下的我国继续教育发展做了系统分析。研究过程凸显理论联系实际，纵横结合，使得研究视野开阔，恢宏大气，富有新意。

我一直认为，从事继续教育不能故步自封、闭门造车，而要放眼长远、开放办学；举办国际教育也不能好高骛远、舍近求远，而要求真务实、与时俱进，要聚焦“一带一路”，在“走出去”“请进来”中拓展眼界、深入思考、开拓创新；要有开阔的视野、深厚的情怀、执着的信念、坚实的步伐，用心用情做好做实，与党和国家事业同心同德，与“一带一路”倡议同向同行，与经济社会发展同舟共济。

中国共产党一贯重视发展大众教育，增进民生福祉。以习近平总书记为核心的中共中央更是高度重视教育事业，发起“一带一路”倡议，谱写新时代教育新篇章。在举国庆祝中国共产党成立100周年之际，这本书的出版真可谓恰逢其时，也可算作给建党百年的一份献礼。

客观地说，这本书仍然存在一些不足之处。比如，重点聚焦于发达国家的做法和对中国的启示，对“一带一路”沿线发展中国家的分析和对策思考不多，有些论述还有待商榷。但这些不足与全书的研究价值、现实意义及作者表现出的研究精神和理论勇气相比，可谓瑕不掩瑜，且更加体现出深入研究、后续跟进的必要性。我希望鞠华同志今后继续对此进行深入研究和探讨。

是为序。

罗学科

2021 年 3 月于北京

目录

导论

自20世纪60年代联合国教科文组织倡导“终身教育”以来，各种形式的继续教育在世界范围内蓬勃发展起来，继续教育在现代教育中所占的比重越来越大，其特点也因各国国情的不同呈现多种形态。2016年，在国际社会为《2030年可持续发展议程》所做出的努力之下，第三次全球成人学习与教育报告（GRALEⅢ），由联合国教科文组织颁布，这份报告集中展示了全球成人学习与教育在健康和福利、就业和劳动力市场、公民和社区生活等多个领域的重要贡献。同时，全球继续教育在测评信息收集、经费资源投入、弱势群体关注、成人识字率提升、工作者专业化保障、性别教育平等多个方面也面临着一定挑战，并且这些挑战是持久和亟须解决的。继续教育应发挥自身优势，敢于应对上述挑战，不断主动地适应社会发展要求，以促进更广泛的经济、社会和人类发展。进入21世纪以来，伴随着经济全球化及教育大众化、国际化的时代潮流，我国为扩大对外开放而提出了“一带一路”倡议，其承载着我国对外开放的新梦想，必将成为“新常态”下我国发展的新引擎。

党的十八大报告强调，要推动高等教育内涵式发展，积极发展继续教育，完善终身教育体系。党的十八届三中全会强调，要坚持政府主导、企业主体、市场运作、社会参与，扩大对外文化交流，加强国际传播能力和对外话语体系建设，推动中华文化走向世界；要推进学前教育、特殊教育、继续教育改革发展。党的十九届五中全会擘画了“十四五”及中长期发展的宏伟蓝图，审议通过《中共中央关于制定国民经济和社会发展第十四个五年规划和二〇三五年远景目标的建议》，提出了“到2035年建成教育强国”的奋斗目标，明确了“十四五”时期建设高质量教育体系的战略任务，强调深入实施科教兴国战略、人才强国战略、创新驱动发展战略，强调繁荣发展文化事业和文化产业，提高国家文化软实力。

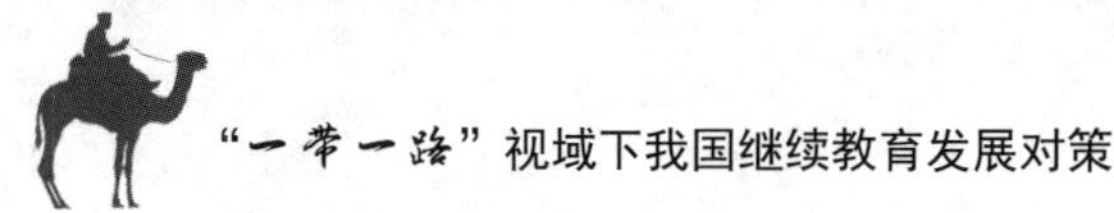

“一带一路”倡议提出以来，我国各项工作取得了积极进展，顶层设计逐步完善，支撑措施和保障体系陆续建立，国际认同度不断提高，重大项目成果初现。我国宜抓住机遇，把握节奏，引领新发展。“一带一路”倡议所涵盖的建设内容，包括基础设施、产业整合、项目落地、政策落实，涉及技术、资本、货币、贸易、文化、政策、民族、宗教等，这些内容无一不需要教育提供人才作为支撑。由于历史与国情现状的制约，“一带一路”沿线一些国家和地区至今无法摆脱社会贫困、饥饿、动乱的困扰，在现代化进程中迫切需要更多的人才来发展和壮大本国实力。由此可见，“一带一路”倡议不仅承载着我国扩大对外开放的时代使命，也担负着服务和推进沿线国家和地区发展的重要使命，同时也为我国当前和今后深化并推进继续教育发展提供了重大机遇。

就此而言，我国继续教育积极服务“一带一路”倡议和建设，就成为时代要求和题中应有之义，继续教育注定将在这项战略中承担独特使命，发挥广泛而深刻的人才技能培养和基础性推力作用。但受市场需求、教育改革、科技创新、产业优化等因素的影响，其发展也到了一个需要创新的关口。随着“一带一路”倡议的启动实施，我国继续教育发展的内涵、外延不断延伸，其地位和作用也日益凸显。如何抓住机遇，发挥好继续教育人才培养功能，服务好“一带一路”倡议，承担好“一带一路”倡议提出的新使命、新要求，既是时代赋予继续教育的重要使命，也是摆在继续教育面前的重要任务，更是当前和今后我国继续教育发展研究的必要选题。世界发达国家尤其是德国、新加坡等“一带一路”沿线发达国家发展继续教育的成就和经验，深刻地影响和启迪着我国继续教育发展，也将成为学术界、教育界研究的热点问题。

一、研究背景

1. 国际视角——世界经济在深度调整，新一轮科技革命和产业变革蓄势待发，绿色发展成为时代潮流

世界经济正在深度调整中曲折复苏。国际金融危机对世界经济的深层次影响在相当长时期内依然存在，国际产业分工格局在尽快调整。发达国家推动制造业回归，德国的“工业 4.0”战略、美国的“再工业化”战略、日本的“再兴战略”等正在积极实施。国际产业竞争格局加剧，新型经济体参与全球产业分

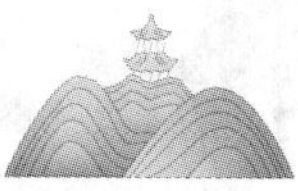

工，中国面临发达国家和发展中国家“双向挤压”。新一轮科技革命和产业变革正在兴起，以信息、生物、职能、新材料、低碳为代表的新技术正在加速融合，不断引发制造、能源、健康等新兴产业领域的颠覆性革命，战略性新兴产业发展成为新一轮竞争的制高点。欧美国家立足科技创新优势，在移动互联网、新能源、新材料、生物医药、智能机器人等领域寻求重大突破，以引领世界进入绿色智能发展新时代。绿色发展成为时代潮流，以绿色经济、低碳技术为代表的新一轮科技变革正在全球孕育。在我国，以物联网、云计算和信息科技深度应用为特征的电子信息产业将进一步发展壮大，新产业、新模式、新业态层出不穷。对于一个国家、一个地区而言，只有符合和顺应世界经济发展趋势，抓住战略机遇，打造并形成自己的核心竞争力，才有可能在国家乃至世界战略格局中占据制高点，从而实现自身的战略目标。

2. 国内视角——我国经济发展进入新常态，按照创新、协调、绿色、开放、共享的发展理念，全面建设社会主义现代化国家

我国经济发展进入新常态，经济增长的内涵、动力、路径、格局都将发生重大变化。经济增长速度从高速转向中高速，增长方式从粗放型向集约型转变，发展方式从规模速度型转向质量效率型，经济结构调整从以增量扩能为主转向调整存量、做优增量并举，发展动力从主要依靠资源和低成本劳动力等要素投入转向创新驱动。这一切意味着我国经济社会发展将全面转向遵循经济规律的科学发展、遵循自然规律的可持续发展、遵循社会规律的包容性发展。“十三五”的五年是我国按照创新、协调、绿色、开放、共享等发展理念全面建设小康社会的重要阶段，是我国“四化”同步的转型跨越期、转变发展方式的爬坡过坎期、支撑长期发展的动力转换期、实现中华民族伟大复兴的重要承载期。我国发展仍处于大有作为的重要战略机遇期，经济发展的基本面是好的，潜力大、韧性强、回旋余地大，同时也面临矛盾叠加、风险隐患增多的严峻挑战，特别是结构性产能过剩比较严重。在“十四五”及2035年中长期发展规划中，我国将按照五大发展理念全面建设社会主义现代化国家，努力实现更高质量、更有效率、更加公平、更可持续的发展。对于一个国家和地区的发展来说，必须以这五大发展理念为指导，将其贯彻落实到经济社会发展的各个方面。

二、研究现状

就理论研究而言，当前学术界、教育界在研究和归纳我国继续教育发展规律的同时，也将此作为我国发展继续教育、服务“一带一路”倡议的一个重要方式和方法，在机构设置和理论探索方面都取得了一定进步。第一，成立相关研究机构和创办相关学术刊物。清华大学等院校及有关部委单位都专门成立了继续教育研究机构，创办了《继续教育》《中国成人教育》《继续教育研究》《当代继续教育》等期刊。第二，发表大批继续教育相关论著。如董晓勇的《国外继续教育的发展现状及其对我国的启示》（《中国成人教育》2009 年第 19 期），周龙英的《“一带一路”战略人才需求效应下的高等教育路径探析》（《中国成人教育》2017 年第 4 期），杨学祥的《新加坡成人教育体系、特色及其启示》（《继续教育》2015 年第 1 期），王建明的《新时代高等继续教育发展的战略思考》（《终身教育研究》2019 年第 3 期）等。人们认为当前研究视界宏大，百花齐放，有的注重量化研究，有的注重中外比较，有的以时代视角展开研究。这些研究成果为新时代继续教育发展研究提供了良好的参考，为本书的研究打下了很好的基础。当然，有些问题还需要加以深化研究，比如世界发达国家发展继续教育的经验做法、我国继续教育面临的挑战、“一带一路”倡议对继续教育的需求及应对研究，等等。

就实践而言，自改革开放以来，我国启动和大力实施继续教育改革，在实现继续教育走社会化、市场化道路，提升办学效益尤其是社会效益方面取得了显著成效。但由于各种原因，我国继续教育在发展的根本问题上还面临一些亟待解决的问题，如教育理念不够先进、视野不够开阔、办学体制不够灵活、质量监控不够严密，绩效考核及激励机制不够健全等，仍旧处于教育整体管理的次要区甚至盲区，科学化、系统化和国际化程度还明显不够，而继续教育的开放性和互动性又注定了其瞄准国际水平、保证教育质量的关键性。

“一带一路”倡议是以习近平总书记为核心的党中央为统揽国际国内大局、顺应全球发展而提出的重大战略倡议，是总结继往、立足当下、面向未来的战略考量。继续教育是国民终身教育体系的重要组成部分，对“一带一路”倡议具有不可或缺的人才支撑作用。展望今后，在“一带一路”倡议视角下，我国

继续教育在理论和实践方面的开拓创新增长点很多。一方面，助推“走出去”，为国内培养涉及“一带一路”沿线建设的一大批懂经济、擅管理、长技术，以及了解“一带一路”沿线国情、法律、语言的高素质劳动者和拔尖创新人才；另一方面，助推“请进来”，为“一带一路”沿线国家和地区尤其是亚非发展中国家相关人员开展中国传统文化、法制规范、技术技能等方面的培训，为“一带一路”倡议建设的人才培养和项目落地发挥“充电器”“加油站”乃至“智囊库”功能。

要实现这一目标使命，发挥这一功能成效，我国继续教育需要进一步学习和借鉴世界主要发达国家的先进经验和做法，结合我国国情特色和战略需要，在继续教育发展上拓展国际化办学视野，坚持规模与质量并重、传承与创新并重、经济效益与社会效益兼顾的原则，融入先进理念，创新项目菜单，培养涉外师资，强化过程与质量管理，推进我国继续教育国际化、科学化、规范化发展，打造出国际影响力强、区域辐射力强、战略贡献力强、综合效益强的中国特色继续教育品牌，为“一带一路”倡议的实施，也为助推我国教育综合改革、经济社会的长远发展和“四个全面”战略建设做出应有的贡献。

三、研究目标

在市场经济、知识经济、全球化加速推进，倡导知识经济、学习型社会、终身学习和终身教育的今天，学历教育后的继续教育已经成为世界各国教育体系的重要组成部分，其服务于地方经济和社会发展，不仅是科学研究的基本职能和根本任务，也是继续教育发展本身的需求。正如人们在世界第四次继续工程教育大会上所描绘的那样，无论是发达国家还是发展中国家，继续工程教育均是其强盛并发达的基本保障。在以经济建设为中心，在科教兴国和民族复兴为重任的时代背景下，如何创建适合我国国情的继续教育运作模式，如何满足社会和个人对学历教育后的教育需求，如何保证继续教育的质量是我国政府、产业界和学术界所共同关心的问题。

本书旨在立足于“一带一路”倡议和我国继续教育发展需求，以国际视野借鉴和吸纳世界主要发达国家的有益经验，探索我国继续教育适应和服务“一带一路”倡议的对策和路径。总体研究思路是：通过解析“一带一路”倡议对我国继续教育的使命要求，分析我国继续教育的发展现状和存在的瓶颈，有针对性地梳理世界主要发达国家尤其是德国、新加坡等“一带一路”沿线发达国家发展继续教育的先进经验和有效做法，结合我国国情和“一带一路”倡议要求，对我国继续教育适应和服务“一带一路”倡议的发展路径进行对策性探索。通过研究，提出具有国际视野的、体现时代特征的“开放式”继续教育发展新理念，为我国继续教育发展探寻与“一带一路”倡议相适应、相协调的新路径，为“一带一路”倡议建设提供智力支持。

四、研究内容

1. 关于“一带一路”倡议视域下继续教育的功能及使命

继续教育是终身教育的重要组成部分，在人才培养中具有独特作用。“一带一路”倡议不仅承载着我国对外开放的新梦想，也为继续教育的发展提供了重大机遇。“一带一路”倡议仅有物质和资金投入还明显不够，人才是核心因素，也是战略成功的关键。通过继续教育，培养一大批懂经济、擅管理、长技术，以及了解“一带一路”沿线国情、法律、语言的高素质劳动者和拔尖创新人才，显得尤其紧迫。在这方面，继续教育面临难得的发展机遇，应大有作为。抓住机遇、找好定位、聚焦需求、扬长避短，发挥自身人才培养功能，服务“一带一路”倡议，就成为时代赋予我国继续教育的一项重要使命。

2. 关于我国继续教育的发展现状及瓶颈

梳理和归纳我国继续教育发展历程、办学特色、管理模式及主要成就，并深入分析“一带一路”视域下我国继续教育发展所面临的瓶颈和挑战。总体来说，我国继续教育已逐步形成规模宏大、形式多样的办学格局和宽门类、多样化、灵活的发展特点，但也存在教育理念不够先进、办学体制不够灵活、质量监控不够严密、绩效考核和激励机制不够健全等瓶颈问题。

3. 关于世界主要发达国家继续教育的发展现状及经验

我们应对世界主要发达国家继续教育的发展历程加以系统梳理，对其关键要素和理念加以分析，以此为我国的继续教育提供借鉴。美国、德国、新加坡

等国家经过多年发展，逐步形成了适应本国发展并与其他各类教育相互联系的继续教育模式，具有体系完善、设置便捷、内容新颖、灵活开放等显著特点。其中，德国的“双元制”、新加坡的“教学工厂”模式颇具特色。其中，可供我国借鉴之处有顶层设计合理、法制保障健全、管理层次多元、课程设置科学、质量监控严格、经费资源充足等。

4. 关于“一带一路”视域下我国继续教育的发展路径

立足于当今世界继续教育发展潮流和走向，适应“一带一路”倡议对我国继续教育发展带来的机遇和需求，借鉴世界主要发达国家继续教育发展经验，结合我国国情和继续教育发展瓶颈，我国继续教育发展模式及应对策略获得了启发性梳理，主要包括如下几个方面。

（1）顶层设计方面，研究如何规划“一带一路”视域下我国继续教育的发展，包括制定政策文件、提供经费保障、完善技术支持、建设学习载体、支持弱势群体、开展专项研究等。

（2）办学理念方面，研究如何拓展继续教育办学的国际视野，包括树立现代教育理念、增强大局意识、研究人才需求、遵循继续教育发展规律，以提升社会效益和经济效益。

（3）管理体制方面，研究如何构建政府层面和社会层面相结合的多元管理体制机制，包括建立继续教育队伍，规范办学行为，推动继续教育依法办学、规范运行、稳定发展等。

（4）教育内容方面，研究如何提升人才经济、管理、技术等能力及沿线国情、人文等知识水平，包括借鉴德国“双元制”模式，设置开放灵活的继续教育课程体系和培训项目等。

（5）培养对象方面，研究如何培养服务于“一带一路”倡议的国内人才及沿线人才，包括根据“一带一路”倡议需求，将教育培训和就业取向有效结合，满足各类不同需求，等等。

（6）统筹资源方面，研究如何发挥我国传统优势和特色，统筹国内外资源，包括引入市场机制、创新教育项目、推动继续教育产学研相结合、不断增强继续教育办学活力等。

（7）质量监控方面，研究如何健全继续教育培养质量考核和评价机制质量

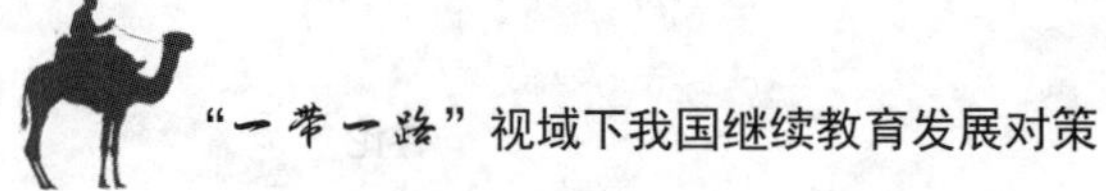

监控体系，包括办学激励与约束规则、质量监控和良性循环机制、提升办学质量水平和可信度等。

（8）结合“一带一路”倡议目标和“四个全面”战略布局，以及“十四五”及2035年中长期发展规划要求，展望我国继续教育发展的目标、任务和前景，对我国当前和今后推动继续教育发展，服务“一带一路”倡议进行战略评估和展望，包括明确新的目标和任务、提升新的视野和境界、形成新的思路和举措，将之作为整体研究的收功。

以上是研究的总体思路和框架，研究中结合国家相关新政策、新理论，通过调研分析、科学论证和专家咨询等，对以上框架加以充实和完善，探索适应和服务“一带一路”倡议的高层次、高质量、高效益和高水平的我国继续教育新时代发展之路。

五、拟突破的重点和难点

研究重点在于：一是“一带一路”倡议视域下我国继续教育功能定位及使命分析，结合“一带一路”倡议需求，对继续教育的时代角色、目标定位和重要意义进行中长远展望和深入分析；二是结合国情特色，针对“一带一路”倡议要求，结合“互联网+”技术，探索我国继续教育紧跟时代、抓住机遇、服务“一带一路”倡议、走向国际化的发展模式和对策思路。

研究难点在于：梳理和归纳世界主要发达国家继续教育发展经验和特点，结合我国国情和“一带一路”倡议需求，探索我国继续教育国际辐射力和竞争力的增强之路，并做好效益评估考核。

六、研究思路和方法

世界主要发达国家在发展继续教育方面所取得的经验和成绩对我国继续教育具有借鉴价值。本项目将梳理世界主要发达国家，“一带一路”沿线，我国继续教育发展历程、成就及经验等，进行比较研究，并结合“一带一路”倡议对我国继续教育提供的机遇和需求，就如何进一步适应和服务“一带一路”倡议，拓展国际视野、提升教育水平和功能辐射能力，对我国继续教育创新发展提供对策思路。本书在研究中，将穿插运用以下具体研究方法。

1. 文本解读法

在广泛搜集和梳理世界主要发达国家以及我国继续教育、国家“一带一路”倡议等方面的相关政策、文本、文献的基础上，深入分析我国继续教育发展现状、存在的问题、面临的机遇和挑战，全面发掘我国继续教育发展的潜能，实现继续教育发展理论从传统解释框架向经典真实视界的历史回归，从而为我国继续教育发展路径的创新提供新的基点和新的增长点。

2. 纵横结合法

本项目在研究中力求使纵观与横观有机结合。纵观层面上，在总体介绍世界主要发达国家继续教育发展历程的基础上，厘清其继续教育发展的经验、特色和趋向脉络；横观层面上，以顶层设计、价值取向和质量管理为主要关注点，对我国继续教育发展进行探究。

3. 比较研究法

利用此方法将世界主要发达国家与我国继续教育发展历程和经验做法进行比较分析，尤其对照德国、新加坡等“一带一路”沿线发达国家的经验和特色，结合“一带一路”倡议对继续教育的发展需求，为开展我国继续教育发展的创新研究提供国际视野并奠定扎实基础，也便于多视角、全面地认识我国继续教育发展的现实路径，凸显其时代必要性和当代价值。

第一章 “一带一路”倡议与继续教育认知

第一节 “一带一路”倡议

“一带一路”（The Belt and Road，B&R）是“丝绸之路经济带”和“21世纪海上丝绸之路”的简称。它将充分依靠中国与有关国家既有的双多边机制，借用古代丝绸之路的历史符号，借助既有的、行之有效的区域合作平台，高举和平发展的旗帜，积极发展与沿线国家和地区的经济合作伙伴关系，共同打造政治互信、经济融合、文化包容的利益共同体、命运共同体和责任共同体，为人类和平发展做出更大的贡献。

“一带一路”倡议是一项系统性工程，要坚持共商、共建、共享原则，推进沿线国家和地区发展战略相互对接。为推进实施“一带一路”倡议，让古丝绸之路焕发新的生机与活力，以新的形式使亚欧非各国联系更加紧密，通过互利合作迈向新的历史高度，2015年3月28日，国家发展改革委、外交部、商务部联合发布《推动共建丝绸之路经济带和21世纪海上丝绸之路的愿景与行动》（以下简称《愿景与行动》）。2021年3月12日，新发布的《中华人民共和国国民经济和社会发展第十四个五年规划和2035年远景目标纲要》强调“坚持共商共建共享原则，秉持绿色、开放、廉洁理念，深化务实合作，加强安全保障，促进共同发展”。

一、时代背景

当今世界发生着复杂深刻的变化，国际金融危机深层次影响着世界经济发展，世界经济缓慢复苏、发展分化，国际投资贸易格局和多边投资贸易规则正在酝酿深刻调整，各国面临的发展问题依然严峻。2013 年，习近平主席在出访中亚和东南亚期间，首次提出共建“丝绸之路经济带”和“21 世纪海上丝绸之路”（并称为“一带一路”）的倡议。同年，中国-东盟博览会提出加快“一带一路”建设，推动沿线各国经济繁荣与区域经济合作，从此，社会各界就如何推进“一带一路”建设积极进行探讨并建言献策。2015 年，中国政府发布《愿景与行动》，标志着“一带一路”倡议进入实质性运行阶段。丝绸之路经济带由中亚一直延伸至欧洲，21 世纪海上丝绸之路则连通通往东南亚、中东和非洲的海上航线。

“一带一路”倡议的主要内容包括工程建设与经济贸易、区域政治与安全秩序、人文交流与相互合作等。第一，在经济方面，通过“一带一路”形成全方位的开放格局，扩大中国同其他国家以及地区间的经济贸易和互相合作；第二，从国际安全角度考虑，通过发展“一带一路”来创设合作共享、和谐友好的国际环境；第三，从人文交流方面而言，“一带一路”倡议可增进世界不同国家、不同地域、不同民族以及世界不同文化（中国文化、印度文化、伊斯兰文化、欧美文化等）之间的彼此了解和融合，有助于促进世界人类文明的繁荣与发展。

“一带一路”倡议顺应世界多极化、经济全球化、文化多样化、社会信息化的潮流，秉持开放的区域合作精神，致力于维护全球自由贸易体系和开放型世界经济。共建“一带一路”旨在促进经济要素有序自由流动、资源高效配置和市场深度融合，推动沿线各国实现经济政策协调，开展更大范围、更高水平、更深层次的区域合作，共同打造开放、包容、均衡、普惠的区域经济合作架构。共建“一带一路”致力于亚欧非大陆及附近海洋的互联互通，建立和加强沿线各国互联互通伙伴关系，构建全方位、多层次、复合型的互联互通网络，实现沿线各国多元、自主、平衡、可持续的发展。“一带一路”的互联互通项目将推动沿线各国发展战略的对接与耦合，发掘区域内市场潜力，促进投资和消费，

创造需求和就业，增进沿线各国人民的人文交流与文明互鉴，让各国人民相逢相知、互信互敬，共享和谐、安宁、富裕的生活。共建“一带一路”符合国际社会的根本利益，彰显人类社会共同理想和美好追求，是国际合作以及全球治理新模式的积极探索，将为世界和平与发展增添新的正能量。

二、共建原则

“一带一路”秉承共商、共建、共享原则，恪守联合国宪章的宗旨和原则，遵守和平共处五项原则，即尊重各国主权和领土完整、互不侵犯、互不干涉内政、和平共处、平等互利。

（1）坚持开放合作。“一带一路”相关的国家基于但不限于古代丝绸之路的范围，各国和国际、地区组织均可参与，让共建成果惠及更广泛的区域。

（2）坚持和谐包容。倡导文明宽容，尊重各国发展道路和模式的选择，加强不同文明之间的对话，求同存异、兼容并蓄、和平共处、共生共荣。

（3）坚持市场运作。遵循市场规律和国际通行规则，充分发挥市场在资源配置中的决定性作用和各类企业的主体作用，同时发挥好政府的作用。

（4）坚持互利共赢。兼顾各方利益和关切，寻求利益契合点和合作最大公约数，体现各方智慧和创意，各施所长，各尽所能，把各方优势和潜力充分发挥出来。

三、框架思路

“一带一路”是促进共同发展、实现共同繁荣的合作共赢之路，是增进理解信任、加强全方位交流的和平友谊之路。中国政府倡议秉持和平合作、开放包容、互学互鉴、互利共赢的理念，全方位推进务实合作，打造政治互信、经济融合、文化包容的利益共同体、命运共同体和责任共同体。

“一带一路”贯穿亚欧非大陆，一头是活跃的东亚经济圈，一头是发达的欧洲经济圈，中间广大腹地的国家经济发展潜力巨大。丝绸之路经济带有三条重点线路，即中国经中亚、俄罗斯至欧洲（波罗的海），中国经中亚、西亚至波斯湾、地中海，中国至东南亚、南亚、印度洋。21 世纪海上丝绸之路重点方向则是从中国沿海港口过南海到印度洋，延伸至欧洲；从中国沿海港口过南海到南太平洋。

根据"一带一路"走向，陆上依托国际大通道，以沿线中心城市为支撑，以重点经贸产业园区为合作平台，共同打造新亚欧大陆桥、中蒙俄、中国—中亚—西亚、中国—中南半岛等国际经济合作走廊；海上以重点港口为节点，共同建设通畅、安全、高效的运输大通道。中巴、中孟印缅经济走廊与推进"一带一路"倡议关联紧密，要进一步推动合作，以取得更大进展。

"一带一路"倡议是沿线各国开放合作的宏大经济愿景，需各国携手努力，朝着互利互惠、共同安全的目标相向而行，要努力实现区域基础设施更加完善，基本形成安全高效的陆海空通道网络，使互联互通达到新水平；使投资贸易便利化水平进一步提升，基本形成高标准自由贸易区网络，经济联系更加紧密，政治互信更加深入，人文交流更加广泛，不同文明互鉴共荣，各国人民相知相交、和平友好。

四、合作机制

当前，世界经济融合加速发展，区域合作方兴未艾，应积极利用现有双多边合作机制，推动"一带一路"倡议，促进区域合作蓬勃发展。

加强双边合作，开展多层次、多渠道沟通磋商，推动双边关系全面发展。推动签署合作备忘录或合作规划，建设一批双边合作示范。建立完善双边联合工作机制，研究推进"一带一路"倡议的实施方案、行动路线图。充分发挥现有联委会、混委会、协委会、指导委员会、管理委员会等双边机制作用，协调推动合作项目实施。

强化多边合作机制作用，发挥上海合作组织（SCO）、中国-东盟"10+1"、亚太经合组织（APEC）、亚欧会议（ASEM）、亚洲合作对话（ACD）、亚信会议（CICA）、中阿合作论坛、中国-海合会战略对话、大湄公河次区域（GMS）经济合作、中亚区域经济合作（CAREC）等现有多边合作机制作用，相关国家加强沟通，让更多国家和地区参与"一带一路"倡议。

继续发挥沿线各国区域、次区域相关国际论坛、展会以及博鳌亚洲论坛、中国-东盟博览会、中国-亚欧博览会、欧亚经济论坛、中国国际投资贸易洽谈会，以及中国-南亚博览会、中国-阿拉伯博览会、中国西部国际博览会、中国-俄罗斯博览会、前海合作论坛等平台的建设性作用；支持沿线地方、民间挖掘

“一带一路”历史文化遗产，联合举办专项投资、贸易、文化交流活动，办好丝绸之路（敦煌）国际文化博览会、丝绸之路国际电影节和图书展；倡议建立“一带一路”国际高峰论坛。

五、“一带一路”倡议对继续教育人才培养的需求

1. 基础设施投资与建设管理专业人才

“一带一路”建设重点是工程建设与经济贸易，需要大量的交通、信息、能源、金融、经济贸易等不同领域的工程技术人员、项目设计与管理等专业人才。我国的高等继续教育只有培养如交通运输、能源资源以及货币金融等项目的人才，才能有力推动“一带一路”建设，可“一带一路”发展中对于这类专业型人才的诉求并不完全等同于目前国内对专业型人才的需求，而是要求专业人才还必须具备应对国际合同的应变能力，而且熟悉国际主流的基础设施领域、公私合营的融资模式等（如 PPP 模式），以便能有效实现投资与项目管理。

2. 高层次的国际贸易人才

“一带一路”建设需要通过继续教育培养众多既懂得资本运作和货币流通，又通晓贸易规则和国际规则的专业人才。目前，“一带一路”沿线国家和地区的对外贸易已不再沿袭传统的商品贸易方式，而是转型为更加宽泛的产业贸易、资本贸易、文化贸易、知识贸易、信息贸易，这些贸易方式也逐步占据我国对外贸易的主导地位。然而，当前我国继续教育所实施的人才培养方案和教育模式却不能适应“一带一路”背景下的现代贸易方式，培养出来的大部分毕业生往往对国际贸易知识一知半解，只是进行了肤浅的学习和理解，这与“一带一路”倡议对于人才的需求还相差甚远，从而极大地制约了“一带一路”沿线国际商品贸易的发展速度及规模。因此，“一带一路”倡议提出我国继续教育应该弥补高层次国际贸易人才培养的短板，重点将国际贸易人才的培养重点向跨境电子商务、知识产权交易、电子物流、国际采购等行业新知识、高技能倾斜，从而满足“一带一路”对国际贸易人才的迫切需求。

3. 综合型、复合型人才

"一带一路"建设必然涉及沿线国家和地区的人文交流与合作，其中主要内容体现在区域性的语言文化、科技人文、卫生环保、旅游文化等人文领域的交流联系和沟通协作上。由于"一带一路"沿线国家和地区的国情民情、宗教信仰、地域文化等都存在非常大的差异，针对"一带一路"建设过程中产生的问题和困难，我国高等教育响应国家"一带一路"倡议，加快培养更能适应"一带一路"倡议所需要的综合型、复合型人才。我国高等继续教育通过志愿者、学术研究以及文化交流等多种渠道和形式，加强对"一带一路"沿线国家和地区的风俗民情、文化特色等的了解和研究，以便更好、更快地推进"一带一路"建设中的人文交流与合作。

作为最先提出"一带一路"倡议的中国，理应在"一带一路"建设和项目实施推进中承担重任，起到表率与示范作用。然而现在遇到的最大瓶颈便是小语种即非通用语言的人才短缺。在"一带一路"建设进程中，沿线国家和地区所涉及的行业领域以及项目实施无一不需要教育作为支撑，尤其需要继续教育提供相应的人才支撑。目前，我国继续教育取得了长足发展，但面对"一带一路"建设的人才需求新形势的任务与要求，也面临着前所未有的挑战。

2016 年 7 月 13 日，教育部印发《推进共建"一带一路"教育行动》，在教育领域提出推进"一带一路"倡议的具体思路、重点合作内容以及基础性举措。文件指出，"一带一路"为推动区域教育大开放、大交流、大融合提供了大契机。"一带一路"沿线教育加强合作、共同行动，既是共建"一带一路"的重要组成部分，又为共建"一带一路"提供了人才支撑。中国愿与沿线各国一道，秉持开放合作、互利共赢理念，共同构建多元化教育合作机制，制定时间表和路线图，推动弹性化合作进程，打造示范性合作项目，满足各方发展需要，促进共同发展。为此，倡议沿线各国积极行动起来，加强战略规划对接和政策磋商，探索教育合作交流的机制与模式，增加教育合作交流的广度和深度，追求教育合作交流的质量和效益，互知互信、互帮互助、互学互鉴，携手推动教育发展，促进民心相通，构建"一带一路"教育共同体，共创人类美好生活新篇章。由此可见，"一带一路"倡议承载着我国对外开放的伟大梦想，将成为新常态下我国经济增长和社会发展的重要途径，也将为我国教育发展提供宝

贵契机。

国家“十四五”规划及2035年远景目标强调“开展高水平中外合作办学。发挥在线教育优势，完善终身学习体系，建设学习型社会。推进高水平大学开放教育资源，完善注册学习和弹性学习制度，畅通不同类型学习成果的互认和转换渠道”，“创新办学模式，深化产教融合、校企合作，鼓励企业举办高质量职业技术教育，探索中国特色学徒制”。在这样的时代背景下，作为现代经济社会发展“引擎”之称的继续教育，如何积极响应并融入“一带一路”倡议，创新继续教育对人才培养的路径，则是目前需要高度关注的重要课题。这也是新时代我国继续教育创新发展的动力之所在。

目前国内教育仍主要重视针对英语、德语、法语等大语种的专业教育，而对于小语种方面专业人才的培养力度不够，培养意识比较淡薄，从而导致小语种专业人才非常紧缺，成为“一带一路”建设项目顺利推进的最大障碍。因此，我国继续教育要积极适应和满足“一带一路”国家人才发展需求，重点加强对综合型、复合型人才的培养力度。

第二节 继续教育认知

1983年10月1日，邓小平指出：“教育要面向现代化、面向世界、面向未来。”[①]提出了教育走向世界的问题。2015年3月28日，《愿景与行动》提出，“整合现有资源，积极开拓和推进与沿线国家在青年就业、创业培训、职业技能开发、社会保障管理服务、公共行政管理等共同关心领域的务实合作。”《教育部2017年工作要点》明确指出，“加快优化结构，促进各级各类教育协调发展。”提出了教育创新发展的问题。

继续教育是终身教育的重要组成部分，在人才培养尤其是青年就业、创业培训、职业技能开发等方面具有独特的作用，应该有所作为，也必然大有作为。“一带一路”倡议不仅承载着我国对外开放的新梦想，而且也为我国继续教育的改革发展提供了重大机遇。“一带一路”倡议仅有物质和资金投入显然不够，

① 邓小平文选（第二卷）[M]. 北京：人民出版社，1994：35.

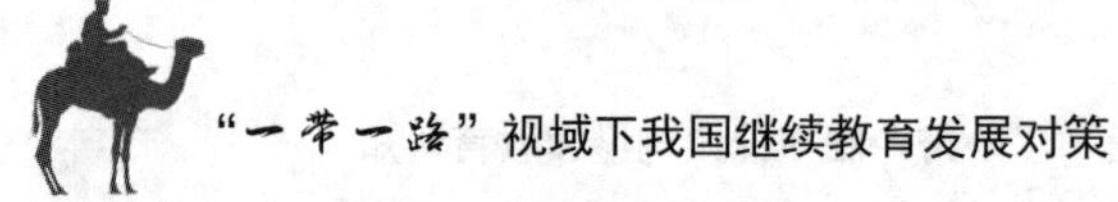

而人才才是核心因素，也是战略成功的关键。推进“一带一路”建设，为深化我国与沿线国家和地区的继续教育交流合作提供了新契机，开拓了新视野，提供了新机遇，提出了新任务。因此，科学认知，抓住机遇，找好定位，大有作为，发挥自身人才培养功能，服务“一带一路”倡议，就成为时代赋予我国继续教育的一项重要使命。

一、继续教育的内涵

继续教育是一种有别于常规学校教育的特殊教育形式，是产生于现代工业社会、在终身教育背景下迅速发展起来的一个新的教育领域，也是当今世界教育发展和改革的重要趋势。继续教育是终身教育的一个新领域，也是建设终身学习体系与教育事业发展的重要组成部分。终身学习以及与之相联系的终身教育和学习型社会等概念，是在人类社会从工业经济向知识经济转变的大背景下，在常规学校教育已经不能适应人类社会变革的基础上提出并不断发展而来的。由于教育与社会发展水平以及文化传统等因素息息相关，各个国家对继续教育的领域、对象、内容、目的等有不同的理解和解释，在表述上也存在一定差异，而且随着社会和经济的发展，对其赋予的内涵也在不断发生变化，其差异性主要集中在教育对象（包括文化程度或者学历起点）、教育形式和内容的限定等方面，这使得不同国家的继续教育有着特定的概念及内涵，也就是功能使命。

一般来讲，继续教育对象是那些离开了常规学校教育，进入社会且从事工作的成年人，主要是专业技术人员。继续教育主要内容是对专业技术人员的知识和技能进行增新、补充、拓展和提高，其主要目的是完善专业技术人员的知识结构，提高其创新能力和专业技术水平。继续教育是新兴的教育领域，它不是一般的学历教育，它能帮助专业技术人员及时、自觉地了解国内外科学技术发展的趋势，熟悉并掌握本学科以及相关学科的最新发展动向，提高解决实际问题的能力，开发创造力，突出知识创新、技术创新及学习能力的培养。

在我国，继续教育通常指大学后的在职专业技术人员和管理人员的再教育。而旨在全面提高受教育者的整体素质的教育也被泛称为继续教育，它的主旨是提高受教育者的思想道德水准，改善其智能结构，增强其专业能力，特别是开发受教育者潜在的创造力，全面提高受教育者的整体素质，以适应并促进科技、经济、社会的协调发展。继续教育的这个定位基本上得到了大众的认可。同时，

政治体制改革要求改变政府职能，实行公务员制度所开展的公务员培训。如教师在工作一段时间后，为提升自身修养、提高教学水平而接受的函授、面授等教育也被称为继续教育。这样，继续教育已不再是传统意义上的第二次学习机会或学习某种技能的手段，它已成为受教育者提升个人修养、塑造个性和公民意识、提高公民心理素质的综合学习途径。根据我国现状，可以这样来界定继续教育：“广义的继续教育，是指在大学毕业参加工作后又重新接受的高层次教育；狭义的继续教育，是指具有中等以上技术职称的专业技术人员和管理人员所接受的再教育。”只有这样的界定，才能包含目前出现的各种继续教育现象。继续教育和学前教育、学校教育，共同构成了我国终身教育体系。

二、继续教育的特点

继续教育概念起源于工业化国家，并被工业化国家普遍认同。继续教育活动可追溯到20世纪初，其本质动因在于科技进步和经济发展。美国是最早开展继续教育活动的国家，第二次世界大战后逐步形成体系并初具规模，20世纪60年代发展到欧洲，20世纪70年代引起发展中国家的重视。现在继续教育在国际上方兴未艾，已成为一种国际潮流，成为人们普遍关注的问题之一。继续教育是终身教育体系的重要组成部分，其主要特点是开放性强、灵活性强、门槛低，能充分满足各阶段学习人群的教育需求。

三、继续教育的作用

继续教育能够充分改善人工智能结构体系中存在的缺陷，继而不断提升人工智能的基本水平，提升教育者自身的知识储备，提高其专业技能和综合素养。此外，继续教育作为人才培养的重要形式，能够有效促进社会生产力和社会经济的发展。所以，继续教育已成为知识经济时代的重要组成部分。国外发达国家对于继续教育非常重视，其中，德国继续教育被认为是独立的教育领域，其继续教育和普通高校教育可以相提并论；英国继续教育被赋予了较高的地位，已经成为英国经济发展和人才培养的重要途径；我国也逐渐认可继续教育在人才培养和社会经济增长中发挥的作用。相关文件明确表示，国家应当以人才培养为教育发展目标，加强对非学历人员的继续教育，从而促进学历继续教育的稳步发展。所以，在"一带一路"背景下必须不断加快继续教育的发展速度，充分发挥继续教育的基本作用，提升服务"一带一路"倡议的水平，从而全面提升我国经济实力和国际地位。

可见，继续教育是面向学校教育后所有社会成员的教育活动，是终身教育体系的重要组成部分，是提高国民科技文化素质和就业、创业、创新能力的重要途径。在新的历史时期，加快发展继续教育是提升国家核心竞争力和推进创新型国家建设的必然要求，是促进我国经济发展方式转变和产业结构调整的重要支撑，是构建终身教育体系和建设学习型社会的迫切需要，也是持续开发人力资源和满足广大社会成员日益增长的多样化教育需求的重要举措，对于大力推进社会主义文化大发展大繁荣、全面建设社会主义现代化国家具有重大意义。

四、继续教育的体系

继续教育的发展并不是主观产物，而是多种因素共同作用的客观结果，需要加强对目标影响因素及发展过程的分析，同时，继续教育发展具备一定的时空属性，有着具体方向，也是一种长远的发展机制与体系，因此，审视、分析和构建继续教育发展要素就具有现实必要性。从整体来看，继续教育的发展要素包括多重内容，需要从体制、机制、载体、保障、形式等多个方面来分析。在这里，笔者以部分国家为例进行要素审视。

1. 法律法规

一个国家经济社会的快速发展与其完善的继续教育法规保障密不可分，依法开展继续教育是世界各国的普遍做法。例如，第二次世界大战以后，英国率先颁布了《巴特勒法案》，此后出台的《罗宾斯报告》《教育改革法案》《继续高等教育法案》，逐步完善了英国继续教育法律体系。[①]1965 年美国颁布的《高等教育法案》提出要加大对继续教育的支持力度，1966 年通过的《成人教育法》对成人教育的目的、内容、管理体制和经费保障等方面进行了详细的阐述，此后美国又相继颁布了《终身学习法》《继续教育法案》《帕金斯职业教

① 金作岩．国外继续教育的发展和启示——以美国、英国和韩国为例[J]．北京劳动保障职业学院学报，2012（4）：20-22．

育法》等。法国 1919 年颁布了《阿杰斯法》，之后通过了《职业培训法》《终身培训法》《职业继续教育改革法》，明确规定企业应对员工开展继续教育培训，1960 年出台的《高等教育基本法》中规定了大学应开设继续教育相关课程。[①]德国出台的《联邦职业教育法》和《劳动促进法》，规定了企业在开展职工继续教育方面的责任和义务，《联邦促进培训法》和《高校常规法》对职工进行职业进修、转业教育等方面内容做出了明确的规定。[②]韩国在 1983 年修订的《宪法》中明确提出要大力发展终身教育，1996 年修订了《社会教育法》并更名为《终身学习法》，1997 年通过了《学分认证法》，《终身教育法》自 1999 年正式颁布以来已进行数次修订。日本 1988 年将社会教育局改为“终身学习局”，随后颁布了《终身学习振兴法》，2002 年又出台了《终身学习完善法》。印度于 1977 年发布了《成人教育——政策声明》，宣布成人教育和初等教育是国家教育规划的重点，1985 年颁布《印度英迪拉甘地国立开放大学法》。斯洛文尼亚 2007 年通过《成人教育法案》。孟加拉国 2006 年颁布《非正规教育政策》等。各国初次的继续教育立法均不是完善之法、独立之法，有的通过修订继续完善教育立法，有的则通过出台其他法律法规作为补充来完善继续教育的法律保障体系。

2. 管理体制

欧美等发达国家相继制定了带有本国特点的继续教育管理体制，为发展继续教育提供了强有力的保障。其中，英国是最早采用“国家体系、地方管理”政策的国家，实施“教育和技能部、学习和技能委员会、继续教育和培训机构”三级管理架构。[③]美国继续教育的运行和管理与其联邦制紧密相关，联邦政府通过立法和经费拨款等方式实施宏观调控，地方政府根据本地区的实际情况实施具体管理。法国实行中央集权制管理，分为中央、学区、省三级教育行政机关，中央层面由国家职业教育部管理全国继续教育工作，各省、区都设立了相应的继续教育管理协调机构。[④]日本的中央文部科学省及其终身学习局负责统筹管理和制定政策，地方政府设有相应的机构或终身学习推进中心。韩国设立

① 任舒泽．法国继续教育的特色及其借鉴意义[J]．法国研究，2009（2）：77-81.
② 潘玉萍．德国继续教育的经验及对我国的启示[J]．继续教育研究，2011（1）：149-151.
③ 李兴洲，卢海红．继续教育的国际经验[J]．教育研究，2013（11）：21-28.
④ 任舒泽．法国继续教育的特色及其借鉴意义[J]．法国研究，2009（2）：77-81.

了中央、道—市、市—郡—区三级推进框架和韩国终身教育行政机构、审议协议机构、专责推动机构三个层次。[①]近邻日、韩所采用的继续教育行政主管部门负责宏观调控，审议协议机构负责监督检查，培训机构和学校开展具体继续教育工作的管理体制值得借鉴。这一点，本书后面还将展开介绍。

3. 学分转换机制

1997年，韩国政府通过了《学分认证法》，成为第一个在国家层面建立学分银行制度的国家。学分银行对学习者的学习经历进行认证，当积累了足够多的经过学分银行认证的学分后就可以申请相关的学位。[②]截至2013年8月，韩国学分银行系统已经包括218个专业、6112个教学科目、567个评价认证机构的27 019门课程，登录注册人员高达130 206人，毕业生人数为69 773人。[③]美国是最早开始进行学分转移实践的国家，主要在两年制社区学院和四年制大学之间开展，1947年美国将初级学院定名为社区学院，学生可以在社区学院学习，并将所修学分经过认证转移到大学中。20世纪90年代初期，欧盟建立了学分转换与积累系统（ECTS），ECTS为成员国提供了一种学分积累、比较和转换的工具，推进了欧洲高等教育区的形成，实现了学生跨国学习的学分积累和转换，提高了欧洲整体教学质量。1995年，加拿大各学位授予机构达成了《泛加拿大协议》，即对学生在大学学习前两年的学分进行认证和转换，学生可以通过认证的学分继续参加高等教育学习。1995年，澳大利亚各地区通过了《澳大利亚认证框架协议》，2000年修正为《澳大利亚资格框架》，资格框架能够对学习者的工作和学习经历进行认定。

据不完全统计，全球已有150多个国家和地区建立或正在建立资格框架。[④]各国的学习成果积累和转换制度为学习者提供了灵活多样的继续教育环境，满足了学习者在不同阶段对学习的需求。我国幅员辽阔，各地教育发展水平不均衡，因此在短时间内无法建立国家层面统一的学分积累和转换制度，各地应在行政辖区或职教集团的局部范围内探索建立学分互认机制。

---

① 孟嘉，王国辉．韩国终身教育三级推进框架：内涵、特点及启示[J]．职教论坛，2014（6）：36.

② 杨晨，顾凤佳．国外学分银行制度综述[J]．中国远程教育，2014（8）：29-39.

③ 朴仁钟．终身学习型社会与韩国的学分银行制[J]．开放教育研究，2012（1）：16-20.

④ 赖立．中国继续教育发展报告2013[M]．北京：教育科学出版社，2016：193.

4. 机构载体

美国主要有社区学院、高校、成人学校、行业协会和企业继续教育机构，其中大学和社区教育是主要的教育载体。美国是典型的社区教育发达的国家，其社区学院可以颁发副学士学位。英国主要有三类继续教育机构，第一类是高等教育机构开设的成人或继续教育学院，第二类是高等教育学院，第三类是第六级学院。法国主要有地区成人技术学校联合体、国家成人职业培训协会、大学培训中心、各大企业设立的培训中心、国立科学技术与管理学院和法国远程教育中心。德国的继续教育学院是专门的继续教育机构，其公立和私立大学也提供高等继续教育，除此之外，社会培训机构、应用大学、科研机构和企业的研究性机构也开展了继续教育工作。[①]韩国主要有开展职业技术教育、网络远程教育的大学以及企业大学。日本主要有普通高校、企业、专修学校、放送大学和社会教育系统。印度则有以国立开放大学为代表的远程开放教育体系。其他国家也有有自身特色的继续教育载体，在此不再一一列举。

5. 经费保障

经费投入是发展继续教育的必要保障，各国基本形成了政府、企业和个人分摊继续教育经费的模式。如，美国联邦政府通过常规拨款、专项资金拨款、奖学金、减免税务等方式对继续教育投入经费，同时还有地方政府、企业及雇主在职工教育上投入经费。英国的继续教育经费来源广泛，包括政府、企业和个人投入，国家教育和技能部联合学习和技能委员会以及地方教育管理机构制定了一系列的经费保障制度。[②]法国继续教育经费来源和美国类似，主要来源于两个方面，一个是中央和地方政府的资金投入，其中，地方政府投入约占总投入的 30%，另一个是雇主向继续教育提供的资助。德国推行终身学习资助计划，一方面提供经费给终身学习机构，另一方面对个人实施终身学习援助。[③]近年来，日本政府逐年增加社会教育预算投入，日本政府、民间和学术界在继续教育经费方面都给予了很大支持，资金渠道多元化，设立“地方终身学习振兴

---

① 张云平，齐恩平．发达国家高等继续教育对我国的启示[J]．继续教育研究，2016（9）：115-117.

② 宋宝瑜．英国继续教育新进展解析与启示[J]．继续教育，2009（2）：63-64.

③ 李珅．德国继续教育的 3 驾马车[N]．光明日报，2013-12-07（5）.

费补助金”，地方政府拨款约占98%，中央拨款仅占2%。[①]

6. 开放大学

开放大学是一种新型大学。它以终身教育思想为引领，以开放教育为基本特征，强调开放、灵活、优质、便捷的办学理念，充分运用现代信息技术，创新办学形式、组织模式和运行机制，依据区域经济社会发展水平、高等教育状况、教育普及程度等因素，为每一个有愿望、有能力学习的社会成员提供高等教育的机会和服务，发挥在构建终身教育体系和建设学习型社会中的功能性作用。在世界范围内，不少发达国家和发展中国家都开设了这种新型的开放大学，积累了许多成功经验，不同程度上实现了“大规模、高质量、低成本”的教育目标。自1971年英国开放大学成立以来，众多国家掀起了创办开放大学的热潮。德国、西班牙、伊朗、巴基斯坦、荷兰、印度、韩国和日本等60余个国家相继建立了开放大学，为社会成员提供学历和非学历教育，印度、英国、伊朗等国家的开放大学甚至拥有硕士、博士授予权，各国开放大学形成了各具特色的发展路径和发展模式，促进了本国继续教育的快速发展。

第三节　继续教育新认识

习近平主席在2017年出席“一带一路”国际合作高峰论坛开幕式上曾指出，国之交在于民相亲。“一带一路”倡议提出后，受到了沿线国家和地区、国际舆论的高度关注和积极响应。落实“一带一路”倡议，需要坚持“共商、共建、共享”的原则，坚持正确义利观的价值导向，践行亲、诚、惠、容的周边外交理念，大力弘扬“和平合作、开放包容、互学互鉴、互利共赢”的丝绸之路精神。加强与沿线国家和地区教育、文化、旅游、卫生等领域交流合作，扩大人文合作领域，促进民间交流合作，为深化合作夯实民意基础和社会基础。“一带一路”倡议具有很强的开放性、包容性，它鼓励各方共同参与建设，群策群力、共襄盛举，让沿线国家和地区人民感受到实实在在的好处。把“一带一路”建实建好，将为推动沿线国家和地区共同发展，促进世界和平、稳定、繁荣做出新的贡献。

---

① 赖立．中国继续教育发展报告2012[M]．北京：教育科学出版社，2012：187．

一、对“一带一路”视域下继续教育发展的看法

随着“一带一路”倡议的提出，我国继续教育迎来了国际化发展的新机遇。在“一带一路”视域下，加快培养更能适应“一带一路”建设需要的各类技能型人才，推进“一带一路”发展是目前继续教育工作的重要内容之一，对此也形成了一些关于继续教育的看法。

1. 继续教育是一种行为

一种观点认为，“一带一路”视域下继续教育就是面向“一带一路”沿线，参与国际化活动，开展国家间的继续教育合作与交流，积极发展我国继续教育思想的活动和行为；另一种观点认为，这种继续教育是派遣和招收留学生、学者互访以及进行学术交流的活动和行为。这两种认识的共性是：都要以“一带一路”为载体，符合国际标准，与国际惯例接轨，在办学水平、教育质量、教育效益、教育潮流、教育惯例、统计标准等方面都要与“一带一路”倡议衔接和同步。

2. 继续教育是一种模式

“一带一路”视域下，继续教育是一种时代化的教育模式，也是对外开放进入成熟阶段的一种国际化教育模式。这种模式在某种程度上可以衡量一个国家紧跟时代、对外开放、重视和加强继续教育办学的水准，乃至在“一带一路”沿线的水平方面可以展现和带动国家国际化、现代化办学能力，具体则表现为这种模式的认同性、交流性与开放性。

3. 继续教育是一种结构系统

这种系统主要包含：一是“一带一路”视域下继续教育及其持续性发展的认识与信念，是各国继续教育系统高度认同的内在信念，对于“一带一路”沿线继续教育起着引领和整合的作用；二是处理继续教育与社会知识、科学技术、教育机构以及国民素质的关系，为“一带一路”视域下继续教育发展提供基本政策和措施；三是根据“一带一路”视域下继续教育的具体活动总结并适时调整适应时代发展的举措。

4. 继续教育是一种发展过程

这种过程一方面包含思想、模式与教学课程、教材以及教师与学生在"一带一路"沿线国家和地区间的交流过程；另一方面也包含跨文化与本国继续教育的交汇融合。"一带一路"视域下继续教育的发展过程会受到社会政治、经济、文化等因素的制约与影响，但态度与观念是继续教育面向"一带一路"沿线国家和地区的坚实基础，有了"一带一路"的意识和氛围才能有效地进行继续教育的合作与交流。

5. 继续教育是一种人才培养模式

这种观念侧重于对教师、师生的态度和技能的培养进行研究讨论。经济全球化推动了人才的全球化流动，培养跨文化人才是"一带一路"倡议对人才的需求。所谓跨文化人才，就是具有国际视野、全球意识、人文关怀精神，拥有适应行业发展趋势的知识、技能型人才。

二、"一带一路"视域下继续教育发展包含的要素分析

"一带一路"视域下我国继续教育发展涉及方方面面的要素，包含着十分广泛的内容。有的学者认为主要包括三方面因素，即课程、人员交流和国际技术援助与合作计划。有的学者认为，主要包括继续教育目标的"一带一路"化，即培养面向"一带一路"的通用技能型人才；继续教育内容的"一带一路"化，即专业设置、项目设计以及课程内容的"一带一路"化；继续教育合作的"一带一路"化，包括师生互换、学位等值、国际联合办学、合作研究、学术会议等。此外，还有人员要素、财务要素、信息要素和结构要素的"一带一路"化。

1. 人员要素的"一带一路"化

它是指继续教育主题在"一带一路"沿线范围内流动。其中，学生（学员）、教师和专家学者的国际交流是其主要组成部分。具有"一带一路"知识和经验的教师，不仅可以推动教学科研向着"一带一路"化的方向发展，而且可以提高继续教育机构的知名度，从而促进机构的"一带一路"化方向发展、实现机构的教学"一带一路"化。通过增加教师访问进修的数量和频率，面向"一带

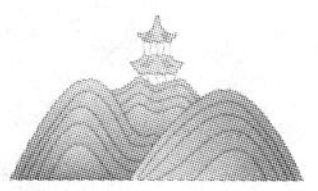

一路”沿线招聘教师和学者，邀请知名专家、学者来校讲学，聘请著名学者为名誉或客座教授等方式，使教师队伍趋向“一带一路”化，也可使继续教育思想观念、课程及教学向着“一带一路”化的方向发展，对提高本国继续教育质量意义重大。

2. 财务要素的“一带一路”化

它主要包括继续教育经费来源与分配的“一带一路”化，以及教学与科研设施的“一带一路”化。按照“木桶效益原理”，要使“一带一路”化工作迅速开展，必须同步提供“一带一路”化的各项财务配套工作，尤其要解决薄弱环节，如留学生奖学金或助学金制度、国际合作与交流经费的来源等。

3. 信息要素的“一带一路”化

它包括教育理念、教育目标、课程内容及基于知识的“一带一路”化。随着“一带一路”沿线国家和地区对教育关注度的提高，各国为促进本国教育发展均提出了一些具有指导性的教育发展理念，即旨在“努力培养适应经济全球化、信息全球化，有国际意识和国际竞争力、能参与国际交往的人才”。人才的培养需要在教学过程中实施并完成，继续教育机构必须具备适应“一带一路”倡议所需要的教师，教学过程必须依赖于课程结构和教学组织。要实现继续教育教学的“一带一路”化，就必须要有与“一带一路”接轨的科学合理的课程体系和教学内容。

4. 结构要素的“一带一路”化

它是指适当的继续教育制度，比如学时、学分、学位制度及国际合作与交流机构等，这是继续教育“一带一路”化的基本保障。继续教育院校机构之间的交流将使得学时、学分、学位制度趋于一致或相似。学生（学员）可以在“一带一路”沿线有关院校机构流动，互相承认学时学分学位、所学知识技能和结业专业鉴定证书。目前，国内继续教育院校机构这种情况还不多，面向“一带一路”沿线开展继续教育，应该参照相应的法律和公约尽快建立等值互认制度。目前，各层次、各领域、各类型的中外合作继续教育办学项目正如雨后春笋般地发展起来，需要对照既有成果在继续教育领域开办不出国门的留学教育。

第二章　我国继续教育发展历程及现状

第一节　我国继续教育发展历程

我国是一个人口众多的发展中国家，公民的整体教育水平还不高，对继续教育的需求巨大，在教育类别、内容、方式、时间等方面也呈现出多样化特点。在这种条件下，继续教育的发展导向必然是基本教育和质量提高相结合。中华人民共和国成立以来，我国继续教育从无到有，从弱到强，逐步形成了繁荣发展之势。从其发展的历程来看，在不同的历史时期其内涵也不同，但总体呈现扩大发展的态势。继续教育在我国发展中的战略地位愈发显著，承载的任务也十分复杂和艰巨。

一、继续教育的孕育时期（20 世纪 50 年代初—70 年代中后期）

中华人民共和国成立前期，《中国人民政治协商会议共同纲领》规定，教育方针是“教育为工农服务，为生产服务”。根据此方针详细规定了应注重技术教育，加强劳动者的业余教育和在职干部教育，给青年知识分子和旧知识分子以革命的政治教育，以适应革命工作和国家建设工作的广泛需要。[①]这些规

① 中共中央文献研究室. 建党以来重要文献选编（第二十六册）[M]. 北京：中央文献出版社，2011.

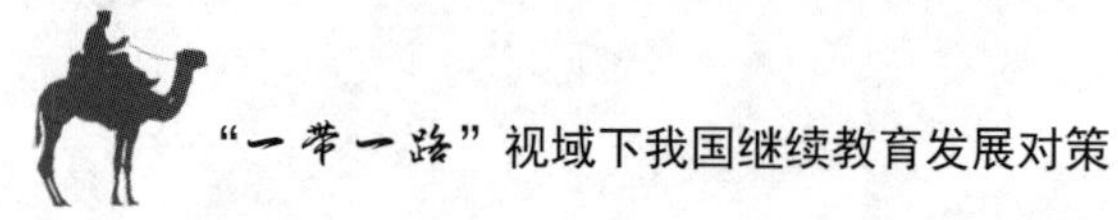

定为中华人民共和国成立后大力发展继续教育做好了铺垫。

中华人民共和国成立后，继续教育（当时称为工农教育、社会教育）取得了很大的发展，继续教育的内涵发生了一系列变化。1950 年，中国人民大学根据教育部要求率先开办夜大学。但由于当时人们文化素质普遍偏低，故继续教育更多地体现为补偿教育。如 1953—1956 年共出现了三次大的扫盲高潮，普遍地提高了人们的文化素质。当然，我国在注重发展补偿教育的同时也注意到了普及与提高的关系。1955 年 12 月 19—28 日，高等教育部等部委联合召开了全国职工业余教育工作会议，时任高等教育部部长的杨秀峰在《大力发展从小学到大学的职工业余教育，努力提高职工文化水平和培养国家人才》的报告中认为，职工业余教育担负着两大任务：一是普遍地提高职工群众的文化水平，二是培养科学技术人才和管理干部。

1956 年，我国生产资料私有制的社会主义改造基本完成，标志着社会主义制度在我国基本确立，国内的主要矛盾转到了人民对于经济文化迅速发展的需要同当前经济文化不能满足人民需要的状况之间的矛盾。因此，全国人民的主要任务也就是大力发展生产力，实现国家的工业化，逐步满足人民群众日益增长的物质文化需要。此后成人高等教育飞速发展起来，继续教育系统初步形成。1956 年，教育部决定自当年秋季起在复旦大学、北京大学、厦门大学等综合大学举办函授教育。从 1957 年起，函授教育、夜大学迅速发展，仅北京就有 21 所高校举办。由于当时我国劳动力素质低，继续教育发挥的作用只是使劳动力素质普遍提高，主要包含在工农教育之中，还谈不上真正意义上的继续教育、终身教育。

20 世纪 60 年代，新技术在世界范围内迅速崛起，信息技术、生物技术、新兴材料技术、新能源技术和海洋开发技术不断涌现，世界范围内迎来了“知识爆炸”的时代。由于知识更新加快，一次性教育理论，即读完大学取得最高学位就不必再接受教育的理论已过时。许多新技术、新理论、新学科必须经过再教育的形式，才能被很快地掌握。由此，从 20 世纪 70 年代始，继续教育迎来了许多专家口中的“黄金时期”。此时，正处在我国的“文革”十年动乱期间，“左”倾错误极其严重，继续教育遭到严重破坏，机构基本被撤销，队伍基本被解散，各级各类成人学校绝大多数被迫停办。总的来说，当时全国经济文教各方面都处于不正常状态。“文革”结束时，我国经济处于崩溃的边缘，

国际上掀起的继续教育运动对我国并没有造成什么影响，这一阶段只是我国继续教育的孕育阶段。

二、继续教育的产生和发展时期（20 世纪 70 年代末期—80 年代中期）

1978 年召开的党的十一届三中全会标志着我国社会主义现代化建设新时期的开始。在邓小平领导下，我国实行了改革开放政策，从此打破了中国与西方资本主义隔绝的状态，在经济、文化、科技与教育等方面开始与西方开展交流。1979 年，清华大学张宪宏把继续教育的概念和情况介绍到国内，随后继续教育在我国开始萌芽和发展。一些企业、高等学校、科研机构根据国际继续教育发展的情况，结合自身实际，围绕技术改造、产品开发，对理工科的工程技术人员开展了继续教育，取得了较高的经济效益。

同时，随着改革开放的深入，特别是科学技术和商品经济的发展，社会主义竞争机制逐步形成，社会对继续教育的需求愈加迫切。1980 年 8 月，中国科协二届二次会议通过了《关于积极开展在职科技人员专业培训工作的意见》，对我国科技人员接受继续教育的方针、对象、内容、经费来源、组织领导等各个方面做了原则性规定。从这些原则性规定中可以看出，当时的继续教育只是“继续工程教育”，而不是现代意义上的继续教育。但是，这已然在继续教育史上迈出了比较坚实的一步。1983 年，我国著名科学家华罗庚、王大珩等人在第六届全国人民代表大会上共同提出开展继续教育并建立机构的倡议，受到了我国政府的重视。1984 年 11 月，中国继续教育工程协会在北京成立。1985 年，中共中央在《关于教育体制改革的决定》中明确提出干部、职工、农民的成人教育和广播电视教育是我国教育事业极为重要的组成部分。

三、继续教育的扩大发展时期（20 世纪 80 年代后期—90 年代初）

随着改革开放的不断深入，改革浪潮波及各个领域。为了适应社会发展的需要，1986 年，第六届全国人民代表大会第四次会议关于“七五”规划的报告明确指出要逐步建立和完善对科技人员继续教育的制度，首次将继续教育突出列入政府工作的议事日程。从此以后，继续教育工程在我国得到了蓬勃的发展，为我国的经济建设做出了重大的贡献。1987 年 6 月，国务院批转《国家教委会关于改革和发展成人教育的决定》指出，在整个教育事业中，成人教育与基础教育、职业技术教育、普通高等教育同等重要。大力发展成人教育，不断提高亿万劳动者的思想道德素质和科学文化素质，使经济和社会的发展具有更加坚实可靠的人才基础，这对于把我国建设成为高度民主、高度文明的社会主义现代化国家具有重要的战略意义。该决议将提高全社会对继续教育在社会主义现代化建设中的重要地位和作用的认识，作为社会经济发展和科学技术进步的必要条件。1987 年 12 月，国家教委、国家科委、国家经委、劳动人事部、财政部、中国科协共同颁发的《关于开展大学后继续教育的暂行规定》提出，大学后继续教育的对象是已具有大学专科以上学历或中级以上专业职务的在职专业技术人员和管理人员，重点是中、青年骨干，任务是使受教育者的知识结构和能力得到扩展、加深和提高，使其结构趋向合理，水平保持先进，以便更好地满足岗位、职务的需要，促进我国科技进步、经济繁荣和社会发展。以上改革举措为推动我国成人继续教育的发展提供了根本保障，促成了继续教育在我国各个领域齐头并进良好态势的形成。

四、继续教育的转型发展时期（20 世纪 90 年代）

1990 年以后，国家针对一些学校"乱办学、乱收费、乱发文凭"的问题进行了治理整顿，对继续教育进行了规范化管理。1992 年，党的十四大提出建立社会主义市场经济体制的改革目标，对包括教育在内的经济社会发展各领域的改革提出了新要求。1993 年中共中央、国务院发布《中国教育改革和发展纲要》（中发〔1993〕3 号），提出了 20 世纪 90 年代成人与继续教育发展目标，将成人教育界定为传统学校教育向终身教育发展的一种新型教育制度。1995 年 9 月，党的十四届五中全会提出了跨世纪经济发展的两个转变：一是经济体制从传统的计划经济体制向社会主义市场经济体制转变，二是经济增长方式从粗放型向集约型转变。同时《中共中央关于建立社会主义市场经济体制若干问题的决定》指出，以公有制为主体的现代企业制度是社会主义市场经济体制的基础。

国有企业作为我国国民经济的支柱，对社会主义经济体制能否真正建立起关键性作用，故国有企业作为新经济体制的中心环节必须建立现代企业制度，而建立现代企业制度的难点也就是国有企业如何改革的问题。从现代企业制度的基本特征来看，其中一点就是“管理科学”，即以科学的企业领导体制和组织管理制度，调节所有者、经营者和职工之间的关系，形成激励和约束相结合的经营机制。这就要求加强国有企业领导者的领导水平与管理者的管理水平。针对这个问题，邓小平同志也曾强调：“企业管理是一件大事，一定要认真搞好。”① 而我国的国有企业在计划经济体制下形成的主要弊端之一就是领导与管理基本上都是经验型的，而要实现从经验决策到科学决策的过渡，就需要开展“领导科学”和“管理科学”的继续教育。加之企业迫切要求采用现代管理技术，纷纷准备建立管理信息系统（MIS），这也对继续教育提出了迫切需要。因此，提高领导者和管理者的领导与管理水平就成了继续教育的时代主题。1999 年国务院批转教育部《面向 21 世纪教育振兴行动计划》，指出终身教育将是教育发展和社会进步的共同要求，提出逐步建立和完善终身教育体系，到 2010 年，基本建立起终身学习体系，认为现代远程教育是随着现代信息技术的发展而产生的一种新型教育方式，是构筑知识经济时代人们终身学习体系的主要手段。至此，终身教育、终身学习、学习型社会已经成为人们普遍接受的教育和社会发展理念并逐步上升为国家战略。

五、继续教育的创新发展时期（21 世纪以来）

2002 年，党的十六大报告将“形成全民学习、终身学习的学习型社会，促进人的全面发展”作为全面建设小康社会的重要目标。2007 年党的十七大提出要使“现代国民教育体系更加完善，终身教育体系基本形成”作为全面建设小康社会的新要求，提出“发展远程教育和继续教育，建设全民学习、终身学习的学习型社会”“健全面向全体劳动者的职业教育培训制度，加强农村富余劳动力转移培训”的战略举措。在党中央进一步重视和推进继续教育创新发展的大环境下，继续教育的诸多方面实现了创新发展。2005 年，福建省颁布了第一

① 邓小平文选（第二卷）[M]．北京：人民出版社，1994：30．

个省级终身教育专门法规《福建省终身教育条例》。2010 年 7 月，中共中央、国务院颁布《国家中长期教育改革和发展规划纲要（2010—2020 年）》，这份 21 世纪面向全面建成小康社会在教育领域的纲领性文件指出，要更新继续教育观念，加大投入力度，以加强人力资源能力建设为核心，大力发展非学历继续教育，稳步发展学历继续教育，重视老年教育，倡导全民阅读，广泛开展城乡社区教育，加快各类学习型组织建设，基本形成全民学习、终身学习的学习型社会。该纲要进一步强调了继续教育的重要性，把继续教育发展列为我国教育事业发展的重要组成部分。它面向已结束了不同层次学校教育、进入社会的成员，是特别针对成人的各种教育活动，在内容上包括学历教育和非学历教育，正规和非正规、非正式教育，既包括职业导向的教育，即和学习者就业与提高工作水平密切相关的各种培训和教育，也包括非职业导向，即以丰富精神生活和提高生活质量为主要内容的教育。2011 年教育部启动了“高等学校继续教育示范基地建设”项目。2012 年由清华大学、北京大学等百所高校及百家企业共同发起成立了“大学与企业继续教育联盟”。从 2012 年起先后确定国家开放大学、北京开放大学等 6 所试点开放大学，试行普通高校、高职院校、成人高校之间学分转换，实现多种学习渠道、学习方式、学习结果的相互衔接。

六、继续教育的高质量发展时期（党的十八大以来）

受终身教育的深刻影响，我国社区教育、老年教育和学习型城市建设均实现了长足发展，先后建设了六批全国教育实验区和四批全国社区教育示范区。2013 年首届国际学习型城市大会在北京成功举办，对推进我国学习型城市建设起到了积极作用。2014 年教育部等七部门发布《关于推进学习型城市建设的意见》（教职成〔2014〕10 号），提出“通过学习型城市建设，促进全民学习、终身学习，促进城市的包容、繁荣和可持续发展”。2016 年教育部等九部门颁布《关于进一步推进社区教育发展的意见》（教职成〔2016〕4 号），提出“到 2020 年社区教育治理体系初步形成，内容形式更加丰富……居民参与率和满意度显著提高，基本形成具有中国特色的社区教育发展模式”的发展目标。在我国老龄化社会特征日趋显著的情况下，老年教育逐渐引发政府和社会高度关注，2016 年《老年教育发展规划（2016—2020 年）》（国办发〔2016〕74 号），

提出“以扩大老年教育供给为重点，以创新老年教育体制机制为关键，以提高老年人的生命和生活质量为目的，提升老年教育现代化水平”的发展思路和“教育内容不断丰富，形式更加多样……到2020年以各种形式经常性参与教育活动的老年人占老年人口总数的比例达到20%以上”的具体目标。

党的十九大做出了“中国特色社会主义进入新时代，社会主要矛盾已经转化为人民日益增长的美好生活需要和不平衡不充分的发展之间的矛盾”的重大判断。新时代对继续教育高质量发展提出了新要求：一是将优先发展教育事业列为“提高保障和改善民生水平”的首要之策，提出“办好继续教育，加快建设学习型社会，大力提高国民素质”“办好网络教育”“完善职业教育和培训体系”等一系列具有明确质量导向的新目标；二是围绕经济社会高质量发展对各领域人才培养和继续教育提出了具体任务，如在加快建设创新型国家中提出“培养造就一大批具有国际水平的战略科技人才、科技领军人才、青年科技人才和高水平创新团队”。

2017年至今，国家连续出台相关政策文件大力推进继续教育的高质量发展。2017年出台《“十三五”全国新型职业农民培育发展规划》，2018年分层分类培育新型职业农民100万人以上，2018年出台《关于推行终身职业技能培训制度的意见》（国发〔2018〕11号），2019年出台《新生代农民工职业技能提升计划（2019—2022年）》（人社部发〔2019〕5号）等，这些政策的出台使得我国继续教育进入深化改革发展的快车道。

中华人民共和国成立以来，70多年的继续教育发展历程为我国继续教育建设提供了丰富的可供借鉴的宝贵经验。我国继续教育发展之所以出现内涵、外延扩大的情况，与党中央审时度势、逐步推进的努力密切相关，也与世界总体发展水平的推动和中国自身发展的需求密切相关。

第二节 我国继续教育发展特征

随着我国继续教育理念日渐深入人心，其战略地位不断提升。1979年5月，我国派代表参加第一届国际继续工程教育大会，由此正式引入现代意义上的继续教育理念。目前，我国继续教育事业持续发展，继续教育观念日益深入人心。特别是近年来，党中央、国务院把各类人才的教育培训工作作为加强人才队伍建设的重要抓手，放到推进经济社会发展的战略位置，提出要树立大教育、大培训的观念，要放开视野看教育，集中精力抓培训；要树立全民学习、终身学习的理念，加快构建终身教育体系，促进学习型社会的形成。党的十六大、十七大相继提出要发展继续教育。继续教育已经成为实施人才强国战略的重要举措，受到全社会的普遍认可，在提高我国自主创新能力、加强人才队伍建设、提升专业技术人才能力素质方面，发挥着越来越重要的作用。随着继续教育规模的逐步扩大，其对经济社会发展的推动作用也在不断增强。目前，我国继续教育参训人数逐步增加，内容方式日趋丰富，初步形成了全方位、多层次、多形式的格局。

实践中，我国以高层次人才为重点，实施了一批继续教育重点工程和项目。20 世纪 90 年代初，针对培养高层次人才的需要，我国探索建立了专业技术人员高级研修制度。从 1992 年起，人事部会同有关部门开展了新疆少数民族科技骨干特殊培养工作。1995 年，原人事部发布《专业技术人员高级研修班管理办法》。各级人事部门和企事业单位以专业技术人才能力建设为核心，紧紧围绕经济社会发展需要，创造性地开展继续教育工作。各地区、各部门行业也都把高层次人才培养作为重点，实施专项继续教育计划，以高研班、专家论坛、特殊培养、学术研讨、国际交流、学习进修等方式，加大对高层次人才的培养力度，带动了整个继续教育工作的蓬勃发展，取得了显著成效。

据不完全统计，2000 年以来，全国参加继续教育的专业技术人员超过 5000 万人次，仅各级人事部门就举办各类高研班 4000 多期，全国有 30 多万名高中级人才参加研修。[①]2000 年，组织了世贸知识继续教育活动，有数百万专业技术人员参加培训。特别是 2005 年以来所实施的专业技术人才知识更新工程，被列入国家"十一五"规划，成为培养创新型人才，带动继续教育工作整体发展的国家重大人才培养工程。

此外，各级政府人事部门也都建立起继续教育管理机构，约有 1/3 的省（自治区、直辖市）实现了继续教育立法，还有一些省（自治区、直辖市）和部门出台了专门规定，初步形成了政府调控、行业指导、社会参与、单位自主的运行机制。我国继续教育的施教机构、师资队伍、教材等基础建设得到了加强，

① 张柏林. 在中国继续工程教育协会第四届会员代表大会暨全国继续教育工作座谈会上的讲话[J]. 继续教育，2005（3）：5-6.

培训内容和形式日趋丰富，服务体系进一步完善。日益广泛深入的继续教育全面提升了专业技术人才队伍的整体素质，促进了我国科技进步、产业结构调整和自主创新能力的提高，为加快我国人才队伍建设和经济社会发展做出了积极贡献。同时，国家继续教育法律法规与相关政策及制度建设也在不断加强，为继续教育事业的发展提供了有力保障。

一、政策日趋完善

我国注重加强继续教育工作政策的制定和完善，从中央到地方，从政府到行业及院校，都深入研究和做好建章立制，为继续教育发展提供政策保障。首先，国家制定了一系列教育法规。若从 1982 年《中华人民共和国宪法》中有关方面的法规算起，我国关于教育方面已陆续制定了《中华人民共和国义务教育法》和《中华人民共和国教师法》等法律，以这些法律为依据，许多地方制定了有关继续教育方面的地方法规，从而基本上形成了有法可依的局面，这就为继续教育的发展提供了法律保障。其次，岗位培训制度的建立和逐步完善，为继续教育提供了教学模式。1986 年，国家批准颁布实施的“七五计划”中提出了“岗位培训”这一概念。随之，在同年召开的全国教育工作会议上将这一概念作为继续教育的重点而提出，此后，岗位培训便如火如荼地开展起来。在当前知识更新并加快产业结构调整的情况下，人的职业生涯仅经过一次教育或职业培训已不能满足人们终身的职业需求，人们必须不断地学习，不断地更新知识，接受教育，才能适应当前就业岗位千变万化的需求。由此，岗位培训的建立就为继续教育的发展提供了可能，而我国采取的法律及政策措施则为继续教育的发展铺平了道路。

1. 法律法规层面

1982 年制定、2018 年修订的《中华人民共和国宪法》第十九条规定：“国家举办各种学校，普及初等义务教育，发展中等教育、职业教育和高等教育，并且发展学前教育。”“国家发展各种教育设施，扫除文盲，对工人、农民、国家工作人员和其他劳动者进行政治、文化、科学、技术、业务的教育，鼓励自学成才。”“国家鼓励集体经济组织、国家企业事业组织和其他社会力量依

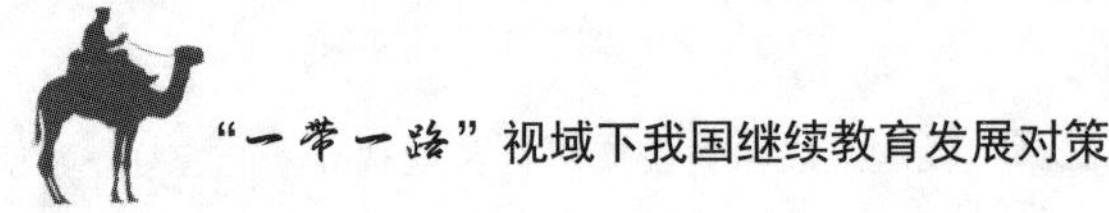

照法律规定举办各种教育事业。”

第四十六条规定：“中华人民共和国公民有受教育的权利和义务。”

1986年制定、2018年修订的《中华人民共和国义务教育法》第三十四条规定：“教育教学工作应当符合教育规律和学生身心发展特点，面向全体学生，教书育人，将德育、智育、体育、美育等有机统一在教育教学活动中，注重培养学生独立思考能力、创新能力和实践能力，促进学生全面发展。”

1993年制定的《中华人民共和国教师法》第十一条规定：“取得成人教育教师资格，应当按照成人教育的层次、类别，分别具备高等、中等学校毕业及其以上学历。不具备本法规定的教师资格学历的公民，申请获取教师资格，必须通过国家教师资格考试。国家教师资格考试制度由国务院规定。”

1995年制定、2015年修订的《中华人民共和国教育法》第二十条规定：“国家实行职业教育制度和继续教育制度。”“各级人民政府、有关行政部门和行业组织以及企业事业组织应当采取措施，发展并保障公民接受职业学校教育或者各种形式的职业培训。”“国家鼓励发展多种形式的继续教育，使公民接受适当形式的政治、经济、文化、科学、技术、业务等方面的教育，促进不同类型学习成果的互认和衔接，推动全民终身学习。”

第四十二条规定：“国家鼓励学校和其他教育机构、社会组织采取措施，为公民接受终身教育创造条件。”

第四十七条规定：“国家鼓励企业事业组织、社会团体及其他社会组织同高等学校、中等职业学校在教学、科研、技术开发和推广等方面进行多种形式的合作。”

第六十七条规定：“国家鼓励开展教育对外交流与合作，支持学校及其他教育机构引进优质教育资源，依法开展中外合作办学，发展国际教育服务，培养国际化人才。教育对外交流与合作坚持独立自主、平等互利、相互尊重的原则，不得违反中国法律，不得损害国家主权、安全和社会公共利益。”

2. 政策意见层面

20世纪80年代是我国继续教育制度的初建时期。1987年，国务院有关部门颁布了企业科技人员继续教育和大学后继续教育的暂行规定，推动继续教育活动在全国范围内逐步展开。进入20世纪90年代，继续教育工作在全国得以

全面推开。

1993年，中共中央、国务院颁布《中国教育改革和发展纲要》（中发〔1993〕3号）提出：“发展教育事业，提高全民族的素质，把沉重的人口负担转化为人力资源优势，这是我国实现社会主义现代化的一条必由之路。”“成人教育是传统学校教育向终身教育发展的一种新型教育制度，对不断提高全民素质，促进经济和社会发展具有重要作用。”

1995年，人事部颁布《全国专业技术人员继续教育暂行规定》（人核培发〔1995〕131号），使得继续教育工作初步实现了有机构、有人员、有法规。

1997年10月，党的十七大指出：“发展远程教育和继续教育，建设全民学习、终身学习的学习型社会。”“健全面向全体劳动者的职业教育培训制度，加强农村富余劳动力转移就业培训。”

1999年1月13日，国务院转发教育部《面向21世纪教育振兴行动计划》，提出：“开展社区教育实验工作，逐步建立和完善终身教育体系，努力提高全民素质。”“到2010年，基本建立起终身学习体系，为国家知识创新体系以及现代化建设提供充足的人才支持和知识贡献。”

进入新世纪，我国继续教育加快发展。2002年5月，中共中央办公厅、国务院办公厅印发的《2002—2005年全国人才队伍建设规划纲要》提出：“构建终身教育体系。在加快普通教育发展的同时，大力发展成人教育、社区教育，推进教育培训的社会化。开辟教育培训新途径，加快发展远程教育，建立覆盖全国的教育培训信息网，形成终身化、网络化、开放化、自主化的终身教育体系。加强终身教育的规划和协调。完善有关法律法规。加大继续教育力度，形成国家、单位、个人三方负担的继续教育投入机制。开展创建‘学习型组织’‘学习型社区’‘学习型城市’活动，促进学习型社会的形成。”

2002年11月，党的十六大提出，要“构建终身教育体系”，“形成全民学习、终身学习的学习型社会，促进人的全面发展”。

2002年8月，《国务院关于大力推进职业教育改革与发展的决定》（国发〔2002〕16号）提出：“要广泛开展各级各类职业培训，‘十五’期间每年培训城镇职工5000万人次，培训农村劳动力1.5亿人次；积极实施国家再就业培训计划，每年为300多万名下岗失业人员提供再就业培训。”“各类企业要按《中华人民共和国职业教育法》的规定实施职业教育和职工培训，承担相应的费用。一般企业按照职工工资总额的1.5%足额提取教育培训经费，从业人员技术素质要求高、培训任务重、经济效益较好的企业可按 2.5%提取，列入成本开支。要保证经费专项用于职工特别是一线职工的教育和培训，严禁挪作他用。企业技术改造和项目引进，都应按规定比例安排资金用于职工技术培训。对不按规定实施职工职业教育和培训，经责令改正而拒不改正的企业，县级以上地方各级人民政府可以收取其应当承担的职业教育经费，用于本地区的职业教育。"

2003 年 10 月，党的十六届三中全会提出："营造实施人才强国战略的体制环境"，"多层次、多渠道、大规模地开展人才培训"，"深化教育体制改革。构建现代国民教育体系和终身教育体系，建设学习型社会，全面推进素质教育，增强国民的就业能力、创新能力、创业能力，努力把人口压力转变为人力资源优势。"

2003 年 12 月，《中共中央国务院关于进一步加强人才工作的决定》（中发〔2003〕16 号）提出："加快构建终身教育体系，促进学习型社会的形成。在全社会进一步树立全民学习、终身学习理念，鼓励人们通过多种形式和渠道参与终身学习，积极推动学习型组织建设和学习型社区建设。加强终身教育的规划和协调，优化整合各种教育培训资源，综合运用社会的学习资源、文化资源和教育资源，完善广覆盖、多层次的教育培训网络，构建中国特色的终身教育体系。""进一步改革和发展成人教育。加强各类人才的培训和继续教育工作。制定科学规范的质量评估和监督办法，提高教育培训成效。"

2004 年 9 月，党的十六届四中全会提出："营造全民学习、终身学习的浓厚氛围，推动建立学习型社会。"

2004 年 3 月，国务院批转教育部《2003—2007 年教育振兴行动计划》（国发〔2004〕5 号）提出："大力发展多样化的成人教育和继续教育。""鼓励人们通过多种形式和渠道参与终身学习，加强学校教育和继续教育相互结合，进一步改革和发展继续教育，完善广覆盖、多层次的教育培训网络，逐步确立以学习者个人为主体、用人单位支持、政府予以必要资助的继续教育保障机制，建立对各种非全日制教育培训学分的认证及积累制度。""以更新知识和提高技能为重点，开展创建学习型企业、学习型组织、学习型社区和学习型城市的活动。充分发挥行业、企业的作用，加强从业人员、转岗和下岗人员的教育与培训。积极发展多样化的高中后和大学后继续教育，统筹各级各类资源，充分

发挥普通高等学校、成人高等学校、广播电视大学和自学考试的作用，积极推进社区教育，形成终身学习的公共资源平台。大力发展现代远程教育，探索开放式的继续教育新模式。”

2007 年，人事部会同教育部、科技部、财政部下发了《关于加强专业技术人员继续教育工作的意见》（国人部发〔2007〕96 号），明确了新时期继续教育工作的指导思想、目标任务和主要内容。各地区、各部门在继续教育制度建设方面也取得了显著成效。目前已有北京、天津、江苏、福建、山东、河南、广东、重庆、四川、云南、陕西、甘肃、宁夏、新疆等省（市、区）实现了继续教育立法，卫生、教育等行业主管部门也制定了继续教育方面的专门规定。许多省份还结合实际工作的需要，研究制定了继续教育考核评估、证书登记、基地管理等规章制度。这些政策规章初步形成了有中国特色的继续教育制度体系，为继续教育活动的顺利开展提供了有力保障。我国继续教育的发展，不仅有力地促进了广大社会成员科学文化素质、技能水平的提高和精神生活的丰富，对促进我国经济体制转型和产业结构调整、提高科技水平和管理水平、保障经济持续快速增长、推动社会和谐与进步也发挥了重要作用。

2012 年 2 月，为深入贯彻全国教育工作会议精神和《国家中长期教育改革和发展规划纲要（2010—2020 年）》（中发〔2010〕12 号）、《国家中长期人才发展规划纲要（2010—2020 年）》（中发〔2010〕6 号），落实《国民经济和社会发展第十二个五年规划纲要》关于“加快发展继续教育，建设全民学习、终身学习的学习型社会”的要求，大力提升继续教育服务国家发展战略的能力，教育部制定并发布了《关于加快发展继续教育的若干意见》，明确了发展目标及定位，并提出了以下原则。

（1）坚持以人为本，服务社会。人力资源是我国经济社会发展的第一资源，继续教育是人力资源持续开发的主要途径。要把满足经济社会发展和广大人民群众多样化学习需求作为继续教育的根本出发点和落脚点，主动服务更高水平的小康社会建设，满足社会成员更新知识、拓展技能、提高素质的需求，促进人的全面发展，促进社会公平，促进人力资源强国建设。

（2）坚持终身教育，构建体系。树立终身教育理念，推进继续教育改革发展和各类学习型组织建设，开展全民终身学习活动，建设终身学习公共服务体系，建立适应终身学习的体制机制和法律法规，搭建终身学习“立交桥”，构建灵活开放的终身教育体系。

（3）坚持政府统筹，分类管理。强化政府责任和统筹规划，建立健全分级分类管理体制，明确各级政府、行业部门、有关社会机构的管理职责，加强统筹协调和规范管理。加大各级政府对继续教育经费和政策的支持力度，推动全社会积极参与继续教育，促进行业、区域和城乡之间继续教育的协调发展。

（4）坚持优化结构，提高质量。创新办学和服务体系，优化专业、项目和课程设置，进一步提高继续教育的针对性和实效性。坚持科学的质量观，着力加强质量标准和评价体系建设，促进规模、结构、质量、效益协调发展，职前教育和职后教育有效衔接，学历继续教育和非学历继续教育协调发展。

（5）坚持改革创新，扩大开放。以体制机制改革为重点，改革人才培养、办学和管理体制，改革质量评价和考试招生制度，改革教学内容、方法、手段，建立学习成果认证、积累和转换制度。坚持开放办学，建立资源开放与共享服务机制。坚持对外开放，加强对外交流与合作。

（6）坚持依法治教，规范办学。加强继续教育制度和法律法规建设，建立健全投入机制、激励机制和监管机制，依法治教，规范管理，强化监督、评价和检查，规范办学和服务行为。

2012 年 11 月，党的十八大指出，要“加快发展现代职业教育，推动高等教育内涵式发展，积极发展继续教育，完善终身教育体系，建设学习型社会”，“加强职业技能培训，提升劳动者就业创业能力，增强就业稳定性”，“鼓励引导社会力量兴办教育”。

2013 年 11 月，党的十八届三中全会强调，要“加快现代职业教育体系建设，深化产教融合、校企合作，培养高素质劳动者和技能型人才。创新高校人才培养机制，促进高校办出特色、争创一流。推进学前教育、特殊教育、继续教育改革发展。”同时，对于推进继续教育改革做了明确指示，要“深入推进管办评分离，扩大省级政府教育统筹权和学校办学自主权，完善学校内部治理结构。强化国家教育督导，委托社会组织开展教育评估监测。健全政府补贴、政府购买服务、助学贷款、基金奖励、捐资激励等制度，鼓励社会力量兴办教育”。

二、主要特征

1. 发展速度快，受益者多

我国是一个人口众多的发展中国家，公民的整体教育水平还不高。自 1978—1998 年，我国共扫除文盲 7693 万人，全国有 2/3 的县（市）非文盲率达到 95% 以上，城镇职工中基本扫除了文盲，基本教育取得了快速发展。同时，1979—1998 年，参加各种实用技术培训的农村劳动者达 5 亿人次。全国从业人员参加岗位培训的人数稳步发展，1986—1997 年，全民、集体企事业单位培训达 3.48 亿人次。“八五”计划期间，全国累计培训约 3500 万人次，受益面达 40%，其中高级研修班 1200 期，参加人数 4.2 万人。到“九五”计划期间，全国累计培训约 4000 万人次，受益面达 45%，其中高级研修班 1500 期，参加人数 4 万人。[①]2019 年，成人本专科招生人数第一次突破 300 万，自考参考逼近 600 万人次[②]（见图 2-1）。

图 2-1　2011—2019 年全国继续教育状况

① 熊晓莉．我国继续教育政策演变及发展趋势[J]．继续教育研究，2017（7）：12-15．

② 2019 年全国教育事业发展统计公报[EB/OL]．（2020-05-20）．http://www.moe.gov.cn/jyb_sjzl/sjzl_fztjgb/202005/t20200520_456751.html．

2．政府推动，管理工作进展顺利

我国从国务院部委、行业主管部门到地方各级政府，直至基层企事业单位，都设有相应的继续教育管理机构和人员。继续教育的多层次网络正在形成：一是东北、华北、华东、华南、西南和西北等协作区域；二是军队、国务院各部委、行业总公司建立了协作网；三是众多高等院校、科研院所面向社会办学得到大力发展；四是企业间以及企业与高等学校、科研院所的合作交流不断加强；五是继续教育刊物覆盖了各个行业和专业领域；六是社会学术团体、继续工程教育协会联系着众多团体和群众。政府部门、高等学校、科研院所、企业、社会团体相互配合、共同参与、协调工作。目前，我国具有各类成人学校 50 多万所，毕业人数达到 8800 万人，在校人数 7200 多万人。2020 年教育事业统计显示：学历继续教育培训的目标用户市场规模在大幅度增长，成人本专科招生 363.76 万人，在校生 777.29 万人。2019 年成人本专科招生为 302.21 万人、在校生 668.56 万人。①

3．人才、科技、经济和社会效益显著

我国继续教育的发展具有显著的中国特色，具有典型的适应中国国情的特点，即继续教育活动广泛而深入，内容丰富，形式多样。例如，组织各类研讨会，开展各类培训活动，倡导和组织跨行业、地区的高级研修班，开展授课、讲座、研讨、交流、考察、咨询、服务等，这些形式几乎遍及社会生活的各个领域。在企业和事业单位，围绕岗位培训、职业培训、管理改革、引进技术吸收、新技术开发、跨世纪人才培养等方面的继续教育发展得较快。据估计，全国有近千万人参加了适应本职工作需要的培训。中华人民共和国成立以来到 2000 年，我国主要依靠继续教育（有时也称成人教育）共扫盲 2.03 亿人，成人文盲率由 80%降到 15%以下。其中，自 1978—1998 年，我国共扫除文盲 7693 万人。到 2019 年年底，我国各类教育培训机构总数达到 96 158 家。继续教育为我国经济社会的快速发展提供了一定的人才保障。未来几年，在扩招政策红利、社会就业以及人口流动的作用下，成人学历继续教育培训市场还将有更加广阔的发展空间。

---

① 2020 年全国教育事业统计主要结果发布[N]．光明日报，2021-03-01．

第三节　我国继续教育发展成就

一、全国继续教育整体推进

中华人民共和国成立以来，特别是改革开放以来，我国继续教育发展取得了突破性进展和历史性成就，基本构建起了多种层次、多种类型、多种形式的继续教育体系，形成了各类院校、行业、企业、社会培训机构等广泛参与实施的多元化的办学格局，为加快形成全民学习、终身学习的学习型社会，提高亿万人民的基本素质、劳动者技能水平并培养人才，转变经济发展方式、调整经济结构，落实创新驱动发展战略，建设和谐社会做出了巨大贡献。

1. 为社会成员提供学历补偿和学历提升机会

由于人口众多和原有的教育基础比较薄弱，我国就业劳动者的学历层次总体上偏低，广大社会成员特别是从业人员对小学和初中的学历补偿教育以及高中、大学学历提升的继续教育存在巨大需求。伴随各行各业在职职工以及广大社会成员继续学习的积极性空前高涨，适应不同类型学习者需求的学习机会和形式更加多样化，现代信息技术在继续教育领域也得到了广泛的应用。从改革开放 40 多年来的教育发展情况来看，全国有 80%以上的乡镇和 40%以上的行政村建立了成人文化技术学校，并且通过在全国大力发展多种形式的小学、中学和大学的成人学历教育，如广播电视教育、网络教育、自学考试、夜校、函授教育等，为广大社会成员特别是从业人员进行各种学历补偿和学历提升教育提供了各种学习机会，继续教育多元化办学格局初步形成，继续教育制度持续创新，具有中国特色的继续教育发展新路初露端倪。

2. 为社会成员提供各种专业培训和继续教育

为了适应我国经济和社会迅速发展以及广大社会成员对在职培训和继续教育的迫切要求，广大社会成员特别是从业人员的各种专业培训和继续教育发展十分迅速，出现新的局面，提高了从业人员的素质和职业能力。仅面向农村的农民中专和农民技校所进行的培训就累计达 114 274.4 万人次，全国企业职工培训规模每年都达 9000 万人次左右。社会各个领域专业技术人员的继续教育有了很大发展，成为提高专业人员的知识、技术水平以及培养高层次创新人才的重要途径。此外，以丰富精神文化生活、提高生活质量为主要内容，满足广大社会成员特别是老年人学习需求的各种教育活动也在蓬勃展开。我国继续教育进一步呈现出欣欣向荣、蓬勃发展的良好势头，参加继续教育的社会成员日益增多，成为我国教育发展新的增长点。

3. 社区教育和学习型组织建设

社区教育和学习型组织建设在促进社会成员的继续教育、满足社会成员对继续教育的多种需求、形成终身学习的环境等方面具有重要的作用。截至 2007 年，全国已形成 114 个国家级社区教育实验区，覆盖了绝大多数省（自治区、直辖市），各省（自治区、直辖市）的省级社区教育实验区也达到了 400 多个，对推动全国各地的社区教育发挥了积极的示范作用。学习型组织是推动社会各个组织成员加强继续教育和建设学习型社会的基石。我国学习型组织的建设正在各部门、各群众团体、各行各业展开，对促进广大社会成员的继续教育发挥了巨大作用，其充分利用信息技术和现代远程教育手段，加快了我国继续教育的发展，促进了继续教育质量与水平的提高，初步形成了政府、行业企业和全社会通力支持继续教育发展的新格局。

随着我国继续教育的发展，我国继续教育制度建设和法制建设也正在积极进行，在社会的许多领域建立了岗位培训和继续教育制度，如《中华人民共和国农业法》《中华人民共和国教师法》以及企业法相关法律体系等都对从业人员的继续教育做了规定，为继续教育的顺利发展提供了有效的师资保障。

我国继续教育的发展虽然取得了巨大成绩，但从总体上说，还很不适应我国经济和社会发展以及广大学习者的迫切要求，在管理体制、发展机制、教育模式、质量评估、经费投入等方面还存在许多亟待解决的问题，继续教育仍然是当前我国教育体系中最薄弱的环节。

根据 2000 年人口普查数据，我国有 7.69 亿从业人员的学历水平、技术能力和培训参与率均比较低。根据 2004 年国家教育发展研究中心对 9 省 154 家企业近万名员工的调查，进入企业前未接受过培训的占 61%；员工两年内在职培训参与率约为 45%，其中，生产、服务第一线和具有小学、初中文化程度的员

工在职培训参与率分别只有 34%和 25%。我国现有专门人才队伍无论在数量上还是质量上都很不适应经济和社会发展的要求，在全国 9800 万技术工人中，技师和高级技师仅占 4.3%；占全国从业人员 7.2%的 3900 多万专业技术人员中，具有副高级以上职称者只占 5.7%。2020 年，我国高级技术工人短缺达 2200 万人。

在世界科学技术高速发展，我国经济和产业结构处于转型和升级的新形势下，我国专业技术人才的知识能力结构亟待优化，创新能力和应对经济全球化等能力亟待提高。2020 年起，我国由全面建成小康社会向全面建设社会主义现代化国家迈进，也是经济转型和社会深刻变革的重要战略机遇期，这对我国在职人员和全体社会成员的素质提出了新的更高的要求。在加强学校教育的同时，面向广大社会成员大力发展继续教育，是实现我国经济增长方式转变、增强我国自主创新能力、建设社会主义和谐社会的最重要因素，也是我国构建终身教育体系、建设学习型社会和人力资源强国的重大战略任务。但是，我们必须清楚地看到，我国的继续教育事业毕竟起步晚、发展不平衡，距新时代要求还存在着相当大的差距。

4. 学习型社会建设

学习型社会是秉持终身学习理念，整合各类教育资源，以学习者为中心，以先进学习文化为导引，以各种学习型组织为基础，为社会成员无障碍学习提供充分支持以助其全面发展，进而促进社会可持续发展的新型社会。学习型社会的基本特征是教育面向全体社会成员，为他们提供时时、处处、事事都能够进行学习的支撑条件，满足社会成员人生各个阶段多元化的学习需求，从而为他们的成长、发展提供保障。

2002 年，党的十六大确定了“要在本世纪头二十年，集中力量，全面建设惠及十几亿人口的更高水平的小康社会”①的宏伟目标，明确了 21 世纪前期的社会发展目标：“形成全民学习、终身学习的学习型社会，促进人的全面发展。”为了实现这一目标，党的十六届三中全会明确提出坚持以人为本，树立全面、协调、可持续的发展观，促进经济社会和人的全面发展的科学发展观。为此，

① 江泽民. 全面建设小康社会，开创中国特色社会主义事业新局面：在中国共产党第十六次全国代表大会上的报告[N]. 人民日报，2002-11-18.

国家必须更好地实施科教兴国战略、人才强国战略、可持续发展战略。2007年，党的十七大强调，要确保到2020年实现全面建成小康社会的奋斗目标，发展远程教育和继续教育，建设全民学习、终身学习的学习型社会。[①]2010年中共中央国务院印发的《国家中长期教育改革和发展规划纲要（2010—2020年）》（中发〔2010〕12号），将“基本形成学习型社会”作为2020年我国教育改革发展要实现的三大战略目标之一。2012年，党的十八大强调：“全面实施素质教育，深化教育领域综合改革，着力提高教育质量，培养学生创新精神。办好学前教育，均衡发展九年义务教育，完善终身教育体系，建设学习型社会。”2017年，党的十九大强调：“办好继续教育，加快建设学习型社会，大力提高国民素质。”这些都是对发展继续教育、建设学习型社会所做出的强调。

二、各地继续教育百花齐放

改革开放以来特别是21世纪以来，各地在发展继续教育方面积极探索，努力创新，落实国家法律政策，结合当地实际选择合适的发展方式，尽管发展进程不尽相同，工作的内容和方法也不一致，但都为我国继续教育发展提供了有利条件，为终身教育事业做出了各自的贡献。

1. 管理体制建设

2006年，福建省率先成立了省终身教育促进委员会，随后，北京、上海、湖南、云南等省市相继设立了终身教育或学习型城市建设领导机构，统筹终身教育、继续教育活动。继续教育跨部门管理机构的设立，创新了继续教育管理体制，增强了继续教育工作的统一领导和统筹协调，避免了资源浪费和管理机构间的相互掣肘，实现了继续教育资源的优化配置。

2. 政策法规建设

2005年，福建省在全国率先出台《福建省终身教育促进条例》，随后，太原、重庆、上海、北京、湖南、江苏、山东、成都、宁波、河北等省市相继出

① 胡锦涛. 高举中国特色社会主义伟大旗帜，为夺取全面建设小康社会新胜利而奋斗：在中国共产党第十七次全国代表大会上的报告[N]. 人民日报，2007-10-25.

台了促进终身教育发展、建设学习型城市的相关意见、决定，同时包括沈阳市在内的多个省市也正在进行本地区终身教育促进条例的调研工作。

3. 学分银行建设

上海市于2012年率先成立了终身教育学分银行，实现了对学习者的学分认证和转化。[①]随后，江苏、浙江、广东、河南、四川等省份也相继成立了终身教育学分银行。虽然多省市成立了学分教育银行，但是由于我国人口众多、地域辽阔，各地经济社会发展程度严重不均衡，甚至同省各个城市的经济发展水平都大相径庭，而经济社会发展又在一定程度上决定着继续教育的发展情况，因此还没有成熟的学分积累和转换经验可以借鉴。

4. 开放大学建设

开放大学建设是国家教育体制综合改革的试点项目，是探索建设有中国特色的学习型社会的一项重大战略举措。2012 年，国家开放大学和北京、上海、江苏、广东、云南5所地方开放大学在原中央广播电视大学和地方广播电视大学的基础上相继成立。在过去几年时间里，通过建设开放大学，北京、上海、江苏、广东、云南等地的继续教育发展已明显走在其他省市前列。几所开放大学的发展探索了我国继续教育改革新模式，实施教育观念的开放、办学方式的开放、学习对象的开放、教育资源的开放，为国家和地区继续教育发展做出了巨大贡献，已成为国家与地方继续教育体系和终身教育体系的重要支撑。[②]

第四节　我国继续教育发展瓶颈

我国继续教育历经几十年的发展，开展了丰富多样的实践，取得了较大成就，积累了许多成功经验，逐步形成了中国特色继续教育体系并初具规模。与此同时，与其他国家相比较，我国继续教育的发展依然相对滞后，也面临着进一步系统研究、引领实践发展的挑战，继续教育仍然是我国教育体系中最薄弱

---

① 徐皓．开放大学在上海学习型城市建设中的定位与发展研究[J]．开放教育研究，2013（1）：24-30.

② 冯雪飞．开放大学顶层设计要站在国家继续教育体系的高度来考量[J]．中国远程教育，2014（16）：43-46.

的环节。

当前我国继续教育发展主要存在以下瓶颈。

一、人才培养模式普教化

培养目标是否清晰明确，教育教学过程是否按此目标组织实施，是保障继续教育质量的基础。继续教育区别于普通高等教育的重要特征之一是其鲜明的职业岗位针对性，然而，目前的继续教育教学及管理主要模仿普通高等教育，实施以学科为中心的教学模式，没有按职业岗位去分析、开发课程与教学。在继续教育结构上，无论哪种教学模式，都以学历教育为主，脱离了培养面向基层、面向生产、服务和管理一线的实用型、技术型、管理型人才的目标，基本模仿本科院校，特色不鲜明，人才质量不高。

事实上，继续教育的教学方式、方法、定位不应简单地照搬普教方式，不能一味强调继续教育要与普教同层次、同规格、同水平，而是要以实用、适用为基准，同时兼顾到继续教育自身的特点与规律。单一强调学科尺度，照搬全日制普教经验和片面强调成人特点而忽视基本要求的做法是不全面的，也是不合理的。

当然，造成这样的现象也是存在原因的：一是目前还没有完全符合企业实际的课程大纲和教材，从事继续教育的专职教师缺乏对生产、技术等实际情况的了解，教学过程、教学方法、教学内容习惯于以教材为本，采用高教的方式，用同样的教材，考同样的内容，缺乏个性；二是专业技术人员几乎都工作在生产科研一线，工作繁重，时间上不允许技术人员进行专业的培训，尽管近年来非学历教育在继续教育中的比重有所增加，资格证书、行业培训也崭露头角，但相对于学习型社会建设对人们的终身发展要求来说还远未达到。

二、缺乏市场化机制

继续教育的发展必须适应经济发展的需要，满足社会的需求。继续教育市场化发展是当今世界各国继续教育的基本发展趋势之一。只有通过市场激活继续教育的需求，才能最大限度地发挥继续教育的办学实效。但是，目前我国发展继续教育市场意识较为淡薄，继续教育机构很少对社会需求进行必要的调查

研究，缺少市场观念，运行理念落后，更谈不上对企业和社会需求变动的科学把握。

继续教育的内在特点决定了它的发展必须在国家、社会、行业、企业需求的指导下，建立市场化的运行模式。但实际上，我国开展的继续教育大多以创收盈利为主要目的，对社会需求缺少必要的调查研究，更谈不上科学把握企业需求。继续教育的办学主观性太强，基本上是凭经验地找内容办学，往往把办学重点放在与我国政治经济形势相关的一些"公共领域"，或者仅限于大多数高校均开展的学科范畴，没有科学地把握各行各业的具体需求，导致学员学习的课程内容与实际工作相关度不高，从而降低了学习的积极性。由于继续教育的课程缺乏职业针对性和实用性，导致其培养的人才不能满足各种职业的执业要求。

与此同时，继续教育的市场意识淡薄也降低了企业继续教育的积极性，导致继续教育外包业务的流失。有专家经测试发现，培训（继续教育）只能解决企业中的问题，所以，企业只能通过内训员工或者聘用专业学者进行员工培训，而不愿把有限的资金投入到无法立竿见影的继续教育当中去。这就制约了继续教育的规模化、市场化发展，最终影响到整个国家人力资源的开发和创造力的发展。

三、理论与实践脱节

从继续教育机构上讲，传统的教育方式必然导致重复训练、死记硬背的应试教育，与成人身心特点不相适应。在教学中，重书本、轻实践，重共性、轻个性，灌输有余、启发不足，传承有余、创新不足，不能针对成人学员学习上、人格上的独立性、自主性和学习压力主要来自于社会角色变化及自身毕业发展需要的特点来进行教学，没有设计出以成人学员为中心和面向未来与现实的教育模式，由此导致继续教育理论与实践的脱节，所培养的学员社会实践和实验能力不强，创造和创新意识不强，从而影响了继续教育教学质量的提高。

除了教育模式外，造成理论与实践脱节的因素还有很多，诸如课本脱离实际，缺乏市场调研；从事继续教育的教师缺乏实际的专业知识；接受继续教育的学员知识水平参差不齐，未能掌握课本中过于专业的知识。

由此一来，使得有些培训机构或组织部门抱着完成任务的态度，只要课时完成、内容讲到，就算完成任务。对于专业技术人员是否掌握了学习内容、教学是否达到了预期效果，则缺乏科学的评估和严格的管理措施，于是请人代学、请人代考、公差学员现象应运而生，继续教育成了应付晋升职称的“敲门砖”，把本该严肃认真的继续教育演变成了形式主义，既浪费资源，又达不到应有的目的。

对于我国企业来讲，要开展继续教育面临很大的困难。第一，企业负责人对继续教育的观念薄弱，未能对员工及时进行前沿化的理论培训。根据 2004 年国家教育发展研究中心对 9 个省份的 154 个企业近万名员工的调查，进入企业前未接受过培训的占 61%，员工两年内在职培训参与率为 45%，其中生产、服务第一线和具有小学、初中文化程度的员工在职培训参与率分别只有 34%和 25%。[①]第二，目前我国企业与学校的合作大部分限于企业为学校提供实习岗位，而在实习过程中，企业方面大多将学员当成免费的“力工”，无法给在学人员提供学习具体技能的场所，使得学员只有理论知识，与之相关的动手实践能力不强。更甚者，企业将学员视为“参观者”。第三，相对于发达国家而言，我国企业成立培训实践基地的数量屈指可数，甚至连培训机会都没法安排，这一领域有待加强与发展。

四、双师型师资不足

对“人”的投入是继续教育质量的重要保障，它在一定程度上决定了“产品”的规格和质量，授课教师队伍质量与水平是制约继续教育质量的关键性因素。由于继续教育没有得到足够的重视，对继续教育师资培训资源的投入不足，师资力量严重短缺，主要是聘请普通高校教师。他们虽然有较高的学术水平和丰富的教学经验，但对继续教育的特点缺乏了解，从事继续教育的经验和技能较少，教学效果难以满足学习者的需求。同时，由于基础条件、学术环境、评价和管理机制等原因，专职教师队伍水平仍需不断提高。师资不足的具体原因如下。

---

① 郝克明，张力．继续教育发展战略研究[J]．教育研究，2010（7）：31-37.

第一，继续教育没有得到足够的重视，师资力量严重短缺。继续教育的任课教师大多是普通高校全日制学生的任课教师或外聘教师，适应现代化发展要求的新型师资力量很薄弱，专兼聘结合的“双师型”教师队伍还没有形成。

第二，多数教师不了解继续教育的特点以及学生的实际水平，习惯于使用传统思维定式和教学模式，在教学中习惯于三个中心：以教师为中心、以教材为中心、以课堂为中心，使学习者成了知识的被动接受者。

第三，有相当一部分教师虽然知识丰富，但不会运用先进的教学手段有效地完成教学目标，一定程度上影响了教学的实际效果。

第四，有些教师所教授的课程和自己所学专业不对口，无法充分发挥自己的特长，从而造成人才资源浪费。这样的师资往往不能满足学员的需要，更达不到教学的目标。学员真正需要的是具有广博的知识、较高的学术水平、高超的授课艺术以及丰富的教学经验的教师。

第五，教师薪水低。由于重视程度及经费投入不足，以及“盈利”的错误思想指导，与学历教育相比，我国继续教育机构师资队伍相对薄弱，除了少量固定师资外，主要依靠外聘兼职教师，加之临时聘用教师的待遇较低，必然影响教师的责任感，并最终影响学生培养的质量。高水平教师的缺乏降低了继续教育的教学质量，继续教育师资质量亟待改进。

五、办学形式单一

目前我国继续教育办学形式单一，仍以高等学历教育为主。我国的继续教育是近三十年才逐渐发展起来的，在我国高等教育供不应求的二十世纪八九十年代，继续教育侧重于学历教育有其必然性和重要性。但是，近几年，随着高等教育从“精英教育”走向“大众化教育”，继续教育办学形式单一化问题开始逐渐显露。继续教育办学形式单一主要体现在以下两个方面。

第一，大多数院校、科研机构开办继续教育以学历教育为主。目前，继续教育主要以全日制、函授夜大学、自学考试等方式对成人学员进行学历教育。大多数学员没有树立终身教育的理念，接受继续教育主要是为了升职、评职称、提薪等。即具有中等职业技术职称的从业者接受专科教育，具有专科学历的接受本科教育，等等，对现阶段紧俏的高层次的岗位培训和证书培训等非学历教育开发很不到位。

第二，私营的继续教育机构也是我国继续教育的一种形式。各种培训机构在社会上琳琅满目，诸如计算机培训学校、厨师培训学校、管理人员培训学校，甚至还有“总裁培训班”等，由于行政主管部门很少过问，以致出现乱办班、乱收费、乱教学、乱管理的“四乱”现象，严重地影响了继续教育的质量。

而对于发达国家中盛行的社区学院、企业学校、校企结合等办学形式，我国则发展较缓慢或流于形式，原因无外乎政府资金投入少，而绝大多数企业和企业主管部门的观念滞后，大都较为重视员工职前的学历、技能、素质等，对于高等学历教育期望过高，而对于继续教育往往热情不足。它们从短期效益出发，削减继续教育应有的投入，甚至撤销继续教育工作机构、挤占继续教育基地、压缩继续教育经费，对继续教育抱着应付差事，或者不屑一顾、敷衍了事的态度。这是造成我国继续教育办学形式单一的一方面原因。因此，应大力提倡企业办学、校企结合、社区学院、高校办学、政府办学等办学形式，创建继续教育办学机构百花齐放、齐头并进的局面。

六、经费投入不足

我国是一个发展中国家，人口多，教育资金有限，人均资源占有量少。根据我国的这一国情，此前我国绝大部分教育资金投向了基础教育和普通高等教育。这在经济发展水平不高的时期是较为适宜的决策，但随着我国经济不断发展，在产业结构升级到一定水平以后，就应该调整财政教育经费结构。而在我国，经费投入严重不足长期以来一直困扰着我国继续教育活动的开展。近 20 年来，我国财政性教育支出占国内生产总值的比重仍然低于世界平均水平，也低于发展中国家平均水平。比如，2019 年我国财政性教育经费占 GDP 比例为 4.04%，只有 1/4 用于高等教育，继续教育投资更是捉襟见肘。经费不足对继续教育的影响突出表现在以下三个方面。

第一，硬件投入不足。主要是教学设备仪器更新不及时，教学方式更新所需要的多媒体环境缺失。如录像机、投影机、计算机等难尽添置，教师无法展示或演示一些先进的知识。

第二，教师待遇低。相比学历教育的教师，继续教育的教师待遇普遍略低。

这样的话，“双师型”教师难以聘请，教育质量不高，造成恶性循环。

第三，管理经费缺乏。这一问题直接关系到教学的组织实施能否有效、教学环节是否系统连续、教学监督管理是否到位、教育质量调研是否深入等。管理上缺乏资金投入，必然导致教学实施、教学监督等各个环节混乱无序，教育质量也就得不到保障。而在国外，很多国家都普遍加大了对继续教育事业的资金投入力度。例如，美国企业一般拿出其销售收入的 1%～5%或工资总额的8%～10%用于继续教育，像美国通用电器公司每年用于员工继续教育和领导发展的费用超过 10 亿美元，该公司非常重视员工的继续教育，从时间和经费方面积极支持员工参加继续教育。

七、教育法规不健全

世界上许多国家都非常重视继续教育立法，认为立法是规范和发展继续教育的重要保障，建章立制，依法管理，是继续教育事业未来发展的必然趋势，也是发展继续教育的根本保障。到目前为止，我国颁布了许多有关继续教育的法律和法规。例如，1995 年 3 月颁布的《中华人民共和国教育法》第一次从法律上规定了所有专业技术人员有接受继续教育的权利和义务。1995 年 11 月，人事部颁布的《全国专业技术人员继续教育暂行规定》（人核培发〔1995〕131 号），对专业技术人员接受继续教育提出了要求。与此同时，天津、广东、北京、福建等省市也相继通过了地方性的继续教育立法。

但总体来说，我国有关继续教育的法规制度依然不够健全，法制建设往往“先上马，后备鞍”，很多也都是各级政府及教育行政部门的文件决定和会议纪要。时至今日，我国仍然缺少国家立法机关通过的有关继续教育的法律法令。与此同时，地方性法律法规的出台与实施也明显滞后，与之相配套的规章制度更是不尽完善，大多数地方政府和行业主管部门没有对企事业单位及专业技术人员在继续教育中的权利、义务、时间、内容、经费、保障措施等做出明确而有力的规定，对继续教育办学机构的管理措施也不够明确。此外，教育主管部门对于继续教育事业缺乏必要的扶持，对继续教育仅仅停留在提倡阶段，难以见到有力的保障措施。立法的缺失和滞后，给我国继续教育的法治和管理工作带来了很多困难。

八、服务区域能力薄弱

1. 办学定位落后，服务区域经济建设意识缺失

大部分高校继续教育在办学定位和培养目标的选择上存在误区，还停留在发展成人学历教育方面，以提升学历为主，没有意识到继续教育服务区域经济和社会发展的重要性，继续教育为区域服务的观念不明确。然而，随着社会对成人学历教育需求的越来越少，单纯的学历教育已难以适应社会发展需求，区域经济社会发展需要各种技术技能人才，尤其是在职人员在工作岗位上会不断产生对新知识、新技术、新技能的需求，而目前高校继续教育还难以响应这种需求，也没有在招生、人才培养、信息传递等各个环节做出相应变革。

2. 人才培养方案、专业设置、课程体系脱离区域经济发展需求

大部分高校继续教育未能根据区域的经济结构变化、产业结构升级及市场需求的变化来调整和优化专业设置、人才培养方案和课程体系，人才培养方案长期固化不变，专业设置滞后于区域经济社会发展的需求，课程体系与市场需求不相适应。这就造成了高校继续教育人才培养与区域经济社会发展的不协调，接受继续教育的学员所学知识及专业能力不能满足实际工作的需要，也影响了受教育者对继续教育的认可度。

3. 政府、企业、高校之间缺乏联动

教育绝不是单方的行为，需要政府、企业、高校三方联动，各负其责，政府应做好统筹和扶持；企业应为教育提供生源需求，协助学校做好人才培养方案；高校应做好育人工作，把好教学质量关。目前，继续教育基本上由高校单方面完成，从专业设置、人才培养方案制订、课程设置到教学的实施以及实习实训基地的建设，全都由高校主导并完成，缺乏政府的指导、企业的参与和校际间的交流，区域经济建设对其的需求导向性不强。高校虽能保证教学任务的基本完成，却难以保证人才培养的适应性与适用性，背离了继续教育的本义。①

① 姜孝军．浅谈继续教育如何推动地方经济发展和服务社会发展[J]．亚太教育，2016（8）：277．

4. 教学模式单一，工学矛盾突出

继续教育在大力发展成人高等学历教育时期，可谓社会效益和经济效益双丰收。但在新时期，经济社会发展对人才素质提出了新的需求，传统的人才培养方式和教学模式已然不适应现实需求，但高校仍不愿对此做出变革，因为变革必然涉及人力、物力、财力等方面的重新调配，也必然需要加大实践教学改革力度和实训基地建设力度，从而导致继续教育投入和成本增加。部分高校继续教育依然采用“面授+自学”的教学形式，以自学为主、面授为辅，自学的学时数占课程教学计划的60%，面授占40%。由于学员在自学期间往往没有网络平台，与教师沟通交流不足，再加上缺失有效的监督措施，所以无论是面授还是自学，都很难激发学员和教师的积极性，导致教育质量难以保证。

九、继续教育服务能力和“一带一路”倡议目标差距较大

继续教育的专业人才培养能力当前还难以满足社会需求，人才极为匮乏。随着“一带一路”倡议的不断深化，其所囊括的内容将会包括基础设施建设、技术、资本、贸易以及文化等，但是这些内容的开展都必须获得继续教育所提供的人力资源的支撑。在大量基础设施的实际建设过程中，对于工程技术和项目设计以及管理等方面的专业技术人才需求愈加强烈。此外，区域性贸易往来的增加必须有大量国际贸易人才进行支撑，在大量企业落地的同时，必须有大量通晓当地语言、熟悉当地政治经济文化的人才进行支持。以海运人才需求为例。受“一带一路”倡议影响，2017年中国船员约70.9万人，到2020年，海洋人才资源总需求量超过300万人，增长3倍还要多。而对于数量如此庞大并且需要具有极强专业素养的群体的培养，必须由高素质和综合能力极强的人才进行。而在此过程中涉及的专业设置和课程建设以及办学质量和规模的设定，都会成为我国的继续教育所面临的巨大的挑战。

当前我国继续教育院校的整体水平较低，缺乏“走出去”的基本经验，且办学基础较差，所投入的经费也十分有限，而高职院校的平均教育经费仅仅相当于普通本科院校的56%。部分地方财政对于继续教育所投入的经费数量也极其有限，相关费用仅仅能够保证教学工作的正常开展，并没有多余的经费进行教学条件的改善，学校自身根本无法达到国家办学的基本标准，对于国际标准

更无从谈起。另外，由于援外项目的建设和资金使用问题，使得继续教育院校在实际建设和设备购买以及教师派遣方面都受到了极大限制，最终使得继续教育院校的“走出去”工作难以开展。

当然，这些问题的存在也是暂时性、阶段性的，我国继续教育发展总体呈现向好性势头。例如，人们对继续教育的形式、内容和方法的需求日益彰显出多样化和个性化；社会和学习者对于继续教育的质量需求越来越高，与职业发展密切结合的继续教育将从偏重于知识传授，向注重提高从业人员的综合素质和对工作的责任感和敬业精神、专业能力、岗位适应能力、岗位转移能力以及创新能力的培养方向转变；继续教育提供者趋向多元化，从较单一的学校教育机构向学校、企业、行业等共同参与转变，从以公办教育培训机构提供为主，向公办和民办机构共同提供的格局转变；继续教育在高素质劳动者和高层次人才培养中的作用日益凸显；现代信息技术手段的发展和运用，突破了传统继续教育方式的时空限制，使得优质资源有可能在更低成本、更广范围内让更多的学习者共享，并具有选择性、开放性、交互性等许多新的特点，从而使向社会成员提供更加灵活便捷的学习途径和优质资源成为可能。

第五节　我国继续教育发展趋势

一、继续教育有加速发展的趋势

近年来，我国经济社会领域正在发生一系列重大变革，对继续教育提出了许多新任务、新课题，继续教育面临新机遇。我国正在深化社会主义市场经济体制的改革和建立全球化经济体系，特别是加入世界贸易组织后，企业面临着更加激烈的国内外经济竞争，迫切要求实现经济增长方式的转变。在科学技术和文化广泛交流的当前，国际先进的技术和信息很快就能传入我国，全球技术演进的加速化将带动我国继续教育内容、技术手段和形式等方面的加速化。

二、多样化继续教育形式将占主导地位

发达国家的继续教育为了适应市场竞争需要，服务领域不断扩大，从工程

技术领域扩展到社会科学领域。实行分类培训，提高学习者的工作适应能力和竞争能力，以适应市场竞争需要，是国外继续教育的一个重要特点。我国继续教育的对象比较广泛，包括大学毕业后的在职人员、各类专业技术和管理人员，也包括各类在岗人员等。学员所学专业、所在行业、学习内容和办学方式的需求不同，要求继续教育朝着多规格、多层次、多形式的方向发展。继续教育办学方式设有脱产、半脱产、业余学习或结合课题学习和研究等不同的教育方式，教学期限也灵活多样。

我国继续教育的办学方式主要有岗前培训、岗位培训、专题研讨、专业进修、研究生课程进修、访问学者和科研进修等几种类型。实践证明，多样化的教学内容和时间安排，比较适应各培训接受者的实际情况。灵活多样的教学内容和方式，以及与市场需求紧密结合的机制，是改善继续教育质量的重要发展方向。

三、终身教育将成为继续教育的核心内容

发达国家把继续教育作为保持竞争优势的手段，从提高综合国力、科技竞争力、人才竞争力和智力竞争力等角度和高度来考虑继续教育。我国自古有“活到老，学到老”的格言，在终身教育的实现方式中，继续教育将扮演十分重要的角色。终身教育受到我国各级政府的高度重视和全社会的广泛关注。1993 年的《中国教育改革和发展纲要》（中发〔1993〕3 号）提出：“成人教育是传统的学校教育向终身教育发展的一种新型的教育制度，对不断提高全民族素质，促进经济和社会发展具有重要作用。”《中华人民共和国教育法》指出：“国家鼓励学校及其他教育机构、社会组织采取措施，为公民接受终身教育创造条件。”在我国“九五”计划和 2010 年远景规划等重要文件中对终身教育的定位很高，继续教育在我国将发挥越来越重要的作用。

四、多领域、开放式合作办学是大趋势

高等院校、企事业单位、科研院所和社会团体是我国开展继续教育的重要组成部分。发达国家继续教育的一个突出优点是企业与高校合作，采取委托、联合、进修、聘请讲授等多种途径，向产业化、专业化方向发展，继续教育效

益比较高。高等学校师资力量雄厚、基础设施齐全。企事业单位有有丰富实践经验的专业技术人员，他们接触生产实际，讲求实效。科研院所在研究成果转化为生产力方面具有优势。高校和企事业单位的合作，有利于经济与科技、教育的紧密结合。企事业单位与高等院校、科研机构合作培训高层次专业技术人员和管理人员是企事业单位发展的必由之路。此外，不同国家和地区的教育组织通过多种合作方式在人才、信息、技术等方面进行广泛的相互交流，实行一定程度的资源共享，已经成为当前国际教育领域发展的主要动向之一。国际的继续教育合作，是适应当前国别经济、地区经济向经济全球化发展的趋势。我国当前既懂中国国情又有国际工作经验背景的高级人才十分短缺，而国际的继续教育合作可以极大地加快这些复合型人才的造就速度。在当前形势下，继续教育作为高等教育的提高阶段教育和基础教育的补充手段，有可能率先向国际化的方向发展。

五、继续教育的技术手段逐渐完善

现代信息和通信技术已经影响了整个社会的生活形态。目前我国已经拥有全球最大的移动电话用户数量，国际互联网的用户数量也居全球首位，并且这两项增长的比例近年来位居世界第一。我国信息高速公路的建设处于国际领先水平，在此基础上充分利用现代信息通信技术，不断扩大继续教育学习资源和学习空间，有助于及时了解相关领域的发展动态，促进继续教育主体与客体的探讨交流，推动继续教育创新发展。我国现已开展的继续教育已不同程度地采用了录音、录像、摄像、电视、电影、卫星传播、计算机辅助教学等先进的电教手段，使学习过程更加趣味化和人性化，从而激发学习者的主动性和创造性。随着计算机在我国的普及和教学内容的完善，我国继续教育将自发地动员更广泛的接受人群的参与。远距离教学、多媒体技术、国际化的通信网络将极大地缩短我国继续教育接受人群与国外发达国家教育水平的差距，为我国继续教育拓展了发展空间。①

① 胡锐．论我国继续教育的发展趋势与战略取向[J]．高等函授学报：哲学社会科学版，2010（9）：31-34.

第三章 “一带一路”沿线继续教育发展现状及需求

“一带一路”沿线具有较强的发展潜力。“一带”，指的是“丝绸之路经济带”，是在陆地。它有三个走向，从中国出发，一是经中亚、俄罗斯到达欧洲；二是经中亚、西亚至波斯湾、地中海；三是中国到东南亚、南亚、印度洋。“一路”，指的是“21世纪海上丝绸之路”，重点有两个方向：一是从中国沿海过南海到印度洋，延伸至欧洲；二是从中国沿海过南海到南太平洋。“一带一路”涉及65个国家和地区，包括东亚的蒙古，东盟10国（新加坡、马来西亚、印度尼西亚、缅甸、泰国、老挝、柬埔寨、越南、文莱和菲律宾），西亚18国（伊朗、伊拉克、土耳其、叙利亚、约旦、黎巴嫩、以色列、巴勒斯坦、沙特阿拉伯、也门、阿曼、阿联酋、卡塔尔、科威特、巴林、希腊、塞浦路斯和埃及的西奈半岛），南亚8国（印度、巴基斯坦、孟加拉、阿富汗、斯里兰卡、马尔代夫、尼泊尔和不丹），中亚5国（哈萨克斯坦、乌兹别克斯坦、土库曼斯坦、塔吉克斯坦和吉尔吉斯斯坦），独联体5国（俄罗斯、白俄罗斯、阿塞拜疆、亚美尼亚和摩尔多瓦）和中东欧16国（波兰、立陶宛、爱沙尼亚、拉脱维亚、捷克、斯洛伐克、匈牙利、斯洛文尼亚、克罗地亚、波黑、黑山、塞尔维亚、阿尔巴尼亚、罗马尼亚、保加利亚和马其顿）。

2013年9月，习近平总书记在访问哈萨克斯坦时提出构建“丝绸之路经济带”。2013年10月，习近平总书记又在出席亚太经济合作组织领导人非正式会议时提出中国愿同东盟国家加强海上合作，共同建设“21世纪海上丝绸之路”。“丝绸之路经济带”和“21世纪海上丝绸之路”被并称为“一带一路”。“一带一路”倡议承载着我国对外开放新梦想，更将成为“新常态”下我国经济增长新引擎。要让梦想早日成真，新引擎更加强劲、更有活力，在注重加大资本和基础设施投资的同时，需要加强对人员的继续教育与培训。毕竟人是生产力的决定因素，而且根据人力资本理论，对人力资本的投资收益将会数倍于对物力资本的投资。

第一节　亚洲继续教育发展现状及需求

21 世纪以来，亚洲继续教育发展形势依然严峻。在全球发展中国家 9 个人口大国中，中国、印度、孟加拉国、巴基斯坦和印度尼西亚 5 个国家属于亚洲。中亚由于 20 世纪 90 年代社会转型对教育产生了冲击和影响，成人的读写算能力再次成为一个社会问题，各国的成人识字率下降到 97.5%～98.8%。进入 21 世纪以来，继续教育进入振兴时期。2008 年，中亚成人识字率回升至 99%，青年识字率达到 100%。在东亚，2008 年成人识字率为 94%，青年识字率为 98%。韩国和文莱等国已完成或接近完成全民教育指数，我国则致力于提高初等教育的普及率和完成率以阻止新生代文盲的产生，针对重点人群实施扫盲攻坚计划，并建立广泛的识字环境。在南亚，尽管成人识字率仍然处于较低的水平，但在过去 10 年中已有显著提高，南亚已成为世界上识字率增长速度最快的地区之一。亚洲人口大国由于人口基数大，已成为世界文盲人口绝对数量最多的区域。2010 年，全世界共有文盲 7.96 亿，其中约 5 亿文盲在亚洲，占世界文盲总人口的 62.8%，妇女文盲约占文盲人口的 2/3。实现继续教育平等的任务依然严峻。南亚和西亚在继续教育机会方面依然面临挑战。2008 年，该地区成人识字率为 62%，低于发展中国家 77%的平均水平。孟加拉国成人识字率为 55%，尼泊尔为 58%，巴基斯坦为 54%，伊朗为 82%，印度为 63%，普遍处于较低水平，大量成人受教育的机会和权利难以保障，他们不仅被排斥在教育发展事业之外，而且缺乏参与社会发展机会的能力。

环顾今日之亚洲，包括中国在内都在抢抓机遇，努力实现经济社会、教育科技等的可持续增长。亚洲各国普遍通过法律和政策保障成人受教育的权利，继续教育正逐步成为一种社会公共服务。然而，社会现实是，发展不平衡是亚

洲继续教育的重要瓶颈，教育资源分配不公，大量成人不仅在童年时期就被剥夺了受教育权利，在进入成年时期后在受教育方面仍然面临着许多难以逾越的障碍。就亚洲各国制约继续教育机会的因素而言，经济发展水平低是一个重要因素，社会排斥也是重要根源，亚洲继续教育发展中出现的种种问题需要人们进行深刻反思。

一、经济制约

教育史学家布鲁巴克在论述教育与经济的关系时，将教育分为生存经济条件下的教育与剩余经济条件下的教育。如果一个社会的经济发展水平很低，那么它就无力提供必要的资源办教育。因此，经济发展水平低是制约继续教育发展的重要因素。例如，尼泊尔和不丹等国面临极度贫困的困扰，文盲率长期居高不下。

二、区域处境

从亚洲绝大多数国家的经济发展水平和阶段来看，社会排斥和制度性根源是亚洲继续教育所面临的直接障碍。例如，在经济迅猛发展的越南，2006 年富人家庭识字率比穷人家庭高出 25%。在贫富阶层之间教育发展差距巨大的国家，社会处境不利的阶层往往遭受严重的经济剥削，面临严峻的生存压力，无力参与成人学习与教育。在亚洲，继续教育的区域发展差距显著且具有普遍性，与城市相比，农村居民的识字率较低。2001 年，孟加拉国官方数据显示，城市人口的识字率为 82.2%，农村人口的识字率仅为 52.4%，相差近 30 个百分点；2005 年，印度尼西亚农村人口识字率比城市低 7 个百分点。就农村而言，“社会排斥”具有明显的资源约束性特征，弱势的产生不仅由于个体资源的匮乏，也由于整个共同体资源严重匮乏，这普遍体现在教育资源方面。因此，由于农村社会资源聚集能力弱，在经济投入政策、社会发展模式等方面采取城乡之间非均衡发展策略，社会资源分配不公，导致其学习与教育资源聚集能力弱且资源缺乏，师资专业化水平和教育质量低下。

三、性别歧视

妇女往往由于社会、文化、宗教和经济等方面的原因而被排斥在成人学习与教育活动之外。根据联合国教科文组织的统计数据，1999—2004 年，印度、尼泊尔和巴基斯坦等国家妇女的识字率不到成年男性识字率的 65%，在巴基斯坦一些农村地区妇女的识字率甚至在 10%以下。一些低收入国家，如柬埔寨、老挝、巴布亚新几内亚等国家教育中的男女性别平等指数在 0.8 以下。社会排斥具有多向度性，妇女个体和群体遭受多重社会排斥，如文化、经济、家庭以及教育等方面的歧视和排斥。

四、民族与语言边缘化

在起源于西方社会的工业文明和现代化浪潮中，部落、少数民族和土著人口的语言、文化和教育被边缘化。他们的母语，作为教育与文化的载体得不到社会认同，遭受到不同程度的歧视，因而不得不接受官方或主流语言和文化教育。2001 年，尼泊尔社会优势阶层的识字率在 60%～94%，而社会底层的识字率最低仅为 4%。社会排斥具有累积性，常常导致代际排斥和“社会排斥的再生产”，从而形成永久性的多重社会弱势。[①]

进入 21 世纪，亚洲内外出现“南—南”留学现象，也称为“亚洲世纪”。在亚洲世纪，中国和印度将很快赶超西方主要经济体，其他地区对亚洲的印象好转，亚洲中等收入国家（MICs）的经济发展极具多样性，东亚成为全球新经济强国，东南亚和印度蓬勃发展，金砖五国（巴西、俄罗斯、印度、中国和南非）中，最大的两个均是亚洲国家，中亚也正在迅速崛起。随着经济增长率提高，环境、健康和经济压力也逐渐加剧。城市的扩张与合并迫使人们离开农村，大城市和大都市一跃而起，亚洲的城镇化问题更普遍、更严重。中国国内人口流动问题比墨西哥、东欧和北非向美国和西欧的人口输入要严重得多。有些国家人口年轻化，然而，日本和其他国家却面临人口老龄化问题。随着新型学习

① 王强. 包容性发展：21 世纪初期亚洲成人教育的核心价值诉求[J]. 河北大学成人教育学院学报，2012（1）：94-98.

型城市的出现，亚洲有些地区的终身学习理念也在更新，相关政策的全球传播促使国际社会广泛承认和普遍采纳终身学习理念。

与之相适应，各国及学界对亚洲继续教育发展进行了越来越深入的探讨和研究。2002 年 6 月 5—7 日，由香港公开大学遥距及成人教育研究中心主办的第二届亚洲遥距及成人教育研究研讨会在香港举行，来自 16 个国家和地区的近百位代表参加了会议。2011 年 5 月 26—28 日，亚洲职业教育学会（AASVET）和北京师范大学职业教育与成人教育研究所联合举办了第四届国际现代学徒制创新研究暨第七届亚洲职业教育学会国际会议，会议的主题是“获得专家知识的保障：现代经济条件下的学徒制”，围绕“课程和资格制度开发”“学习和发展理论及模式”“大学、职业学校在职教教师培训和教学中的多种作用”“职业能力评估和发展”“亚洲地区职业教育发展”等主题进行了交流，体现了各方的聚焦和关注。

第二节　非洲继续教育发展现状及需求

“一带一路”从提出到夯实是一个动态的过程，虽然侧重点是亚欧大陆，但非洲在其中也发挥着重要的作用。那些与中国关系好、愿意参加“一带一路”建设的，除了周边国家外，主要就是非洲国家。中国与一些非洲国家合作的深度、广度远远好于有些周边国家，这些非洲国家政局都相对稳定，急切发展经济，很愿意跟中国搞好关系，比如埃塞俄比亚、坦桑尼亚、肯尼亚、安哥拉、尼日利亚等国。事实上，中非经济关系互补性强，合作潜力巨大，非洲已成为我国重要的战略投资地。加强中非继续教育方面的合作交流，有助于汇聚中非学术智库资源，增进中非文化相互了解，为非洲的可持续发展建设建言献策，培养人才，补齐短板，贡献力量。

由于教育、历史等原因，非洲，特别是撒哈拉以南非洲国家的文盲率较高。在摆脱殖民统治获得独立后，非洲国家一直在积极发展教育事业，但由于教育基础薄弱、教学资源匮乏、经费投入不足，且非洲很多国家政局动荡、部族争端常有发生，加之艾滋病、干旱等灾害的困扰，发展教育的蓝图时常落空，因此导致其继续教育发展困难重重。

在全球化与非洲一体化的背景下，非洲继续教育一体化发展是非洲继续教育必然而重要的发展趋势。为了促进继续教育的发展，发挥继续教育对社会变革的重要作用，非洲各级各类组织纷纷采取了一系列措施，以推动非洲继续教育的协调发展。非盟及其下属机构在推动非洲成人教育一体化发展战略的形成过程中发挥着主导作用，陆续出台了涉及成人教育的战略举措。

1968年，非洲成人教育协会（African Promotion League for the Literacy of the Adults，AAEA）成立，这是非洲研究和开展成人教育的组织，是联合国教科文组织当时接纳的非洲唯一非政府机构，设于乌干达马凯雷大学，现有团体会员38人，每两年举行一次大会，印发大会报告，并出版《非洲成人教育》杂志，从事搜集成人教育资料，制定政策，提供情报，宣传成人教育重要性，支持成人教育工作者培训等方面的工作。非洲区域经济共同体依据本区域成人教育的发展状况来发布区域成人教育发展计划，对继续教育相关领域问题开展研究。以非洲继续教育平台为代表的民间组织在各自领域展开工作，为非洲继续教育发展提供建议，推动继续教育改革。此外，国际组织也在继续教育国际会议上推动非洲各国政府达成了一定的共识。

非洲继续教育一体化发展战略重点关注三大主题：一是全面发起扫盲运动，内容包括开展广泛而全面的扫盲教育、加强文化与教育之间的协同作用、开展官方和民间共同参与的扫盲教育项目；二是加速实现性别平等，内容包括改善学校教育中的性别不平等现象以及加强基于性别平等的教育研究；三是加强信息化建设，内容包括利用发展开放远程教育、建立非洲虚拟大学、开展信息化能力建设项目。研究发现，非洲继续教育一体化发展并不完善，仍处于动态发展阶段中。非洲继续教育一体化发展战略在发展进程中形成了一定的特色，主要表现在其战略发展目标兼顾了政治和经济发展需求，且内容蕴含深厚的非洲文化价值观，形成了以非盟、区域经济共同体、各成员国为核心，民间组织、高校和国际组织积极参与的格局。非洲继续教育一体化发展战略的实施已经取得了一定的成就，它促进了国家、区域、非盟、国际组织和民间组织等多方教育利益相关者之间的政策对话，使得扫盲与非正式教育重新受到重视，建立起了有效的公私合作伙伴关系。但它仍然面临缺乏全面综合战略、欠缺保障机制、民间参与度不足、文盲率高等方面的问题和挑战。我国可以从与非盟共同研制中非继续教育合作战略、拓宽资源开发与共享合作渠道、推广中国扫盲教育经

验、加强民间互动等方面着手，与非洲发展合作伙伴合力推进非洲继续教育一体化发展。①

比如，2019 年 10 月，由津巴布韦非洲民族联盟–爱国阵线、纳米比亚人组党、马拉维民主进步党、赞比亚爱国阵线、博茨瓦纳民主党五党青年领导人或青年事务负责人组成的非洲国家政党青年领导人研修班（2019 年第 3 期）一行 20 人来到中国重庆市委党校（行政学院）学习交流。他们从“中国故事”“重庆方案”里收获灵感和经验，共同推动中国与非洲交流合作深化，共同推动“一带一路”建设，共同推动构建人类命运共同体。本期研修班紧紧围绕“青年工作”“新中国 70 年成就”两个主题，安排了 2 次专题介绍和 5 次现场考察，时间紧凑、内容丰富。研修班先后前往重庆市规划馆、重庆市人民大礼堂、大渡口区“双创”工作实践教育基地、猪八戒网、两江新区礼嘉智慧体验园进行考察。在参观考察过程中，非洲朋友们兴致高涨，踊跃提问，与中国教师针对青年培养机制体制以及如何在非洲推广这些经验做了深入交流，认为参加此次研修学习不仅开拓了眼界，也取得了良好的教学效果。

一、尼日利亚继续教育

尼日利亚位于非洲西部，总面积达 92 万平方千米，总人口为 2.01 亿（2019 年），是非洲第一人口大国，占非洲总人口的 16%。该国种族、宗教和文化背景比较复杂，有大约 250 多个族群、超过 300 种语言和方言，同时也是非洲第一大经济体，但地区发展不平衡。尼日利亚政府一直在不断地突破创新，寻求新的发展机遇，在教育方面也不例外。虽然尼日利亚的继续教育发展总体水平不高，各州的继续教育发展水平也有高有低，但继续教育机构积极开展继续教育实践，不断努力创新，经过十几年的努力，其继续教育工作取得了一定的成效，在提高识字率、预防疾病、促进经济发展等发面发挥了重要作用。

1. 发展现状

（1）多样化评估考核方式综合运用。尼日利亚将继续教育和非正规教育视为发展经济、改善卫生健康问题和提升国民对外形象的桥梁之一，各州对开展

① 钟颖．非洲成人教育一体化发展战略的研究[D]．金华：浙江师范大学，2018．

的非正规教育项目不断进行跟踪与改进，十分重视对非正规教育项目教学成果的考核。各州的继续教育机构及非正规教育中心除采用传统的考核方法之外，还努力探索行之有效的考核途径。2009 年，全国大众教育委员会进行的调查发现，尼日利亚的继续教育考核方式不仅种类多，而且许多州采用不止一种考核方式，除采用传统的考试方式外，有 24 个州采用分配任务的方式对学员进行评估，其中，93.94%的州采用品行考试，81.82%的州基于观察方式进行考核，69.70%的州采取实践课的考核方式。

（2）正规教育和继续教育有效衔接。尼日利亚的继续教育的发展史交织着正规学校教育的发展史，政府将继续教育视为扫除文盲、普及基础教育的有效途径。因此，尼日利亚对继续教育的认可度较高。调查显示，在解决正规教育和继续教育的衔接问题时，36 个州中 75.76%的州使用的是证明、78.79%的州通过考试转入、33.33%的州采取直接移交的方式、27.27%的州把学生安排到普通班级，有些州不只采取一种衔接方式，而且有 87.88%的州承认继续教育证书和全国奖项。调查还发现，32 个州将继续教育的发展目标定位为“把非正式学校教育融入正式学校”，11 个州将继续教育的目标定位为“学位水平培训”。正是这种较高的社会认可度推动了尼日利亚继续教育的发展。

（3）继续教育师资建设不断加强。尼日利亚一直在探索教师教育改革之道，并于 1976 年成立国家教师学院（NTI），借助远程教育的形式进行教师培训。由于整体教育水平偏低，尼日利亚长期以来比较重视基础教育师资培养。鉴于继续教育在当地经济、文化、民族融合等方面所起的深远作用及继续教育与非正规教育发展的日趋成熟，近年来尼日利亚开始注重整体师资质量，其教育政策中也包含了非正规教育教师接受继续教育的内容。据调查，尼日利亚继续教育辅导员中 33.3%的人拥有岗位技能证书，72.73%的人拥有继续教育相关证书，64.9%的人拥有文凭。根据修改后的尼日利亚教育政策，在职培训被纳入教师继续教育（NFME，1998 年）。政府也将探索技术类和其他类型教师的在职培训，如研讨会、车间训练和再培训辅导员等。

（4）多层级的继续教育行政机构逐步构建。1986 年，卡诺州出于开发继续教育材料和继续教育人员训练的考虑，在联邦教育部之下设立了全国成人教育中心，该中心是尼日利亚最早的继续教育机构。目前尼日利亚的继续教育主要由全国大众教育委员会和各州继续教育机关负责执行。1991 年全国大众教育

委员会（NMEC）成立，主要负责全国战略开发、项目调整、扫盲与扫盲后的追踪与巩固。其他许多全国行政部门，如妇女事务及社会福利部门（WFSW）等，在继续教育特别是妇女和儿童教育方面发挥了重要作用。20 世纪 80 年代，出于提高成人识字水平的考虑，许多州政府设定继续教育代办处；在州一级的一些代办处如食物董事会和社会动员董事会（MAMSER）也试图解决民众的继续教育需求问题；许多非政府组织也通过网络等形式参与了联邦或州继续教育部门对于非正规教育的管理；另外，法律规定所有不同等级的政府、私营组织和个人都有权参与举办继续教育。

（5）继续教育政策与法律保障不断强化。第二次世界大战后，尼日利亚政府鼓励地方加强法制建设，由此地方政府开始制定教育政策。1981 年以来，大量的教育法规陆续出台，教育政策开始涉及各教育领域，如第 17 号法令（1990 年）促使全国大众扫盲教育、继续教育委员会的成立。在 1998 年和 2004 年的教育政策中都有涉及继续教育发展的部分。根据尼日利亚联邦制原则，州和当地政府也能拟定与全国一致的、更适合地方情况的继续教育政策。2009 年尼日利亚全国报告数据显示，大约 33 个州有涉及继续教育的法律和政策条款。国家的教育政策确认了公民识字率、矫正、继续学习、职业、审美、文化和民事教育作为继续教育学校教育重点的地位。

2. 存在的问题

（1）财政投入少。继续教育的财政投入主要来源于政府拨款，投资主体单一。根据尼日利亚相关政策，在继续教育财政投入方面，教育财政投入主体主要有联邦、州及地方政府，其中联邦占 25%、州占 50%、地方政府占 25%。尼日利亚教育财政投入资金总体较少，分给继续教育的可谓杯水车薪。例如 1997—2008 年，尼日利亚继续教育资金投入少于教育总资金的 10%，最高比例只有 8.94%。虽然教育税务基金（ETF）部门规定，全国员工超过 100 人以上的企业需缴纳税前总收入的 2%作为教育基金，但私营企业并没有充分地介入资助继续教育发展计划。1997—2008 年，仅贡贝州和索科托州接受过学员或个人的资金支持。这对于发展继续教育来说是远远不够的，继续教育需要吸引不同的投资者及办学主体，以增加尼日利亚继续教育的资金支持。

（2）学习管理难。尼日利亚的儿童辍学率、文盲率高，经济发展水平低，人们大多从事较简单的体力劳动。因此，继续教育主要是扫盲、补偿性教育及简单的职业培训。较单一的学习内容致使许多参与学习者中途退出继续教育项目。调查显示，无计划的工作影响了继续教育项目的实施，贫乏的继续教育特定目标、缺乏学习材料也是许多学习者退出识字班的重要影响因素。全国大众教育委员会的调查显示，全国成人教育计划未有效地结合尼日利亚一些居民比较关注的艾滋病和其他与健康有关的问题，制订的学习计划不够契合实际。尼日利亚政府也注意到了这些问题，并且一直在研究怎样增加入学率、帮助学员保持和完成学业，如通过上岗培训、下车间等实地观摩练习来增加学员学习时的感受性。

（3）机构沟通难。尼日利亚多层级的继续教育管理机构在发挥作用的同时也带来了一些问题，不同层级继续教育机构内部或继续教育机构与其他机构之间沟通比较困难。根据全国大众教育委员会的调查，拉各斯州的继续教育州机关由州长的特别顾问负责监督，而其他州均由教育部门监管；在是否接受政府的教育方针问题上，有 3 个州从自治开始就不接受任何政府部门的任何方针；在协调继续教育部门与其他部门目标的问题上，有 25 个州维护两部门的平衡，而 8 个州则采取不作为。从这些地方可以看出，州一级继续教育机构与国家级机构、同一级不同机构之间的沟通合作存在问题。

3. 采取的主要对策

为了解决继续教育发展中存在的问题，尼日利亚一直在进行着不断的探索，采取了许多行之有效的举措，以促进继续教育的稳定发展，并不断进行研究创新。

（1）各级继续教育机构积极投入。为适应不同类型学员的需要，增加入学率与参与率，继续教育和非正规教育规划包括以下内容：基本的识字教育、岗位能力训练、妇女教育、功能性识字、游牧教育、阿加米（阿拉伯）集成教育、盲人识字教育、工人培训、职业教育、残疾人教育和监狱教育等。这些大众教育的项目在州机关的监督下在各州实施，并且有识字、数理知识与核心生活技能作为进一步非正规教育项目的额外附赠。除了开展丰富的学习项目外，尼日利亚的继续教育机构还致力于研究行之有效的学习途径。全国大众教育委员会调查发现，各州机关几乎每年都开展有关继续教育发展问题的调查，积极开展

实践和创新扫盲计划，如研讨会、车间训练和再培训辅导员，实行一对一教学或资助个人教育（EOTO），使用交互式教学促进继续教育发展，补充额外的监管人员来提高监管和评估质量，以及将大多数学习者纳入正规教育系统，等等。

（2）非政府组织、个体及国际组织热忱参与。在尼日利亚继续教育发展的过程中，除了政府的大力支持外，非政府组织和个人也积极参与其中。在早期继续教育实践中，政府雇用有资格的人担当继续教育组织者。但也有个人建立夜校和成人学习中心等，例如，欧叶西纳主席在伊巴丹成立夜校，后来演变为伊巴丹男子高中；奥桑州、依克闰州的传统统治者在其府邸为辖区内的成人文盲建立了一个成人识字中心等。教会、清真寺、专家小组和那些集结在一起的继续教育先锋也参与到继续教育当中。在非政府组织中，有识字支持服务（NOALSS）的非政府协会和全民教育的民间社团联合（CSACEFA），这些组织与国内和国际代办处合作来共同促进继续教育的发展。另外，国际组织在尼日利亚继续教育发展中也发挥了重要作用，如教科文组织，除开发继续教育和非正规教育人员容量和加强机构建设之外，也援助项目的后勤和资金，它目前正在支持联邦 12 个州的一个试验无线电识字项目。

（3）大力发展弱势群体教育。尼日利亚在大力发展普通教育以扩大适龄儿童入学机会的同时，也密切关注弱势群体的受教育问题。尼日利亚的继续教育项目中特别强调男女平等的教育机会，创立妇女功能识字和职业教育中心，开创妇女事务部门，给予妇女教育更多关注。2004 年国家教育政策进一步规定，联邦、州和当地政府应给特殊教育提供资金以确保特殊教育的正常开展。随着一系列政策的颁布及措施的实施，许多特殊学校在各地相继建立。政府于 20 世纪 80 年代初成立继续教育发展中心、大众扫盲委员会，各州及地方成立相应的机构并制订成人基础教育和扫盲计划，组织并动员受教育者协助大众扫盲和继续教育运动。各类机构如大学、培训学院、企业组织等得到充分利用，许多大学成立开放部，协同国家广电局开设函授等远程教育课程，有的大学及企业组织还为成人和青年开办晚间职业课程。

（4）广泛应用远程教育及信息通信技术。尼日利亚人口多、文盲率高、资源比较匮乏，远程教育及信息通信技术的应用为继续教育的开展提供了一个有效的途径。尼日利亚的远程教育历史悠久，早在 20 世纪 30 年代，就有人在家借助远程教育通过国外大学的考试并获得了证书。从 1948 年起伊巴丹大学和其他一些大学成立了继续教育及一些其他部门，为工人提供业余教育。为了将各个零散的业余继续教育部门联合成体系，尼日利亚1973年成立了开放学习及通信部门(COSU)，其间经过不断的发展，到1997年改名为远程学习研究所(DL)。为了鼓励自我学习，1977年的尼日利亚国家教育政策充分体现了建设开放大学的想法，于1983年7月制订了《全国开放大学法案》，并最终于2002年10月正式启动。全国开放大学在确保教育质量和数量，提供灵活、高效的教育，降低成本，增加教育途径，提供丰富的教育课程，开阔民众视野等方面发挥了重要作用。[①]

二、南非继续教育

南非，位于非洲大陆的最南端，有"彩虹之国"之美誉，陆地面积为121.9万平方千米，东、南、西三面被印度洋和大西洋环抱。南非是非洲的第二大经济体，经济相比其他非洲国家要稳定，拥有完备的硬件基础设施和股票交易市场，国民拥有较高的生活水平，在国际事务中为一个中等强国，并保持着显著的地区影响力。南非继续教育包括正式学习、非正规学习和非正式学习等形式，涵盖二次机会培训、职业技能培训和非正规培训等继续教育项目。

1. 发展现状

南非于1997年废除种族隔离制度，继续教育被列入优先考虑事项，继续教育体系得以形成和发展。2000年，《成人基础教育与培训法》(Adult Basic Education and Training Act)颁布，对成人基础教育体系进行了规划设计。2010年颁布《成人教育与培训法》（Adult Education and Training Act），以期通过继续教育和培训，减少因受教育不足而导致失业和贫困的现象。[②]目前南非教育体系分为初等教育与培训阶段、中等教育与培训阶段以及高等教育与培训阶段。在学员培训方面，接受初等培训的成人学员，可以获得国家资格框架1级学位及其相应职业证书；接受中等培训的成人学员，可以获得国家资格框架2～4级学位及其相应职业证书；接受高等培训的成人学员，可以获得国家资格框架5～10级

① 陶小丽．尼日利亚成人教育发展论析[J]．河北大学成人教育学院学报．2011，13（4）：66-68.

② 赖翔晖．南非贫困成人教育项目的实践经验与启示[J]．成人教育，2018（4）：90-93.

学位及其相应职业证书，并且继续教育和正规教育之间存在国家资格框架制度上的沟通和衔接。此外，《成人教育与培训法》还对国家拨款建立公立和私立继续教育管理和质量保障做了具体规定。2016－2017 年度，南非 5.6 万名学生获得国家资格框架 1 级学位证书，6.6 万名学生获得国家资格框架 4 级学位证书。

对离开正规教育体系的成人来说，数量充足的社区教育与培训院校是其参与继续教育的前提条件。2014 年，南非颁布《学后教育与培训白皮书》（White Paper for Post-School Education and Training），致力于构建完善的学后教育体系。该白皮书将南非教育体系分为基础教育和学后教育两部分，基础教育主要包括义务教育，由教育部基础教育司主管；学后教育包括除基础教育以外所有类型与层次的教育和培训，由教育部高等教育与培训司主管。[①]在继续教育方面，白皮书对社区教育与培训院校进行了规划。社区教育与培训院校的前身是公立继续教育中心，遍布全国的公立继续教育中心曾经是扫盲和全民教育的重点机构。现在的社区教育与培训院校已经成为专注于所在社区学习需求，关注当地劳动力市场技能发展动态，为没有资格进入职业技术学院和大学的学生提供继续教育与职业培训的教育机构。目前，南非社区教育与培训院校的学生人数为 27.3 万人，入学人数目标是到 2030 年达到 100 万人。社区教育与培训院校建设采取分阶段形式进行，先在 9 个最先改建的社区教育与培训院校试点，待积累丰富运作经验后再向全国推广。为促进社区教育与培训院校的发展，政府提供一定的基础设施、专职人员以及教育培训项目，建设新校区，并加强对培训质量的评估与监管。

2. 存在的问题

最近几十年，南非劳动力市场一直处于高失业率状态，特别是对于低技能青年和成年人来说更是如此。截至 2018 年年末，613.9 万成人处于无业状态，284.1 万成人愿意工作但不积极寻找工作（即待业者）。近年来，南非年轻人劳动力市场面临着许多问题，大约 50%的年轻人处于无业状态，如果将待业的年轻人统计在内，年轻人的失业率高达 66%，而黑人群体的失业率则是白人失业率的 4.5 倍。由于教育投入与人力资本呈现积极的相关性，2017 年，具有高等

① 蔡连玉，刘杨．构建多样包容、整合高效的学后教育体系：南非《学后教育与培训白皮书》述评［J］．浙江师范大学学报，2016（5）：109-115．

教育学历的成人失业率为4%，而仅仅具有初等教育学历的成人失业率为32%。2018 年，具有高等教育学历的成人失业率为 6.7%，而仅仅具有初等教育学历的成人失业率为28%。

尽管近年来南非公民的受教育程度不断提高，但仍有许多学生未获得初等教育学历而离开了初等教育学校。南非 2016 年统计数据表明，500 万成人为文盲，57%即 1900 万成人没有初中或高中层次的教育文凭，25～34 岁年龄段中有 49%的成人没有获得初中层次的教育文凭，18～25 岁年龄段中有 12.1%的成人没有获得初中层次的教育文凭。

南非实行 9 年制义务教育，然而义务教育后教育阶段的辍学率一直居高不下，70%的学生在 9～12 年的教育阶段中途退学。读完 12 年教育的学生中大部分人不再参加高等教育入学考试，适龄年龄段中只有 4%的学生获得高等教育文凭。有学者研究发现，南非学生在 2015 年国际生数学和科学学习中的国家排名成绩名列倒数第 2 名（49 个国家中位列第 48 名），在 2016 年国际生阅读文学学习中的国家排名成绩名列最后 1 名（50 个国家中位列第 50 名）。

南非成人离开初等教育学校后参加培训的机会很少。因此，完成初等教育任务以后，成人应该参加形式多样的终身学习活动以保持技能的持续提升，想接受中等层次教育的成人可以进入社区教育与培训中心学习。2016 年，约 27 万名成人学员进入 2778 所社区教育与培训中心进行学习，其中大部分成人处于 19～24 岁年龄段。参与继续教育的成人所接触的教育和培训往往与其工作相关，教育部社区教育与培训管理处做了大量的工作。2016－2017 年度约 25 万成人参加了教育部社区教育与培训管理处支持的培训项目，其中约一半的学生为无业人员，这一比例相对于 2011－2012 年度增加了 85%。然而，即使如此，参加国家级继续教育项目的成人数量也只占成人群体总量的 1.1%左右。尽管公司和雇主提供了许多培训的机会，然而，所提供的培训数量相比于庞大的劳动力而言仍然是杯水车薪。

职业技术教育和高等教育的发展分流了部分成人学员。职业技术教育和高等教育的生源主体为年轻人群体，其中 70%的职业技术学院学生和 55%的高等教育学生为 25 岁以下的青年学生，26%的职业技术学院学生和 28%的高等教育学生为 26～34 岁的成年期学生。这个统计数据表明，许多完成中等教育任务的学生已经进入劳动力市场或走上工作岗位，然而他们并没有直接参加继续教育，

而是再次接受正规教育体系内的职业技术教育和高等教育。

3. 采取的主要对策

（1）提供二次机会培训。包括：①基本技能培训：面向基础技能较低的成人的小学和初中教育。1996 年，南非颁布的《南非共和国宪法》中规定："接受基础教育，包括成人接受基础教育，是一项国民权力。"[①]给予成人参加成人基础教育的机会，不仅能够使他们具有日常生活所必需的基本技能，还能够为他们提供进一步参加教育和培训的机会。鉴于南非目前约有 500 万成年人没有初中毕业文凭，基本技能培训对这些基础技能较低的成人来说是一种补偿性教育。扫盲和基本技能培训既是减少文盲的重要手段，也是发展多样性继续教育的起点。在没有获得初中毕业文凭的成人群体中，有些人连小学都没读过或读书时间过短，对这些人进行扫盲和基本技能培训，则是他们重返正规学校教育的二次机会，也有助于他们的职业生涯发展。②成人高中培训：面向希望获得高中学历文凭的成人。完成初中教育的成人和在高中阶段中途辍学的成人面临着没有高中学历文凭的困境，许多雇主要求工人具有高中教育学历，没有高中学历的成人在职业发展上的机会正在日趋减少。职业技术学院和综合性大学有限的办学空间倾向于给予教育程度更高的学员，没有高中学历的成人直接就读高等教育的机会十分有限。而成人高中培训则兼顾成人职业发展和第二次大学入学考试机会的学习需求，给予他们参加高等教育入学考试的机会。成人高中二次机会培训既要关注成人的职业技能发展、就业技能发展，也要关注成人语言技能发展和综合性知识学习。③短期补习培训：帮助成人缩小基本技能差距。对升入正规学校不感兴趣的成人来说，缩小其日常生活或其职业发展需要的基本技能差距，则是其参与短期补习培训的主要动机。一些成人基本的识字和计算能力较差，这是他们接受继续教育和职业培训的基本障碍，对他们进行识字和基本技能的短期培训，则既能够确保他们掌握基本的识字技能，也有利于他们进入劳动力市场或参加继续教育。

（2）提供职业技能培训。单一的识字和基本技能培训并不能满足成人体面劳动的愿望，对于不想参加正规高中教育的成人来说，想找一份更好的工作是

① 马子悦."让我们学习"活动助力南非扫盲教育：访南非政府首席部长服务主管丁格尼·恩格本尼［J］. 世界教育信息，2016（24）：9-11.

参加职业技能培训的基本目的。社区教育与培训院校提供适合成人学习者学习需求的职业课程，可以满足成人参与职业技能培训的愿望，并且可以采取远程教育或业余教育等灵活的教学形式来进行。一些社区教育与培训院校已在提供如焊接、汽车机械、缝纫、烘焙和计算机技能等培训课程，然而这远远不能满足多样化的社会需求。

为了避免重复投资，职业技术学院应对本校开设的课程进行改造，向社会开放，以满足成人学员的学习需求。同时，职业技术学院应和当地电视大学合作，借助电视大学的技术手段实现课程的远程传播。社区教育与培训院校、职业技术学院和电视大学开展的短期职业技能培训能使个人相对快速地获得当地劳动力市场所需的技能，从而能够迅速地进入工作岗位。社区教育与培训院校提供的培训项目并非只针对传统产业，为处境不利的成人提供的课程也包括信息技术等新兴产业所需要的技能。培训的对象虽然对所有人开放，然而培训的重点以低技能的成年人、妇女和贫困地区的成人为主体。培训的经费主要由政府、雇主和非营利组织等分担，或由政府给予弱势年轻人、妇女和残疾人培训补贴支持。

(3)提供非正规培训。公司和雇主在继续教育中的地位不应忽视，从雇主、雇员和求职者的角度考虑，正式教育并不能够完全适合雇主、雇员和求职者的需求，而非正规培训则可以弥补正式教育相对僵化的机制缺陷，提供如就业技能、创业和管理技能、数字技能以及生活技能等方面的项目培训。①就业技能培训：可以帮助工作经验有限的人提升寻找合适工作的技能和更容易适应工作环境的能力。培训内容包括简历撰写、面试技巧、职业品格和岗位模拟训练等。②创业和管理技能培训：可以帮助个人创立和管理自己的公司。培训内容包括制订商业计划、资金筹集、会计规则等实际问题的课程。调查发现，只有38%的南非成人认为自己具备创业的知识和技能，这一比例比韩国、土耳其等其他新兴经济体国家要低。非正规培训机构应和所在社区雇主保持密切联系，有经验的雇主应为新创业成年人提供创业指导。③数字技能培训：可以教授参与者使用计算机的基本知识。培训内容包括文字处理和电子表格的使用以及如何搜索互联网和社交媒体等。拥有使用数字工具和技术的技能越来越重要，不仅工作上需要，而且日常生活也需必备。南非的多个组织已经专门为青年和成人开展数字技能的培训，培训经费由公司赞助，无论学生背景如何都可以免费参加

学习。④生活技能培训：可以帮助参与者掌握如医疗保健、社会福利、气候变化等方面的知识和技能。生活技能培训可以采取短期培训计划、研讨会或报告会等形式来进行。

第三节 欧洲继续教育发展现状及需求

一、继续教育发展现状

欧洲有近50个国家和地区，在地理上习惯分为北欧、南欧、西欧、中欧和东欧五个地区。面积为1016万平方千米，是世界第六大洲，约有7.45亿人（2020年数据），约占世界总人口的11%。欧洲作为老牌资本主义国家的大本营，是人类生活水平较高、教育程度较高、环境以及人类发展指数较高及适宜居住的大洲之一。欧洲教育资源好，教育体制完善，高等教育体系从职业教育到大学教育设置齐备，学生可根据自身特点及今后发展方向选择不同的学院。所有欧洲国家的公民都要接受义务教育，或者至少是接受某种教育培训。

欧洲义务教育大概从六七岁开始，一直持续到十五六岁。大多数欧洲国家，基础教育时间大概只持续4～5年，少数国家却需要7～8年。基础教育阶段完成之后，学生继续接受教育的高一级的学校有多种类型，有继续为高等学校预先培养人才的文理中学，还有一些技工学校。同时，许多国家还有一些很有名望的高等专科学校和综合性大学，专门接纳那些已经完成初中等教育的学生。在这种教育体制的促进下，欧洲国家文盲率普遍很低，继续教育需求也比较旺盛。

二、继续教育需求

1. 社会需求

在欧洲，随着科学技术的进步，劳动力市场的变化和一、二、三产业用人数量的调整以及职业的消亡、新生和交融，形成了人力资本知识和技能结构的替换更新，由此产生了大量的继续教育需求。另外，继续教育也是欧洲各国缓解日益严重的失业问题的重要途径。在国家层面，继续教育已经成为国家提高综合国力、建设知识创新社会结构的重要组成部分。比如，法国政府针对失业人员专门建立了个性化教育小组（APP），以开展有针对性的培训。经过 100 小时以上的 APP 培训，70%的失业人员重新找到了工作。在组织层面，企业竞争力的增强也同样依赖于拥有大批管理人才和技术人才，继续教育是提高员工工作水平的最重要途径，为此，欧洲有影响力的大公司根据业务需要，直接对职业培训和继续教育投入资金，以建立自己的员工培训体系。以德国西门子公司为例，2001 年的营业额为 830 亿欧元，盈利 25 亿欧元，而投资员工培训高达 25 亿欧元。在个人层面，大学毕业不意味着就能就业。产业结构的不断调整，迫使人们的知识结构不断与之适应，许多工作数年的专业人员正在重返大学接受继续教育。另外，经济发展和闲暇时间的增加使人们对生活质量的要求逐步提高，由此产生了新的更高的教育需求。目前，政府机构、企业部门和个人的自费业余进修是欧洲继续教育的三大主要客户。①

2. 培训规模

随着继续教育社会需求的发展，欧洲各国越来越重视对继续教育的投入，相应的培训规模也越来越大。英国的非正规教育现已形成六大办学格局：一是继续教育，二是终身教育，三是远距离教育，四是业余教育，五是网上教育，六是全日制大学的继续教育(招收大量的在职人员和 30 岁以上的成人大学生)。现在，英国继续教育每年可从欧盟国家获利 5000 万英镑，从非欧盟国家获利 1.35 亿英镑，两项合计 1.85 亿英镑，而培训与咨询每年获利更是高达 2.75 亿英镑，仅次于全日制高校的收入。德国按照国际性、创造性和终身学习三大原则，构建起本国继续教育体系，旨在让继续教育“为每一个德国人创造终身受教育的机会”。现在，德国每年继续教育的市场营业额高达 500 亿欧元，每年约有 160 万青年在 50 多万家企业接受 360 种职业培训。据 2000 年 5 月德国联邦教育研究部的继续教育报告，根据有关统计，在 19～65 岁年龄段的人口中，有 30%参加了职业继续教育，其中，适应职业工作提高要求(8%)、上岗培训(6%)、晋升培训（3%）、转岗培训（2%）是其参加培训的主要目的。

① 宋述强，王小明. 欧洲国家继续教育、职业教育的现状综述及对我们的启示[J]. 继续教育，2005（6）：60-62.

3. 热点领域

对于继续教育涉及的培训项目，欧洲各国并没有明显的不同。一般来说都包括工商管理、经济财会、法律咨询、IT 技术、建筑工程、医务医疗、食品生产、环境保护、动物福利、树木栽培等。其中，经济财会、项目管理、物流管理、人力资源管理是法国 INSEAD、伦敦经济政治学院、荷兰马斯特里赫特管理学院等欧洲著名商学院开展继续教育和职业培训项目的核心课程。另外，有研究表明，欧洲各国的公务员普遍比私营企业的员工有更多接受继续教育的机会，因此针对公务员的公共行政和管理课程，包括公共部门改革、公共行政和公共服务培训以及跨文化交流技能等，正在引起各类培训机构越来越多的关注和投入。

4. 提供机构

欧洲提供继续教育和职业培训的机构主要有高等院校、企业和政府部门，其中高等院校始终扮演着开展高层次继续教育的重要角色。高校拥有大批高水平教师和良好的教学环境、丰富的图书资料、先进的实验设备，是知识密集和人才荟萃的地方，理应是系统专业知识更新和拓展的主要场所。英国几乎每所大学都特别重视继续教育，比如牛津大学、剑桥大学等都有自己的继续教育学院，在校注册成人学生占全校学生总数的一半左右。欧洲大学继续教育网络始建于 1991 年，188 个成员高校来自 39 个国家，是欧洲目前最大的继续教育组织。

企业内部培训也是欧洲继续教育的重要组成部分。企业自主、积极办教育，创造了发达的企业内教育。德国近 60%的企业为职工提供培训课程，企业也向社会提供培训活动。90%以上的银行和保险企业为员工提供培训，以行业划分比例来说是最高的。比例最低的旅游服务业也有 25%的企业提供教育培训。另外，欧洲各国也纷纷建立起专门的培训机构，旨在服务于全国教育培训与就业。1997 年，法国政府建立培训就业局，下设两个机构，一是国家成人培训协会，二是国家促进就业局。培训协会的主要职能是为在职人员提供技能培训，就业局的主要职能是开发就业机会。目前，培训协会共有会员 15 万人，其中有 6 万人参加长期培训。

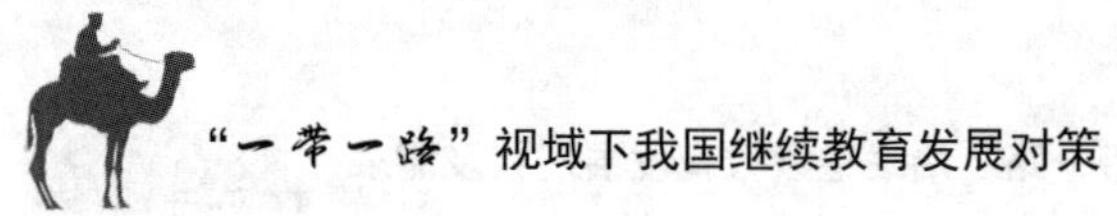

5. 政府作用

面对不断变化的劳动力市场和多样化的学习需求，为建立更加灵活的职业教育体制，欧洲各国政府采取了多种措施推动继续教育的发展。首先，提供必要的经费补助。欧洲国家继续教育的经费来源虽然呈现多元化的趋势，但是政府对继续教育的投资仍十分重视。法国政府每年投入继续教育的经费约 2.4 亿美元，占成人继续教育经费所需的 10%。瑞士联邦政府也承担着全国职教经费的 10%～30%。其次，组织或参与制定职业或技能及其培训标准，并组织统一的考试。最后，制定相关法律法规，使继续教育法制化、制度化。法国的《终身职业教育法》规定，凡雇用从业人员在 10 名以上的企业必须交纳占上一年度职工总工资的 1%，用来作为继续教育的经费；凡工作期限在两年以上的被雇用者，在退休前均可享受合计 1200 小时（相当于一个工作年）的带薪教育休假权利。近年来，德国政府吸取了工商业质量标准管理的做法，在继续教育领域建立并推行一系列的质量测试和保障体系，对提供培训的资质和教学过程进行测试和监控，这有效地提高了培训项目的质量。①

① 宋述强、王小明. 欧洲国家继续教育、职业教育的现状综述及对我们的启示[J]. 继续教育，2005（6）：60-62.

第四章　发达国家继续教育发展模式及共通之处

21 世纪是世界经济一体化、市场全球化的时代，更是信息数字畅通无阻的新时代。要想适应这种瞬息万变的社会，就要不断更新知识，并加强新知识的储备。在科学技术突飞猛进、知识经济已见端倪的今天，继续教育越来越受到人们的高度重视，它在社会发展过程中所起到的推动作用，特别是在形成全民学习、终身学习的学习型社会方面所起到的推动作用，已越来越显现出来。各国也越来越重视继续教育产生的价值，目前，各国对再教育的思想已形成共识：继续教育可以帮助已经中断全日制教育的社会人士学习新知识、新技能，增加就业率，也能够间接提高整个国民的知识素质。由此，在竞争激烈的社会中，继续教育自然而然地担当起时代赋予的历史重任。

继续教育作为一个重要概念传入我国之后，经过多年的发展，已经取得了一定的成就。但与发达国家相比，我国继续教育仍有较大差距，发展之路任重而道远。因此，探讨与研究发达国家的继续教育典型发展模式及其特点，对于我国继续教育的发展和成熟，并将之纳入国际化轨道，有很大的启示。德国、美国、新加坡等国经过多年发展，逐步形成了适应国家发展并与其他各类教育相互联系的继续教育模式，具有体系完善、设置便捷、内容新颖、灵活开放等显著特点。其中，德国的“双元制”、新加坡的“教学工厂”等模式颇具特色。

第一节 非“一带一路”沿线发达国家继续教育发展模式

一、美国“合作教育”模式

美国是世界最早发展继续教育的国家，也是目前继续教育最发达的国家。美国继续教育的诞生要追溯到20世纪初，其第一个合作教育计划始于1906年，是由施奈德教授提出、经辛辛那提大学董事会同意而在该校工程系实施的。当时施奈德吸收多名工程专业学生参加到计划中。计划的基本内容是把学生分成两组，一组到工厂去工作，另一组在学校学习，一周后两组相互交换，毕业生必须达到合作教育工作经历要求才能毕业。如今，这种“学工交替”的教育模式有了很大改进，被普遍认为是合作教育的经典模式。时任辛辛那提大学工程学院院长的赫尔曼·施奈德表示：“合作教育这一培训方式并不可能将23岁的年轻人马上培养成为熟练的、训练有素的工程师，但毫无疑问它能为未来工程师的成功实践提供更好准备，打下更坚实的基础。”

1. “合作教育”的内涵

美国国家合作教育委员会对合作教育的基本界定如下：“合作教育是把课堂学习与通过相关领域中生产性的工作经验结合起来的一种结构性教育策略，学生工作的领域是与其学业或职业目标相关的。合作教育通过把理论与实践结合起来提供渐进的经验。合作教育是学生、教育机构和雇主间的一种伙伴关系，参与的各方有自己特定的责任。”除此之外，美国高校对合作教育还有一种比较简洁的表述，即“合作教育是把课堂学习和与学生专业或职业目标相关领域内的有报酬的、生产性的、有成效的工作经验结合起来的一种教育计划”。显然，无论是实践还是理论，合作教育的精髓就是把课堂教学和工作经验结合在一起。

为了更好地理解合作教育的内涵，我们要弄清楚什么是“生产性”的工作经验。通过研究发现，所谓生产性的工作经验，是指学生的工作是那些有工作

任务或项目需要完成的雇主们的真正工作；学校的合作教育或教师协调员批准的学生的工作岗位是他们认为能确保学生参与真正的工作并能提高学习效果的工作岗位。正如范吉恩所言：“如果合作教育仅仅作为一个获取工作场所信息或者联结技术知识与工作场所运用的经验媒介，那么它的有效性就没有得到充分发展。”因而，格罗沃尔德在回顾合作教育理念内涵发展的基础上，通过四个关键维度对这一理念进行了重新界定，即“课程整合、工作经验派生的学习、支持基地的养成、学习经验的逻辑组织和协调”。格罗沃尔德四个维度的建立，使合作教育项目不再局限于“在校大学生在正常教学之外进行实习并能够获得一定报酬”的教育活动范围，而发展成为整体教育教学不可或缺的重要组成部分，以区别于服务学习、教学实习、兼职劳动和就业见习。①

2. 合作教育的特征

（1）体验式学习。首先通过工作经验与职业暨学术目标的关联，学生通过具体体验、反思观察、抽象概括和行动应用构成的螺旋型、上升式的学习过程，达成知识和技能的迁移、实践智慧的内化和知识的创造。合作教育强调学习不是被动的接受、记忆和重复，学生只有通过质疑、实践才能成为积极的学习者和生产者。例如，现在很多无法进入高等学校进一步深造的学生在工作之余，利用业余时间主动参加各种技术培训，培训内容包括外语类，车工、燥工、钳工、操作挖掘机等机械类，以及化妆、销售等服务类。在实际工作中，这些知识可以得到有效的运用，也推动着合作教育的发展。

（2）官方认可。首先，在合作教育中，政府应该给予积极的支持，扩大资金的投入，教育机构也对学生继续学习知识这一行为予以认可。1965 年，美国颁布《高等教育法》，特别提出支持发展合作教育项目。1994 年，美国在所颁布的《从学校到就业机会法案》中提出，为各州建立“帮助学生顺利实现从学校到工作场所转变做准备”的服务体系提供资金，同时要求每一个地方性计划必须建立一个以工作为基础的学习组织，包括工作经验、工作场所转换以及各个行业所需要的通用技能要求。从 1992 年开始，来自联邦政府的专项资金总额已超过 2.2 亿美元。其次，学生在参与合作教育项目期间的各项学习指标会被评估并记录为教育机构正式认可（包括带薪实习期间的工作经验等级、所

① 陈明宏．美国继续教育培养模式分析研究[J]．高等继续教育学报，2013（5）：68-70．

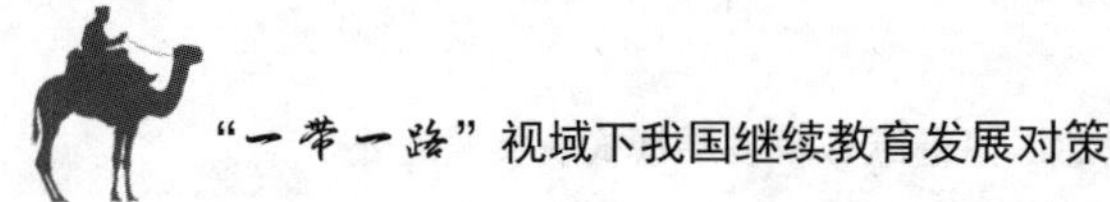

占学分时数、学位要求构成、成绩单记录等）。学生学习考核合格后，官方机构会颁发相应的证书或其他有效证明。

（3）有偿性。作为一种特殊的教育形式，合作教育项目将课堂学习与基于工作场所的学习有机地整合起来，旨在让学生获得知识和实践经验，但它不同于一般的教学实习，其生产性、非公益性特质使得教育机构的参加者能够获得一定的报酬。合作教育项目在很多语境中被称为"带薪实习"，其意义在于，通过实现劳动力的等价交换为在校学生筹措学费提供一种有效协助，正如美国国务院将之作为降低在校学生社会贷款需求的策略。

（4）社会整合。合作教育的社会整合功能体现为以提升学习力为目标的大学（教育机构）与社会（包括商业和工业）的沟通合作。这种合作关系主要包含三种实现形式：咨询委员会、伙伴关系及特约讲座。合作教育项目作为大学同政府、社会协调关系的一种重要媒介，既可为当地经济发展提供必要的人才，又能以大学的优秀服务来换取政府和社会的多元支持。

二、日本"产学合作"模式

产学合作模式主要在日本比较盛行。众所周知，日本在第二次世界大战后国民经济濒于崩溃的边缘，然而在短短40年间，日本经济迅速崛起，一跃成为世界经济大国，创造了经济发展的奇迹，这与日本高度重视教育是分不开的。战后的日本步入世界工业强国之列，某些高科技领域足以与欧美分庭抗礼，这也是日本政府及企业重视继续教育的结果。从国家立法保护继续教育的实施，到经费资助、重视继续教育的理念融入企业和社会各行各业及全民教育之中，日本继续教育已经形成一套相当完备的体系，比较具有代表性的继续教育模式就是"产学合作"模式。

1. 产学合作历程

1956年，日本通产省产业合理化审议会提出《关于产学合作教育制度》的咨询报告。同年，日本经营者团体联盟发表《关于适应新时代要求的技术教育的意见》，要求政府制订培养适应经济划时代发展的技术员和技工的计划，使大学理工科与产业界紧密联系，把握产业界的要求，并声明产业界应对大学师生到现场参观实习等工业教育活动及其研究尽可能给予协助。1959年，经济同

友会提出设立“产学协作中心”，并主张从经营和技术以外的更广泛的角度研究协作问题。1960 年，日本政府在《国民收入倍增计划》中指出，关于教育训练问题，今后尤为重要的是产学结合问题。为提供足够的教员、指导人员，应大力加强与民间技术人员和熟练的专门人才之间的协作，以加强学校教育与职业训练之间的联系。1981 年，科技厅与通产省分别确立了管、产、学三位一体的以人为中心的流动科研体制。1982 年，日本学术振兴会成立了“综合研究联络会议”和“研究开发专门委员会”，以促进学术研究与社会的合作。1987 年，日本政府又成立了由有关局长组成的“研究交流促进联络协议会”，以加强各省厅间的密切联系，共同推进管、产、学交流顺利实施。

2. 产学合作形式

日本产学合作模式的建立先后经历了从管制走向缓和、政策出台和体制机制规范化三个阶段。日本产学合作学会对“产学合作”的内涵做出了界定：产学合作是指在大学与企业之间架设桥梁、以促进学术研究为基础的振兴产业的各种行为活动的总称。经过多年发展，日本高中阶段的产学合作教育渐成规模，其主要方式有以下几种。

（1）双结合。定时制高中同企业里的职业训练机构合作，学生拥有双重身份，既是定时制高中的学生，又是职业训练机构的受训生。

（2）三结合。定时制高中、函授制高中及职业训练机构三方合作。普通课的学习在函授制高中进行，一部分专业课的学习在定时制高中进行，其余专业课与实习在训练机构完成。

（3）委托培养。企业录用的初中毕业生到全日制高中脱产学习，集体入学，组织专门班级，企业须提供设备和派遣必要的教师。

（4）巡回指导。企业的在职人员每周花一个白天、三个晚上到校学习，同时高中教师到生产现场巡回指导，确定学生的学分。

（5）集体入学。企业的全部初中毕业生上函授制高中，高中派出教师到企业集中面授。

3. 产学合作特点

（1）合作研究开发以最新技术及基础研究为核心。随着科技立国战略的确立，日本逐渐开始了对产学官合作的长期摸索和实践。企业是技术创新的第一主体，在技术开发研究上具有优势，大学（主要是国立大学）在基础研究上具有明显优势，而研究院所大多以应用研究为主。进入21世纪后，随着经济全球化的进程，日本的产学官合作创新有了新的变化，近70%以上的企业正在实施各种形式的与外部机构的合作研究开发，其合作形式越来越多样化，有大型企业，也有中小型及创投企业，还有大学，等等，而且合作关系也进一步加强。当前合作研究开发的主要是具有市场潜力而企业又没有提供的新产品，在产学合作中是以最新技术及基础研究为核心的。例如2005年，仅日本国立大学的合作研究项目就超过了10 000项，国公私立大学合计超过了13 000所。产学合作研究和企业委托研究的数量大幅度增加，以往那种企业对大学（教师）的“交往型”产学官合作，开始向“以契约为基础的高透明度”产学官合作转变。①

（2）企业与大学以合作研究为主。日本企业与大学的合作形态主要包括以下几种：大学对企业的整体技术或者特定技术进行指导，企业委托大学开展研究，企业与大学共同开展研究，企业通过技术转移利用大学专利，等等。此外，日本的企业还可以向大学实验室派遣研究员，大学也经常从企业招募技术人员担任教师。在企业与大学的合作创新中，许多大型企业一方面与大学进行合作研究，另一方面也为大学提供研究资助金和奖学金，既加强了学术研究，又资助了一部分学生完成学业，还能培养企业需要的专业人才。总体上看，产学官合作模式中，企业与大学的合作以合作研究为主。

（3）组织间的信任与依赖程度提高。日本政府近年来多项政策和措施的作用不断加强了产学官合作。1995年《科学技术基本法》的颁布，标志着日本确立了科学技术立国的基本方针，科学技术被定位为国家最重要的发展方向之一。以后，每隔5年制订一次规划未来10年的5年期科技振兴计划。1996年、2001年和2006年分别实施的三期科学技术基本计划，使得组织间共同研究和委托研究的数量都有了明显的增加，充分说明产学官合作创新中组织之间的信任与依赖程度有了大幅度的提高。

（4）合作研究中心的广泛建立。随着产学官合作范围的不断扩大和合作项目的增多，日本于1987年开始在国立大学设立合作研究中心，之后，在更多的大学设立了这类研究中心。到2001年，日本全国43个都道府县中已有52所国

① 中科院人教局. 日本的国家创新体系与产学官合作：中国科学院“赴日本科研管理高级培训班”东瀛考察见闻[J]. 科学新闻，2007（15）：32-34.

立大学设立了共同研究中心。这类合作研究中心使得产学官合作有了固定的场所，并且装备了先进的仪器设备，专门用以开展合作研究和委托研究，另外还提供技术咨询以及技术培训，以服务地方经济，有力地促进了地方经济的发展。产学官合作模式为日本产业界培养和输送了大量企业急需的熟练技术工人，建立起了适应社会发展需要的人才培养体制，使科研成果迅速转化为生产力。

三、韩国“终身教育”模式

韩国非常注重终身教育理念与社会教育、成人教育的结合，强调终身教育发展必须与韩国国情、民族性以及现代化建设等社会发展因素结合，其继续教育具有较强的国情特色。第二次世界大战结束以后，韩国开展了以扫盲为主的启蒙运动，各级各类社会教育计划以及社区教育运动也轰轰烈烈地开展起来。从立法保障继续教育的地位，到推动社会各界积极参与建设学习型社会，通过终身教育院、学分银行制等政策，从司法、社会、个人方面三管齐下，面面俱到，使得韩国的继续教育取得了丰硕的成果。

1. 制定《社会教育法》

韩国从 20 世纪 60 年代开始，通过重点发展劳动密集型产业，短时间内迅速脱离了战后国家分裂所带来的困境，一举成为“亚洲四小龙”之一。为了进一步实现与国际接轨的目标，韩国的产业结构急需由劳动密集型产业转为资本、技术密集型产业。此时的韩国需要在国民自身基础之上培养其继续学习新技术、新知识、新理论、新方法、新信息以及新技能的意识，增强人们的学习主观能动性。在这样的情况下，自 20 世纪 70 年代从美国引入“继续教育”理念以来，韩国经过努力推广与实践，已成功将“终身教育”这一理念与建设学习型社会相结合起来，通过高校与企业的联手合作，提高了韩国民众对于继续教育的认知，使社会各方力量积极响应政府号召参与办学，扩大了国民教育的选择范围。

1982 年 12 月 31 日，韩国颁布《社会教育法》，其宗旨如下：“本法以给予全体国民一生的社会教育的机会，提高国民的素质，从而为国家社会的发展做贡献为目的。”韩国对终身教育的出发点，首先是针对国民个人本身素质的提高，其次才是对社会集体所做的贡献，而这种“以人为本”的理念也在之后的立法中一以贯之。

该法指出，开展社会教育时，学校和社会团体应积极提供学习机会，使学习者能自由参与学习，大众媒体（广播、杂志等）需积极为社会教育做贡献。该法第一次明确了社会团体和学校在推行终身教育一事上所肩负的社会责任感与国民期待度，提高了社会对此的认知，推动了社会团体和学校在此之后的一系列实践，扩大了国民教育选择的范围。

2000年，经过4年的讨论，韩国将《社会教育法》修订为《终身教育法》。较之前者，后者更细致地明确了政府、学校及社会团体在普及终身教育中的职责与具体的工作。正是韩国对社会分工的明确划分，推动了社会各界对普及终身教育的大力支持与广泛实践。

2. 设立终身教育院

为快速实现韩国的复兴，韩国许多高校在20世纪50年代时就已经积极开展下乡扫盲活动，对农村未能得到受教育机会或者未能得到良好教育的群众进行基本的知识启蒙。其中较有代表性的是梨花女子大学。梨花女大率先开展了大学生农村服务活动，在奉献社会过程中获得了对自我的提升与发展。而在《社会教育法》出台后，梨花女大于1984年创立终身教育院，将终身教育理念融入大学办学方针之中，自此终身教育院以燎原之势在韩国各大高校中盛行起来。①

终身教育院通过将课程细分为一般教养课程、专门教育课程、就业指导课程、学分银行制课程与社区联系型课程，不仅明确了各高校在社会上的服务性质，更重要的是使各社会成员可以根据自己的喜好、能力、需求选择相应的课程进行学习，这种细化使得各行各业的人都可以参与其中，真正地达到了全民学习的目的。

其中，终身教育院设立的“学分银行制”是韩国继续教育的一大亮点。学分银行制取材于商业银行的储蓄方式，学员将平时所修得的学分存入“银行”，当存满一定数量后即可申请相应学位，学分没有“存期”限制，“零存整取”，终身有效，为学员终身教育提供了良好的保障。②其与远程网络课程的巧妙结合，既保护了学员在学习过程中不受空间、时间的限制，又提供给学员普通高校学生所没有的自由选择权。相较于普通高校，学分银行制下的学习在时间、

① 周世中，李想．烹饪工艺与营养专业人才培养的创新与实践[J]．辽宁高职学报，2011（12）：20-21.
② 孟宪峰．试论烹饪工艺与营养专业人才培养的创新实践[J]．课程教育研究，2016（23）：135-136.

金钱方面的投资即学员的投资回报率上优势明显，在市场中占领了一席之地。

韩国政府在保证继续教育质量的前提下，尽可能地为大众缩减时间和金钱上的投资，可以让人们放心大胆地行使自己参加再教育的权利；通过诸如梨花女子大学、庆北大学等高校的名校效应，为继续教育正名，使人们对继续教育经历了“认识、了解、参与”这样一个循序渐进的过程，自然而然地提高了继续教育在国民心目中的地位，也使得用人单位逐渐认可了人们在学分银行制度下所取得的学士学位的效力，促进了继续教育的发展与完善。

3. 发展职业培训

1963 年，韩国制定了《产业教育振兴法》，旨在加强职业教育，规定政府当局、地方自治团体要为职业教育提供支持，确保实验、实习设备和费用的供给。1965 年制定《职业训练法》，大力发展职业培训。1969 年颁布了《科学教育振兴法》，规定各级政府要对职业教育进行投资，并决定建立用于支持科学教育发展的“科学教育基金”。1973 年，制定《国家技术资格法》，规定各种技术、技能人员要达到国家统一的技能技术标准。1976 年出台《职业训练基本法》，鼓励企业和私人团体新建职业教育培训机构。①1976 年 12 月，出台《职业培训资金法》，规定以《职业训练基本法》为依据征收税金，以建立韩国职业培训基金。其中《国家技术资格法》通过对获得技术资格者给予相应的经济和社会待遇，并采取在就业、海外进修、资金、服兵役方面给予优先照顾等一系列措施，努力改善社会对职业教育的认识，提高职业教育的地位，对职业教育日后蓬勃发展起到了关键的巨大推动作用。

韩国政府支持学校与企业合作，积极尝试并鼓励学校的教育模式向企业的教育模式转化。企业投资办教育，实行产学研结合，已成为韩国政府最喜欢的办学模式。②

首先，通过颁布法令，使企业明确参与职业教育的责任，履行职业培训的义务。此外，政府还提倡社会兴办职业教育，“实行民间兴办、财团自办、政府扶持的多元办学体制”。③针对教育资源过度集中的问题，韩国政府于 2003

① 刘耀华．韩国职业教育改革基本经验评析[J]．临沂师范学院学报，2006（5）128-130.

② 雷丽平．韩国职业技术教育的发展与改革对我国的启示[J]．东北亚论坛，2008（2）：93-98.

③ 权锦兰．韩国职业教育政策与发展趋势[J]．现代技能开发，2001（8）：61-62.

年出台《国家均衡发展法》，提倡加强区域高等教育发展。以釜山为例，釜山地方政府在其指导下依据此法与区域学者一起确定了釜山创新与发展的五年计划，将事业单位迁离首尔，在釜山当地通过设立均衡发展账户等措施，为国家均衡发展建立一个全新的体制框架。①

其次，把“产学合作”作为职业教育发展战略措施之一。产学合作教育协议会对企业和学校双方进行管控和监督，对与学校合作的企业给予一定的财政补偿，对教育水平不能满足企业需要的学校给予曝光，减少或停止对其的财政支持。如此一来，第三方机构的存在不仅使产学双方合作模式更加公开、透明、公正，其所独具的奖惩制度也可以起到控制产学双方权利平衡的作用，最终使产学双方的合作对大众继续教育产生了积极影响。

四、加拿大“学习型”模式

作为世界上面积最大的国家之一，加拿大华人数量众多。加拿大与中国都属于多民族国家，两国在国际影响、社会文化、人才培养及民族融合方面具有一定的可比性和借鉴性。加拿大一直把教育放在国家战略地位，教育整体投入、高校毛入学率和接受高等教育人员比例都比较高，并且拥有庞大、全面、发达的继续教育体系，为学员设计的教育路径明了而实用，可满足不同层次人员的多种教育需求。国民无论何种知识水平、何种学历层次，只要想参加学习和进修，都能找到适合自己的培训提高课程。

1. 政府高度重视，提供大力支持

加拿大联邦政府没有专设教育部，教育事业基本由各省直接管理，各省均将继续教育看作人力资源开发的主要途径和基本手段。2008 年加拿大各省教育部长理事会讨论通过了加拿大进入 21 世纪以来的首部中长期教育发展纲要《学习型加拿大：2020》，旨在进一步建设加拿大终身学习体系，即加强和完善加拿大教育系统，这为加拿大继续教育的发展提供了强有力的政策支持。继续教育经费主要依靠各省自筹，联邦政府提供一定资助，合力为继续教育提供充裕资金。比如，阿尔博塔省按每年每生 5000 加元资助学校中心。

① 田华. 韩国釜山高等教育与区域互动发展政策及启示[J]. 比较教育，2008（11）：88-91.

20 世纪 90 年代以来，加拿大政府制定并实施了一系列推动终身学习和继续教育发展的政策，包括制定法律文件、提供经费保障、完善技术支持、建设学习载体、支持弱势群体、开展专项研究等，以保障公民享有相对平等的教育权利和机会。这些政策和法律为加拿大继续教育发展奠定了基础。近年来，联邦和省政府根据网络及信息技术发展的实际情况，加大专项经费投入，建立起全方位的以学习者为中心的网络学习系统。例如，英属哥伦比亚省教育部出台《校园 2002》，该规划强调政府有责任将所有有助于学习的公共设施向全体居民开放，保证对居民学习提供充足的经费支持，为继续教育提供了更加有利的条件。

2. 教育体系健全完善，各机构权责清晰

加拿大的继续教育机构种类多样，地区教育局、学院、大学、职业中心、成人学习中心、社区小组、非营利性志愿者机构、雇主、工会、协会、私人企业等都提供了教育培训服务，形成了以地区教育局和大学、学院为主，以其他机构为辅的较为完善的继续教育系统。教育系统内各机构分工明确，各司其职，其中，政府负责制定政策框架，提供资金，对教育质量和效果委托独立机构予以评估并进行问责；各省教育局负责提供高中学分课程、外语培训以及一般的兴趣课程；独立学习中心、社区机构负责提供预备课程、远程教育课程；大学、社区学院负责提供学术提升及技术培训课程。大学和学院都设有专门的继续教育学院，其主要业务集中在非学历继续教育领域，学历继续教育的职责由大学的各专业学院（类似我国的二级学院）来承担。社区学院与职业学校也都承载了重要职能。此外，图书馆、劳工组织、宗教组织及工商机构也可提供多种课程，帮助学习者通过学习分阶段达到最终学习目的。同时，商业、劳工和社会服务等机构也以各自的方式积极参与，如提供培训信息及咨询服务、反馈市场需求，以协助整个继续教育系统高效运转。在此继续教育体系下，各类学习者都可根据自身期望找到合适的学习项目，并获得相应学历、学位证书。

3. 教学管理开放灵活，充分体现人性化

加拿大继续教育体系全面完善，可满足多层次、多方面的教育需求。①在面向人群方面：包括高中生、大学生、新移民、原住民、熟练工人、专技人员、残障人士甚至老人。②在管理模式方面：凸显人性化服务，采取比较灵活的入

学方式，对入学时间和学员年龄没有门槛限制。③在课程安排方面：种类齐全，涵盖了个人教育发展的方方面面，包括基础文化及基本技能课程、远程教育课程、技术培训课程及行业证书课程、大学学分及非学分课程等。④在学籍管理方面：大部分院校实现了学分制，按课程计算学分，学分累积到一定程度就可申请学位。⑤在教学方式方面：学校会根据专业和课程的性质建议学生选择不同的教学方式，譬如社会科学类专业可采取远程学习的方式，实践性强的自然科学类专业可采取混合式教学方式。⑥在课程设置和开课时间方面：教学时间多为晚上或周末，开课地点多设在交通便利的区域和社区之内，甚至可以到公司和企业开设单独的技能培训课程。

另外，办学单位还开通了咨询网站、咨询电话、咨询服务中心，节假日和晚上都有专人值班，相关管理和教学人员服务态度热情，工作一丝不苟，其敬业精神让人感到亲切。例如，阿萨巴斯卡大学建立了呼叫中心，为学生随时随地提供服务，为每位教授安装了 800 免费电话，同时开发了移动学习平台，以便为学生提供随时随地的学习服务。

4. 突出科研导向，以科研带动体制创新

加拿大无论是综合性大学的继续教育学院，还是专门设置的开放大学和社区学院，都非常重视科学研究，科研为加拿大继续教育的发展指明了方向。例如，阿尔伯塔大学继续教育学院设有专门的科研部门，建立了多个研究团队，形成了很多科研成果。研究成果通过项目的方式进社区，实现了教学和科研的有机结合，彰显了学院对社区的教育服务功能，为发展继续教育，提高人才培养质量提供了理论指导。阿尔伯特省政府拿出专项经费，支持大学根据企业需求在失业人员中开展订单式继续教育，并要求行政办公通信电脑网络系统在非办公时间向远程教育单位免费提供服务。

学分转换与互认是大学之间形成的规则，不同学校间组建了学习成果认证委员会，确保学习成果的标准能够尽量统一。非学历教育的学分和证书在一定范围内都可被承认，学习者在不同学校可完成同一个专业的不同课程。同时，成人学习者的工作经历会被视为一种学习成果给予登记，在职人员的学习经历也会被记录在册。灵活的学分转换方式充分尊重了成人学习者的学习实际，架设了继续教育学分互认"立交桥"，实现了学习成果的自由转换，扩展了学习

者的选择空间，调动了社会成员参与继续教育的积极性，也由此促使各类继续教育机构协调发展，最大限度地实现了各机构间教育资源的共享。

5. 注重培养质量，做好质量监控

加拿大学习委员会在2006年创设的加拿大综合学习指数（CLT）是加拿大终身学习进步的年度测量指标，为继续教育培养质量建立了标准，也是世界上目前唯一的报告国家和社会层面学习状况的综合指数。加拿大在继续教育方面建立了严格的信用体系，任何弄虚作假的教学行为都将被记入诚信档案并在媒体曝光，这成为机构和个人不敢轻易违规办学的防火墙，也成为加拿大继续教育健康可持续发展的保障。办学质量成为加拿大继续教育办学的生命线，学习者选择继续教育机构的首要因素就是教学质量，这使得加拿大继续教育与普通教育的办学质量没有明显差异，这也形成了加拿大继续教育良好的信誉和口碑。

例如，阿尔伯塔大学继续教育学院办学不以营利为目的，确立质量第一的理念，设立了专门的委员会对继续教育教学质量进行评估和监督，把学生的教学评价与教师绩效相关联。同时学院非常重视培训项目的设置和课程的教学设计，紧密围绕社会急需的应用型人才开发培训认证项目，成立课程设计小组进行教学设计，以质量树口碑，没用太多招生宣传就形成了培训市场的良性循环。再如，阿萨巴斯卡大学通过网络监测系统对教师和教学管理人员的教学效果进行实时记录，以教学过程记录和学习者的评价作为教师今后晋升的重要依据。

6. 走市场化运营模式，增强培训教育活力

加拿大的非学历培训工作建立起了比较完善的市场化运行体系。培训市场化的前二十年，加拿大各级政府根据行业发展需要，投入大量资金开展其所认为应该开展的培训项目，但效果不佳，收效不大，之后逐步减少继续教育培训经费的投入，鼓励行业协会、私人培训机构和大专院校开展培训工作，对培训收入给予免税政策。所有的培训项目都是在充分进行效果需求评估，尊重被培训者的实际需求的基础上具体组织实施的，培训费用以被培训者支付为主，政府、企业、协会根据培训的目的和对经济活动产生的影响适当予以资助，以补贴经费、免费提供教学器械或场地等形式进行资助。这种做法引入了竞争机制，极大地提高了培训质量，同时也降低了以往高投入、低收效的培训风险，减少了政府的运行成本和工作量。整个培训市场在规范发展中自由竞争，逐渐形成

了成熟的“培训+技能证书”的培训成果认证制度，培训内容的应用性和实践性都很强，培训完成后都将参加专业技能的准入认证考试。学习者很认同这种模式，几乎所有学习者都是个人自愿报名参加培训的，学员的学习成果能很快得到应用，就会为学习者创造出新的工作岗位。①

第二节　“一带一路”沿线发达国家继续教育发展模式

一、新加坡“教学工厂”模式

新加坡地处东南亚马来半岛南端，国土面积约 707 平方千米，人口约 498 万，是一个自然资源极其匮乏的城市国家，能跻身当今世界富裕国家行列，其中一个重要因素就在于高度重视教育。相对大众教育而言，新加坡继续教育起步较晚但发展很快，逐步形成了适应国家发展、与各类教育相互联系的新加坡特色继续教育模式。21 世纪以来，新加坡更加注重培养学生的创新与企业家精神，将继续教育理论与社会生产实践紧密结合，切实做到学以致用、产学研并进。

新加坡前总理、人民行动党主要创始人李光耀指出：“一个国家人力资源的质量是决定国家竞争力最重要的因素。”②新加坡政府坚持教育立国，把教育摆在优先发展的战略地位，坚持经济社会发展规划优先安排教育发展，公共资源优先满足教育需求，财政资金优先保障教育投入，将每年 20%的财政收入用于发展教育事业。新加坡继续教育模式具有体系完善、设置便捷、内容新颖、灵活开放等特点，为公民个人发展提供了有益的提升机会。

1. 政府高度重视，提供充足经费支持

新加坡政府承担了本国继续教育的大部分经费，这些经费主要用于官方、半官方的继续教育机构的办学，如提高教师工资、改善办学条件等。政府除了每年由国家拨款发展继续教育外，还通过向企业集资建立技能发展基金用于社

① 吴绍靖. 加拿大继续教育的经验及启示[J]. 高等继续教育学报，2015（2）：10-13.

② 格雷厄姆・艾利森罗伯特・布莱克威尔. 李光耀论中国与世界[M]. 北京：中信出版社，2013：10.

会弱势群体的技能提升。相关法律规定，企业要替月工资不足750新元的职工向国家交纳相当于工资1%（1979年开始时为4%）的金额，由生产力局掌握，作为培训专项基金，用于资助职工参加培训，职工可获相当于学费总额30%～100%的资助。此外，政府还鼓励主要种族成立种族自助会，协助不同种族的低收入人员参加继续教育，先后成立了三个种族自助会，分别是华人自助会、印度族自助会和马来族自助会。自助会的职责是寻找同种族的低收入者，极力劝说他们去学习。学习结束后，受训人员要按政府要求填写特定的表格，经政府审查即可获得相应资助。充足的经费保证了继续教育教学设施的先进性、教学手段的现代化，并使所有继续教育工作者能全身心地投入到工作中，极大地提高了本国继续教育的效率和质量。

2. 教育体系完善，形成多元管理模式

新加坡继续教育体系较为健全完善，包括政府层面和社会层面。在政府层面，有两大继续教育管理法定机构：一是1972年成立的生产力局，隶属贸工部，主要负责指导企业员工的继续教育；二是1979年成立的工业职业培训局（简称工职局），隶属教育部，主要负责组织就业前的职业技术教育和在职职工的技术、文化训练及国家定标的技术工人考核及发证工作，其下设多个训练学院和培训中心，并领导各行业、社团举办的培训中心。除这两大继续教育管理机构外，还有公务员培训中心，负责训练政府的公职人员；国家经济发展局，负责组织跨国公司职工或高科技企业职工出国培训；国家教育学院（设在南洋理工大学），负责所有教师的岗前和在职培训。在社会层面，有两类继续教育机构：一类是公办大学、学院内的继续教育学院，属公益性法定机构，均配备专职继续教育人员；另一类是具有公司性质的社会单位，其在政府的认可下开展继续教育活动。

政府在直接开办继续教育的同时，还积极挖掘社会潜力，倡导行业和社区培训。[①]这种多元化的组织管理模式，保证了新加坡继续教育的体系完善、内容丰富、多元发展。

① 杨学祥．新加坡成人教育体系、特色及其启示[J]．继续教育，2015（1）：3-6．

3. 以市场为取向，走市场化道路

新加坡作为市场经济发展成熟的现代化国家之一，其各种形式的继续教育也坚持以适应市场需求为出发点，完全以市场为取向，走市场化道路。许多公司在政府有关部门和单位的许可下从事继续教育活动。这些机构均能按照市场需求及时调整专业，突出高新科技特征，培训方式灵活多样，其教育效果也由市场来检验，由社会来监督，从而实现继续教育的市场化、社会化。

例如，南洋理工大学"2015 发展战略"——五大卓越巅峰中的新丝绸之路，目标就是利用南洋理工大学的传统建立一个继续教育中心，这一中心结合了东方和西方最好的成分，为每个人的自身发展提供知识和技能的提升机会，成为社会经济发展和个人完善自我的加油站，成为亚洲的继续教育项目和服务的领先供应商，成为大学联系东西方、联系社会的桥梁纽带，成为东西方交流的新丝绸之路。

4. 课程设置科学，满足各类人群需要

新加坡的继续教育课程主要由教育部负责，以业余形式在晚上或假日授课，各教育机构根据教育市场的需求灵活设置课程，满足各类人员的不同需求。课程主要有三大类，其中两类名为 BEST 及 WISE 的基本教育课程，分别讲授小学三年级至小学六年级及中学一年级至中学四年级的英文及数学课程。第三类名为 CE 的继续教育课程提供中学一年级至中学七年级的所有课程，以便学生对付各项考试并报考大学。新加坡也特别鼓励中年及低收入人士报修，BEST 及 WISE 课程都针对报读的 40 岁以上人士学费提供优惠，而成功完成课程的低收入人士也可得到奖励。相关经验显示，低收入、低学历、年纪较大者进修的机会及欲望均较低，新加坡的上述措施可以说是对症下药。

5. 教学内容新颖，采用"教学工厂"模式

新加坡继续教育突出素质和技能教育，注重创新能力的培养，动手操作和创造性内容占很大比重。MIS 教育中心认为：数学+艺术+创意+电脑=21 世纪人才模式，专门设立思考课程，引导学生发现问题、思考问题和解决问题，通过

减少三分之一的作业量，让学生有更多的时间和空间去思考。[①]新加坡继续教育起步较晚，但很快就超过了德国“双元制”模式，主要是因为采用“教学工厂”模式，这种模式的主旨就是将企业环境引入教学环境中。起初是学院模拟企业硬件设施，按照工厂模式设置和布局教学环境，让学生做些流水线上的操作，相当于校内实习，随后发展到设立研发中心，模仿企业模式进行项目研究和开发，让师生有机会参与到项目研究中来，最终形成将核心教学与研发项目活动紧密结合在一起的科技中心，教师可以带领学生完成企业的研发项目，通过将企业环境与教学环境良好融合的教学方式，让学生将所学知识和技能应用于多元化、多层次的工作环境中，实现从模拟（simulation）到模仿（emulation），再到融合（integration）的连贯过程，使得继续教育的教学内容更加贴近社会生产的实际。

6. 强化师资管理，实行高标准、严管理

新加坡继续教育教师的任职资格标准很高，而且必须定期参加定量培训。新加坡教育部规定：教师每年必须参加 10 个小时的继续教育；每 5 年教师将参加 3 门核心进修课程的学习，以确保教师能赶上时代发展的步伐，特别是适应其相关专业领域的发展；具有中级职称以上者两年内安排一次出国机会参加培训、考察或学术交流。教师进修提高所需费用均由学校支付。政府对教师的管理也非常严格，教学不认真、不负责的教师可能会被学校解聘；教师不能从事第二职业，即使业余时间做家教也须经过批准，且每周不超 6 课时。这些高标准要求使新加坡继续教育教师的专业化水平很高，教师专业知识扎实新颖、态度认真负责，能够全心全意为学员授课。除此之外，继续教育教师的工资待遇也很高，第一、二类继续教育机构的教师待遇与国家公务员相当，按职称确定基本工资；企业培训机构的教师工资与企业科技人员相当，除正常工资外，每年底还额外发放相当于两个月工资的奖金。

二、德国“双元制”模式

德国是联邦制国家，16 个州在高等教育领域均有立法与行政权。为保障各

① 宋志轩，白智童．新加坡南洋理工学院教学模式及其启示[J]．职业技术教育，2013（20）：93-95．

州高等教育发展能基本协调一致，德国于1975年制定了第一部《高等学校总法》，确立了包括继续教育在内的高等教育发展总体规划。20世纪90年代，德国大学校长联席会议（HRK）和各州文教部长联席会议（KMK）牵头在高等教育界开展了一系列改革。在改革进程中，德国各地区和州相继建立了一系列地区性高校评估机构。

在《高等学校总法》的指引下，德国大学校长联席会议、各州文教部长联席会议和德国科学议会等机构试行了两项重要改革：一是德国大学校长联席会议在1998—2000年实施全国性的“质量保障工程”（The Quality Assurance Project），目的在于增进课程信息交流、建立质量保障的全国性标准；二是于1999年7月组建跨州的独立机构——认证委员会，该委员会由14名州的代表、高校代表、学生代表以及企业家和劳工组织的代表组成，专门负责学位课程的审批工作，统一管理地区性认证机构申请与运行时的统一标准，负责认证、协调和监督各州认证机构开展工作的情况。认证委员会制定了一整套质量认证程序，通过评审的评估机构可获得认证委员会颁发的“质量印章”，从而提高了评估机构的信誉度。

1994年，德国建立了第一家高校教学评估机构——北德大学联盟（VUN），其由布莱门大学、汉堡大学、基尔大学、奥德堡大学和罗斯托克大学5所高校联合组成。北德大学联盟主要对各学科专业或教育项目进行评估，每一年在这5所大学里都有2～3个学科同时被评估。1995年，在下萨克森州政府支持下，该州建立了下萨克森州高校评估中心，资金由当地政府提供。同北德大学联盟一样，下萨克森州高校评估中心的任务也主要是对该校学科专业或教育项目进行评估。1997年，北部莱茵河的威斯特伐利亚建立了评估中介机构，负责对高等教育综合性大学的评估和高等专科学校的评估。1999年，德国工程师协会与高等应用技术学院联合成立了“工程和信息科学教学评估机构”（ASII）。此外，大学内部也组织起一些评估。以影响最大的罗斯托克（Rostock）大学内部评估为例，该大学内部评估包括对组织的评估（如管理结构、大学整体结构、大学财政状况、信息管理系统、非学术教职员工）、对教学的评估（如课程等）、对科研的评估、对学院全体教职员工的评估、对毕业生就业情况的评估。这些努力，为德国高等教育发展提供了有效的保障。

德国的继续教育发展历史较短，但是却获得了极大发展。继续教育参加人

数和继续教育资金投入都呈爆炸性增长态势，继续教育已成为德国企业“革新和生产率的中心要素”。迅速增长的继续教育需求表明，在当今社会里要建立牢固的职业生涯基础并开拓职业发展前景仅仅靠职前教育是不够的，职前教育和职后继续教育要相互衔接。继续教育已成为德国教育事业各大板块中最大的组成部分。

1.“双元制”的内涵

德国继续教育模式的典型模式是“双元制”。“双元制”教育是指教育机构与企业联合举办职业教育，企业和学校、教师与企业培训人共同培养学生，学生同时具有双重身份，旨在最大限度地利用学校和企业的条件和优势，强化理论与实践相结合，从而培养既具有专业理论知识又具有专业技术和技能以及具备解决职业实际问题能力的高素质技术人才的一种教育制度。具体而言，“双元制”的教育内涵表现在以下几个方面。

（1）两个培训主体。即企业和职业学校。

（2）两种教学内容。即企业主要传授职业技能和与之相关的专业知识和职业经验，职业学校的教学内容除专业理论知识，还包括语文、数学、外语、政治、体育、宗教、伦理等普通文化知识。

（3）两种教材。即实训教材和理论教材。企业使用的是联邦职业教育研究所编写的全国统编教材，以便确保达到统一的培训标准和质量，而职业学校使用的理论教材则是由各出版社组织著名专家编写的，没有统一的全国或全州统编教材。

（4）两种实施方式。即企业遵循联邦职教所制定的培训条例来组织培训，职业学校则遵循所在州文教部颁布的教学计划组织教学。

（5）两类教师。即实训教师和理论教师。企业的实训教师是企业的雇员，职业学校的理论教师是国家公务员。

（6）两种身份。即企业学徒和职校学生。

可见，德国的“双元制”继续教育在整体的培养目标上是合二为一的，但在具体的教学过程中则又是一分为二的，表现出明显的双元属性的特征，由此最大限度地利用各自的条件和优势，既让学生在实训的氛围中获取有价值的实践经验，学会各种职业与社会实践的能力，又能通过在学校学习系统的专业知识打下坚实的理论基础，培养敏捷的思维能力与掌握科学的学习方法，从而能够很快适应毕业后的工作需求。[①]

2.“双元制”的特征

德国继续教育有着与其他发达国家继续教育相似的特征，如政府支持、法律基础、内容与形式多样化。除此之外还具有以下特征。

（1）企业发挥主导作用。德国“双元制”继续教育事实上是从学徒制度发展而成的，也就是说，随着工业化生产的发展，完全由企业承担的学徒制度吸收了学校教育作为补充而形成了职业教育制度。在这种合作教育中，企业把对继续教育的投资作为是对企业人力资源开发的投资，即对企业未来的投资。企业在其中发挥着举足轻重的作用，从继续教育的招生到受教育者的培训上，从职业培训岗位数目到培训计划甚至是培训的物质设备等的配备，基本上都由企业控制。可以说，企业这一元素是处于主体地位的，它直接决定着“双元制”继续教育的规模和质量。

（2）突出职业性。“双元制”继续教育从专业的设置、培养目标的确定到课程的设计、教学的实施都以职业为本位。具体而言：第一，专业设置以职业分析为基础，德国继续教育所设置的专业不是学科体系的产物，而是在科学的职业分析的基础上获得的能覆盖相当数量社会职业的职业培训。第二，培训目标以职业能力为本位，职业能力既包括专业能力又包括方法能力和社会能力，专业能力即合格的技能与知识结构；方法能力包括独立工作和独立学习的能力；社会能力包括个体与他人打交道的能力以及个体的心理承受能力等。

（3）德国继续教育与普通教育的等值。《联邦德国高等学校总法》规定，实施继续教育的高等专科学校合格毕业生授予与普通高等院校毕业文凭和学位同等地位及价值的学位证书，所享有的企业待遇也基本相同。

三、英国“工学交替”模式

英国高等教育历史悠久，在20世纪60—90年代就实现了由精英型向大众型高等教育的转型，由此也建立起了较为完善的高等教育质量保障体系框架。

---

① 林翔．德国职业继续教育发展对我国的启示[J]．继续教育研究，2009（10）：8-12.

1964年，英国成立了国家学位委员会（CNAA），这是英国建立的第一个高等教育质量保障组织，主要负责多科技术学院教育质量保障体系。1992年，英国成立了高等教育质量委员会（HEQC），对高等教育进行统一的质量审核与认证。1996年，英国成立了高等教育质量合作规划小组，具体履行教育质量保障职能。1997年，英国在高等教育质量合作规划小组的基础上正式成立了高等教育质量保障署（QAA），以取代高等教育质量委员会。

英国高等教育保障由三个部分组成：一是外部保障系统，如英国高等教育基金会（HEFCs）、高等教育质量保障署（QAA）、国家职业资格委员会（NCCQ）、英国工业联盟（CSI）。这些机构依据《质量保障手册》对所有的英国高校和海外教育合作项目进行全面的质量审查与评估，并向社会出版发行评估报告，供教育行政部门和高等教育基金会决策参考。二是高等学校自律和内部保障。如大学校长委员会（CVCP，1931年成立）、学术审查局（AUA，1991年成立）。三是社会及新闻媒体监督。伴随着社会关注度及新闻媒体的发展，社会和新闻媒体对高等教育质量的监督作用也日益凸显，以《泰晤士报》《金融时报》等大众媒体影响最大，《泰晤士高等教育》更是会定期发布世界大学排名，即THE世界大学排名，其与QS世界大学排名、US News世界大学排名和软科世界大学学术排名（ARWU）是公认的四大权威大学世界排名。①

2006年3月27日，英国政府颁布《继续教育：提高技能，改善生活机遇》白皮书，旨在提高14～19岁英国青少年的知识技能，并使国内所有成年人在一生中都能获得技能提高和再培训支持，以迎接社会发展的挑战。为实现这一目标，英国政府制定了一系列的法律法规、政策来领导和组织实施继续教育的各类机构，保障各种继续教育活动的高效运行。

2014年7月2日，英国商业、创新与技能部发布的《支持继续教育领域培养卓越劳动力的政府战略》报告指出，继续教育与技能培训工作者在为工商企业培训高水平员工方面发挥着至关重要的作用，继续教育促进了英国经济发展和社会阶层流动。报告认为，当前继续教育事业发展已进入一个新阶段，其与政府的关系正发生着深刻变化。继续教育学院以及包括成人继续教育机构在内的各种继续教育机构已经脱离政府主管，大大减轻了官僚负担，明确了提高标准和更好地满足当地需求的责任。在这一背景下，英国继续教育领域成立教育

① 赵宏．英国高等教育质量保证模式的发展与变化[J]．开放学习研究，2019，24（4）：46-53．

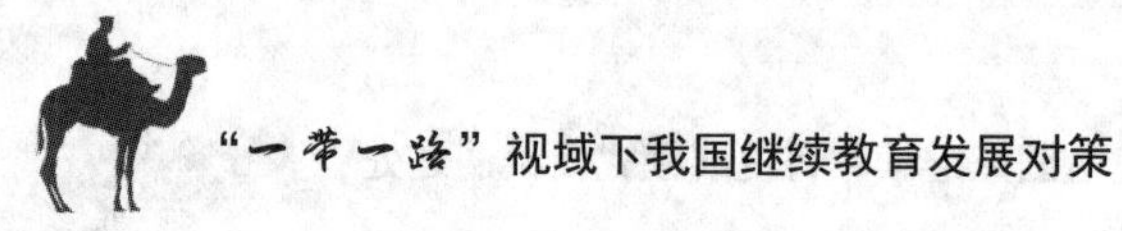

与培训基金会，旨在明确重点、制定对策，促进继续教育领域的专业化进程。

1.“工学交替”的内涵

英国继续教育模式被称为“工学交替”。工学交替是学校学习与企业生产实践交替结合的一种培养模式，是指在以人为本、就业导向的教学思想指导下，以培养学生合格的职业能力为基本目标，根据职业能力的形成特点，组织学生在学校与企业两个不同的学习场合、在课堂与车间两个不同的学习环境运用不同的学习方式交替完成理论与实践知识学习的过程。

（1）对“工”与“学”的界定。“学”主要指在学校的学习活动，学习的地点主要是课堂或理论实践一体化的教室，学习的内容主要理论知识或与理论相关的专业基础技能，学习者的角色是学生；“工”则主要指在真实的工作环境下进行的见习或是在师傅指导下的短期生产性实习，学习的地点主要是企业车间或是企业化的实训基地，学习的内容主要是专业岗位技能，学习者的角色是员工。

（2）对教学模式的界定。从承担教育任务的主体——学校角度来看，工学交替是一种在一定教学理念指导下的教学组织方式，学校采用在学校（课堂）与企业（车间）两个地点交替组织教学的方式，校内教学活动的组织者是教师，而企业教学活动的组织者则主要是企业的师傅；从接受教育的主体——学生角度来看，“工学交替”是学生的一种学习方式，即学生采用“学习”与“工作”交替进行的方式学习理论与实践知识。因此工学交替可以界定为一种教学模式。

2.“工学交替”的特征

一是改革传统的“先理论，后实践”的课程教学方法，将“必需、够用”的理论知识融入实训教学中，融“教、学、做”为一体，强化学生能力的培养，将工作岗位所需的应知应会内容贯穿于课程的教学过程中，为学生毕业后实现“零距离”上岗打下坚实的基础；二是改革传统的作业与考核方式，重视过程的规范与能力的培养，将课程作业、考核与职业技能鉴定相结合并与生产现场接轨，缩短学生就业的适应期，锻炼学生的自主学习能力；三是注重教师工程实践能力的培养，包括课程负责人在内的所有教师都是相关单位的专家或工程师，都有着丰富理论、生产调试等工程实践经验，同时吸纳企业专家进入专业指导委员会、审核修订人才培养方案等，邀请校外专家到校作讲座、任课，使

校企合作关系得到了加强。

3. 存在的问题

（1）许多学校教学活动无法达标，难以为学习者提供适宜的知识技能。这个问题在数学领域表现得尤其突出，许多教师并不具备数学学科所需要的知识与技能，或是不善于辅导有特殊需求的学生，在继续教育学院中，基础数学是最弱的科目之一。

（2）教育机构的领导与管理水平有待提升。根据英国国家督导办公室2012—2013年年度的监察，近一半的继续教育机构领导与管理水平有待提升。

（3）雇主对继续教育机构办学活动的参与度有待提升。英国国家督导办公室2012—2013年年度报告显示，大量继续教育机构对当地雇主需求的满意度较低。

（4）难以吸引到最优秀的大学毕业生入行。与普通学校和企业相比，继续教育行业对于求职者的吸引力不足，这导致教师对教学活动的胜任能力有限，同时，随着英国"基础设施建设计划"的推进与工商业部门的发展，合格教师的缺口会越来越大。

（5）教育技术在教学活动中的使用缺乏连贯性与有效性，限制了学习者的学业进展。教育技术更新换代很快，带来教学内容、设施及资源使用的更新变化，有的刚使用不久就被淘汰或替换，导致学习者应接不暇，难以跟上甚至放弃学业。①

4. 政府的改革措施

英国政府致力于保障中小学与继续教育阶段的高水平师资，且由英国教育部和英国商业、技能与创新部共同完成这一使命。2014年，英国教育培训基金会出台了针对教师与培训师的专业标准。同时，政府为16岁之后学段的数学和英语学习者设置了一个新的学习目标。这样，那些在普通中等教育证书考试中未能取得理想成绩（一般认为是C等以上成绩，但随着普通中等教育证书考试的改革可能会发生变化）的学生便多了一次机会。改革旨在使其既能满足学生学业需求又能满足雇主需求，学习内容中将会加入更多日常生活场景，着重提

① 余晖．英国：继续教育亦"芬芳"[N]．中国教育报，2014-10-08．

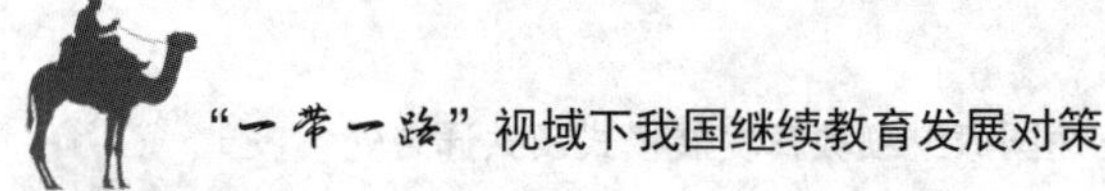

高学生的读写能力与计算能力。从2017年起，新的普通中等教育证书成为那些未能在16岁时取得理想成绩的16～19岁学生的国家标准证书。英国政府期望到2020年，19岁以上成人以及学徒制学生能够参加新的普通中等教育证书的数学、英语考试。同时，英国"功能性技能"资格证书仍将有效，并作为普通中等教育证书考试的过渡以及学徒制的学业模块。

从2014—2015年度起，英国政府支持那些在普通中等教育证书的数学和英语科目中未能获得优秀和合格等级的学生，继续为普通中等教育证书考试做准备，以取得一个好的成绩。从2015—2016年度起，学生若在此前的普通中等教育证书数学和英语科目中取得了D等级成绩，则必须继续参加普通中等教育证书考试，而不是考"过渡资格证"。从2017—2018年度起，英国政府希望新的普通中等教育证书成为"国家标准证书"，其中数学和英语科目参考第二级证书（Level 2）水平的要求。英国国家督导办公室（Ofsted）会在其所监管的学校、学院和其他教育机构中特别关注数学和英语教学，同时关注学生在先前普通中等教育证书成绩基础上所取得的进步。"让所有年轻人都有机会取得数学和英语领域高含金量的证书对于继续教育领域从业者的发展具有重要意义"。[①] 促使继续教育领域培养卓越劳动力是政府有关继续教育的发展方向所在，政府正在检视相关发展战略，并尽可能针对需求调整政府战略。

5. 继续教育人才培养目标

（1）提高教师与培训者的数量、质量与专业性。此目标是促进更多的优秀大学毕业生进入继续教育机构工作，提升教师的水平与专业性，激励教师进行自我提升，最终提升教学质量与学生的学业成就。政府的关注重点在数学、英语以及有特殊需要学生的教学方面，当然，其他学科同样具有重要地位。在2013年8月及2014年2月，英国政府出台了一系列激励措施，包括为新入职的实习教师提供津贴和为在职员工提供专业发展支持。上述措施得到了英国教育与培训基金会的支持，以保证有更多优秀教师加盟。

（2）满足雇主需求。此目标是打造一个能够很好地回应当地雇主需求的技能培训系统。雇主能够通过常规性机制将自身需求输入教育与培训体系，从而使学习者获得符合雇主需求的技能与资格证书，拥有良好的学业及就业表现。

---

① 余晖．英国：继续教育亦"芬芳"[N]．中国教育报，2014-10-08．

目前，英国许多继续教育机构已经与当地工商界建立起了良好的合作关系，尽力保证雇主的需求得到满足。不过，当前的共识是，这种合作在深度、广度与稳定性方面仍需加强。

（3）提升包括系统领导力在内的领导力水平。此目标在于提升领导者、管理者与行政人员的水平、潜力与能力。这样，继续教育领域便处于有效领导中，能够专注于学习者的学业成就，并能够受到来自社区、学习者与雇主的有效问责。英国继续教育委员会对学院进行的持续评估开启了政府干预机制。首期评估活动的总结报告在 2014 年 6 月公布，另一份年度报告于 2014 年秋季公布。

（4）在教与学中有效使用教育技术。此目标是继续教育机构、大学与企业能够协同合作，从而为学校管理者、教师与培训师提供最新的、适宜的专业发展训练和职前培训，提升其运用教育技术的信心与能力。这项工作必须建立在信息系统联合委员会已经进行的关于在教育及研究中使用数码技术的工作基础上。

英国工业界提出了科学、技术、工程与数学领域技术人才短缺的问题，而这也是政府后续工作的方向。一个可行的措施是建立一系列致力于培养工程师的“国家学院”。同时，政府鼓励通过新的途径来为继续教育机构吸引教师，包括吸引那些虽未获得相关学位但却具有较强潜质的人士进入教师队伍。此外，政府正在检视地方企业合作伙伴关系的发展战略，并在可能的情况下针对他们的需求调整政府战略。

四、法国“终身教育”模式

法国是终身教育思想的故乡。法国面积为 55 万平方千米（不含海外领地），人口数量为 6706 万（2019 年年末），是欧洲国土面积第三大、西欧面积最大的国家。继续教育不仅在法国的教育体系中占有重要的地位，其发展水平也处于世界领先地位。这一成果不仅得益于法国是世界上第一个为继续教育立法的国家，也与其继续教育具有突出特色有极大的关系。探讨法国继续教育具有的特色并加以借鉴，对于完善我国继续教育的法律法规和实践意义重大。

1. 重视继续教育

法国的大众教育具有非官方性、自发性的特点，政府几乎不干预其发展。而对于继续教育，法国政府和各界高度重视，政府和各界对继续职业教育的举措主要是通过继续教育立法、建立机构、组织实施、增加投入等多种途径进行的。第二次世界大战结束以后，法国的继续教育得到了长足的进步，国家通过多种努力推进继续教育向纵深发展，取得了明显的成就。首先，法国通过大量的立法来加强对成人教育，特别是对继续教育的宏观控制，这可以说在世界发达资本主义国家中也是独一无二的。其次，法国加强国家对继续教育的层层管理也是不遗余力的，法国继续教育的管理从非官方组织到中央设立专门机构，国家在管理和实施教育方面的干预越来越直接、全面，继续教育始终是法国社会政治、经济、文化的有机组成部分。法国政府和各界高度重视继续教育在社会经济中的地位和作用，认识到继续教育是一项长期的生产性投资，发展经济必须增加继续教育投资。政府和各界把继续教育列入经济发展规划，从国家经济发展战略到企业发展计划，继续教育都有一席之地，从物质上切实保证了继续教育的正常发展。

2. 注重立法

法国注重通过立法对继续教育进行干预，为保证继续教育的发展与社会需求相适应，既在重大的教育改革法中涉及继续教育，又颁布专门的继续教育法，对每个环节都严加规范。早在 1919 年，法国政府就颁布了《阿斯杰法》，开始注重成人的初等教育，并使之得到逐步发展。第二次世界大战后更是加强了继续教育的立法工作。1947 年，法国议会接受了教育改革计划委员会提出的《朗之万-瓦隆教育改革方案》，该方案规定青年离校后仍继续接受社会教育，再次提出发展继续教育的主张。1956 年，《终身教育草案》第一次在官方文件中正式使用“终身教育”概念，对法国第二次世界大战后继续教育理论和实践的发展产生了较大的影响。1959 年 7 月颁布《第二次机会教育的法案》，确定实施第二次教育的思想，规定所有的公民均有机会参加继续教育的学习。同年，另一部分法律规定保障雇员在培训计划中接受补助金的权利。1960 年的《高等教育基本法》规定，大学要协助推行终身教育，开设继续教育课程。1963 年制定

了《国家就业基金法案》，由此设立“国家就业基金”。1966年制定的《有薪教育假法案》，规定公民有权享受教育假。1968年的法律对“教育休假”津贴做了规定：凡参加培训的公民，只要是为调换工作、取得更高一级资格或是为完善已有知识，都可以领取一定的津贴；不满20岁的青年为寻找工作参加培训时也可领取津贴。法国继续教育立法史上的一个里程碑出现在1971年，该年7月，法国颁布了《职业训练法》《终身继续教育法》《技术教育法》《企业主承担初等阶段职业技术教育经费法》，后来统称为“1971年继续职业教育法”。其中，第一个法案确定了职业技术教育的方向；第二个法案对学徒制培训做了改革；第三个法案是要组织继续职业培训；第四个法案对学徒培训税做了改革，以进一步保证学徒培训的经费。该法对国民的义务和权利、带薪培训、教育经费等，都做了明确规定，使法国有关继续教育的法律条文系统化。1978年颁布《培训假补充法令》，强制各企业资助继续教育。1984年颁布《职业继续教育改革法》，重申职工除有权享受教育假外，经费由国家认可的机构负责筹集，并根据参加培训的人数、时间、培训内容、水平等标准拨发，雇主应为职业继续教育提供经费，同时还确立了国家对继续教育的监督和检查制度。1989年颁布的《教育方针法》决定建立全国评估委员会，确立教育评估制度，规定每年的评估报告都要向社会公布。上述法律对保障法国继续教育的快速发展产生了重要的社会影响。

3. 设立专门机构，严格管理

法国是实行中央集权制的国家，有着庞大的中央、学区、省三级教育行政机关，这是运用行政手段宏观管理和控制教育发展的有力保证。法国的相关法律明确规定：中央政府与地方政府均对为成人提供继续教育的机会负有责任，并把它确定为政府的职能之一。1971年颁布的《终身继续教育法》规定，国家成立一个隶属于总理的、由国民教育部长任副主任的部际委员会，以及一个常设小组，负责制定与实施继续教育的政策，同时成立一个主要由政府各部代表组成的全国继续教育理事会，协助其开展工作。其后于1977年成立国家职业教育部，下设继续教育局，进一步完善了继续教育的中央管理机构。中央教育行政部门的根本任务是确立方针和任务，制定继续教育政策，统一管理和控制全国教育发展，协调各个部门之间的关系，安排资金，参与活动。继续教育局专门负责继续职业教育工作，负责制定章程、分配教育经费等。

据不完全统计，中央政府每年要为120万成人实施各种继续教育的计划。在地方上，全国各地设立了22个职业教育部的派驻机构。各省、区也都设立了相应的继续教育管理协调机构，集中掌握与分配本地区的继续教育经费，进行平衡调剂，地方机构并配有专职或兼职的继续教育专员，负责组织、协调继续职业教育工作。各大型企业或企业集团都成立了委员会，具体组织实施本企业继续教育的各项工作，如人员选派、专业确定、经费开支以及组织工作等。法国自1971年通过继续教育的立法之后，承担继续教育的培训机构在原有基础上有了长足的发展，全国共计2400多个继续教育培训机构，类型大致包括：各大型企业或企业集团设立的培训中心、高等院校设立的培训机构、工商协会主办的培训中心、国立继续教育机构等。这样一来，从中央到地方，各级教育行政部门和参与继续职业教育的各级各类学校、企业组织、基金会、非官方组织等一起，在全社会形成了一个庞大的继续教育网，有力地促进了法国继续教育的发展。

4. 企业成为办学的重要主体

法国继续教育虽然是工业发展的产物，但办学主体一直是学校，与企业之间存在着相当大的鸿沟。1975年之后的经济危机给法国继续教育与劳动市场带来极大的冲击。法国政府开始进行改革，强化企业对职业教育的介入。第一，法国通过立法强制企业承担实施继续教育的义务，既促进了继续教育机构的发展，又保证了企业对人才的需求。法律还规定，企业必须为职工提供接受教育的机会，必须接受继续教育的任务，接纳继续教育的毕业生。第二，建立全国性的继续教育与经济领域的对话机制，在学校和企业中建立协作办公室，制定校企协作宪章，制定与中小企业加强联系的政策，等等。第三，密切联系企业，实行交替教学专业人员的培训。继续教育文凭的设置，由各行业专家构成的职业咨询委员会与教育部门共同确定，使培训内容与实际要求相适应。同时，用整个教学四分之一的时间安排企业实习，培养学生的实践能力。

尤其值得一提的是，20世纪70年代后出现了国家和企业联合创办职业学校的新形式。由于生产力的发展，产业结构发生了巨大的变化，法国在第二次世界大战后经历了第二产业大发展时期，紧接着又是第三产业的快速发展及其

在国民经济中占主导地位。产业结构的变化意味着人才需求的变化，人才需求的变化导致了教育结构的调整。因此，法国政府决定与继续教育组织、企业和工会合作，在一些学校内开展企业系列的教育，形成了学校企业联合体。学校企业联合体由于很好地将职业的需求和学校的理论有机结合起来，因而培养的学生知识水平和技术技能较强，进入岗位后角色转换和适应能力也较强，得到了社会的广泛认可。

5. 重视对继续教育经费的投入

法国在早先的办学中，其公立学校的经费投入大约 80%来自中央政府，其次是学校自筹。随后，法国政府逐渐认识到单一投资模式不能适应经济多元化的发展要求，遂进行继续教育领域投资体制改革，建立了多渠道的投资体系。法国继续教育的资金来源主要有两个方面：首先是国家所提供的资助，这些资助一部分用于部际委员会所制定的继续教育的优先发展方向，以增强政府的调控与干预能力；一部分用于拨款资助培训机构和有关团体，资助大学、地区和部门的继续职业教育，支付参加培训者的部分工资。地方政府在这方面的投入约占国家投入的 30%。其次是雇主向继续教育所提供的资助，针对此资助，《职业继续教育改革法》做了详尽的规定：凡 10 人以上的企业每年必须将相当于其工资总额的 1.1%作为继续教育经费，用于企业人员的继续教育，其中 0.2%交地方用于继续教育，0.1%交专门机构用于求职者培训，0.8%由该企业用于本单位职工培训，但大多数企业主实际支付的是 1.35%，远远超过国家规定（该比例每年改定，至 1976 年已上升到 2%）。该法经过 1978 年、1984 年修订后还进一步规定，职工参加培训期间的工资由企业照发或由培训机构从总培训经费中支出。企业完成各项缴税义务后必须承担至少两项支出：一是要求企业按上一年职业工资 1.5%的比例提取继续教育经费，用于本企业职工的在职职业培训；二是按上一年职工工资 0.5%的比例缴纳“学习税”，用于支持职业教育的发展。此外，还有行业和社会捐赠的投资，呈现出了投资主体的多元化。如此一来，在有关法律制度约束下，继续教育经费来源有了充分保证。

实行教育休假制度，是指受雇人员有为接受继续教育而请求假期的个人权利。法国继续教育的最大特色就是规定了受雇人员享有“有薪学习假”。1961 年 12 月通过法律规定，25 岁以上的雇员可以享受国民教育假，留职不带薪，但由闲暇部给予补助。1971 年的《继续职业教育组织法案》规定，所有雇员有享受教育假的权利。

五、瑞士“一体化”模式

瑞士国土面积为 4.13 万平方千米，人口数量为 850.89 万人（2018 年），是全球最富裕、社会最安定、经济最发达和拥有最高生活水准的国家之一，也是世界高等学校密度最大的国家。按人口比例计算，平均不到 59 万人就拥有一所综合性大学。2012 年 9 月，世界经济论坛发布的《2012—2013 年全球竞争力报告》显示，瑞士凭借丰富的人力资源成为全球最具竞争力的国家。富国之道在于坚持“教育为本”的国策，促进普通教育、职业教育、继续教育一体化，以建设终身学习社会，并把终身接受教育作为国民的基本福利权。①可以说，瑞士既是经济富国，又是教育强国。继续教育在提高瑞士民众综合素质的同时也促进了经济发展和社会稳定，增强了国家竞争力。近年来，瑞士进一步完善继续教育事业，使继续教育呈现出鲜明的特征。

1. 法律法规完善化

重视依法办教育是瑞士的基本国策，因此，瑞士非常重视继续教育的法律制定和行政管理。2006 年 5 月 21 日，瑞士全民公决通过了对宪法中教育条款的修改，从此联邦国家有了统一的教育体系，“继续教育”一词首次出现在瑞士联邦宪法中。之后，瑞士联邦委员会于 2011 年着手起草相应法律，其继续教育实践也随之陆续发生改观。瑞士第一部有关继续教育的全国性法律最早于 2014 年生效。值得注意的是，联邦制在瑞士的教育制度上留下了明显的印记。自 1848 年起，联邦负责决议原则性的教育立法，州政府享有独立立法权，而实际的学校管理权则掌握在地方政府手中，于是，拥有 26 个州的瑞士便有了 26 种不同的教育制度和法规。虽然所有的州政府都依照法律把教育管理作为最重要的工作，但是由于联邦政府自身的结构，以及在继续教育领域缺乏国家整体制约力，使得各州继续教育领域的立法情况各有差异，2006 年颁布的《继续教育联邦法案》在各州的实现程度仍有待观察。

① 马丁．瑞士职业技术教育和成人继续教育的特色[J]．宁波大学学报，2003（1）：48-50．

2. 管理机构明确化

瑞士联邦不设教育部，联邦一级的教育事务分别由内政部的科学与研究领导小组所辖的联邦高工系统委员会和联邦教科司负责，同时辅以大学联席会议、大学校长联席会议、瑞士高教中心等全国性协调机构共同管控。瑞士继续教育管理机构相对分散，主要由几个联邦部门共同调控，不同部门分别负责继续教育的不同方面，如识字教育、失业教育以及残疾人继续教育等，部门间在权利、责任上划分不甚明确。

从 1997 年开始，大学层面的继续教育主要由国家教育和研究秘书处（SBF）负责，大学层面以外的大多数继续教育由职业教育与技术部（BBT）负责，扫盲由联邦文化办公室（BAK）负责，失业人员的继续教育由国家经济事务秘书处（SECO）负责管理，其他联邦机构协调管理继续教育其他方面的事务，如残疾人、移民及老年人的继续教育工作。1998 年，职业教育与技术部和联邦文化办公室联合向联邦委员会提交了关于瑞士继续教育发展现状的专门报告。2000 年，在听取报告建议的基础上，联邦委员会授权成立瑞士成人学习论坛基金会（又称“瑞士继续教育论坛”）。该论坛是一个由联邦各办公室（涉及教育、培训、就业、文化、研究、统计等方面）、各州、社会合作伙伴等组成的咨询委员会，其职责在于针对瑞士成人学习的发展进行政策讨论。2005 年，瑞士政府成立瑞士成人学习协会（SKW）。该协会旨在促进管理、研究、资助者及社会合作伙伴之间的密切合作，对联邦及各州的继续教育相关事项进行协调，通过建议和其他相关活动推动政策宣传。瑞士继续教育论坛和瑞士成人学习协会的共同目标是构建瑞士成人学习的基础框架。由此，联邦政府与各州政府、政府与学校、行业组织和社会明确了各自的职责和权利，职权制度愈加完善起来。

3. 办学主体多元化

得益于较为宽松的教育管理体制，瑞士继续教育办学主体越来越多元化。瑞士的继续教育是在市场调控作用下，由各方办学主体共同发展壮大的，私人企业、机构和协会参与管理、决策和相互竞争。调查显示，瑞士 40%的继续教育课程由公共机构和雇主各提供一半，而剩下 60%的课程则由私人学校或民间非营利组织承担。这些机构主要为成人提供各种正规和非正规的职业教育培训，如进修培训、专业培训、企业内短期培训、师傅培训以及面向社会失业人员的再就业培训等。[①]不同办学主体提供不同的课程，有专注于音乐、视觉艺术等特定课程领域的，也有侧重于政治和社会问题等社会导向领域的。多方办学主体的积极参与推动瑞士继续教育水平不断提高，一方面，学徒制在职业培训中的比例越来越高；另一方面，瑞士成为经济合作与发展组织（OCED）国家中普通教育和职业培训入学率最高的成员国。

4. 继续教育办学形式多样化

联邦文化办公室及其麾下的伞状结构组织负责开展继续教育培训工作，这些组织包括瑞士成人学习联盟、瑞士大学协会、瑞士成人扫盲协会、瑞士家长教育协会、瑞士和列支敦士登天主教成人学会等。它们通过组织多种形式的继续教育与培训，完善继续教育体系，促进继续教育的发展。瑞士继续教育主要有以下几种办学形式。

（1）非政府组织中的继续教育。非政府组织在加强瑞士继续教育方面起着极其重要的作用，其一，作为继续教育的伞状协会之一，瑞士成人学习联盟（SVEB）在促进继续教育培训体系中充当了智库的作用，其宗旨在于协调管理全部公共和私人继续教育培训的主体；其二，由 BAK 资助瑞士成人扫盲协会，致力于解决文盲问题；其三，瑞士大学协会（VHS）通过向教职员工提供学历课程，为瑞士国内外大学之间的合作与交流做出了重要贡献。大学协会的课程目的是通过推进各种活动让更多人获得教育资源，其中包括老龄化课程、医疗保健课程和劳动力市场等相关课程，该协会对瑞士继续教育发展起到了重要的促进作用。

（2）职业教育机构及职业相关培训。职业和专业两种教育培训在瑞士的教育体系中发挥着重要作用。职业教育与培训（VET）项目在高级中等教育阶段主要通过“双轨制”的学习方式来实现，包括参加职业学校的在职学习和在公司做兼职学徒。培训教师包括职业学校的教师、公司的职业培训师以及行业培训中心的职业教练。他们中的大多数人员都通过了瑞士联邦职业教育研究所的集中培训和认证。而专业教育与培训（PET）项目则指高等教育阶段的学习。瑞士提供两种获得高等专业教育及培训资格证书的方式。学习者如果通过联邦 PET 文凭考试，就会获得 PET 技术证书；学习者如果通过高级联邦 PET 文凭

---

① 傅筠．瑞士职业教育考察报告[J]．无锡职业技术学院学报，2010（3）：1-6.

考试，就会获得 PET 高级技术证书。目前负责组织考试的联邦各部门专业组织已经开发出约 400 个全国性专业考试。另外，学习者如果持有联邦 VET 文凭（高级中等教育阶段）且在专业领域有数年工作经验，还可以在瑞士应用技术大学获取高一级学位。值得注意的是，在 PET 项目中，学习者的工作和学习是平行而互不冲突的。

（3）大学中的继续教育。瑞士联邦政府规定，应用技术大学要按照政府课程标准对 30 岁及其以上人群进行学历后教育。各应用技术大学制订多种培训方案供人们选择，联邦评估机构对其继续教育成果做考评。①另外，瑞士每所高等院校都设有继续教育中心，继续教育中心和职业技术学院共同承担瑞士大学中的继续教育培训任务。所有的培训项目均源自由瑞士各大学学院专业人士提供的瑞士大学数据库，课程培训资金由联邦政府资助，并向所有人开放。瑞士的大学和科研机构等公立办学机构提供研究生项目和各类专题课程，私立学校提供语言、瑜伽、管理等方面的课程。同时，这些课程还分别开设全日制、业余制两种上课形式，在很大程度上实现了教育资源的社会化与社会资源的教育化。

（4）在线学习。在线学习即通过计算机互联网或者手机无线网络，在网络虚拟教室或实际教室进行网络授课、学习。瑞士联邦职业教育研究所研发部是提供在线学习课程的重要机构，它提供 VET 和 PET 继续培训所需的专业人士，并开展项目来推动信息通信技术（ICT）和在线学习在 VET 和 PET 中的使用。研发部提供以下服务：对希望在 VET 项目中推广在线学习的职业学校及雇主公司提供指导和支持，对在线学习的工作和培训平台提供支持，对互联网会议系统提供支持，提供实施网络播放以及制作 DVD 光盘、多媒体材料和交互式视频的服务。

第三节　发达国家继续教育发展模式共通之处

通过对以上发达国家继续教育典型模式的简述，我们可以发现，发达国家在继续教育方面积累了很好的经验，也有很多共通之处，为世界其他国家和地区发展继续教育提供了有效借鉴。

---

① 唐永泽．瑞士完整互通的两类教育体系考察[J]．中国高等教育，2010（13）：75-76．

一、继续教育法律日趋完善

美国、法国、日本、韩国等国家都有终身教育专门法律。法国是世界上第一个针对终身教育进行立法的国家。日本非常重视教育立法，出台了一系列教育法规，先后颁布了《教育委员会法》《社会教育法》《国家博物馆法》《生涯教育振兴法》及一系列有关教育的文件和法令，这些法规对教育培训的管理、教育课程及内容编制、师资培养制度和教育经费保障等做了具体的规定。日本早在 1990 年就制定并颁布了《终身学习振兴法》，规定了文部省、各级政府、社会和个人在发展终身学习中的权力与责任。通过法律规定，凡雇用 10 人以上的企业雇主必须用雇员工资 15%左右的资金作为其接受继续教育的经费。此外，其他相关社会教育组织也是依法建立的，并依照法律法规的要求开展教育培训活动。韩国宪法规定，政府有责任为推进终身教育提供一切支持，并在 1999 年颁布了《终身教育法》。德国涉及继续教育的立法较多：《劳动促进法》规定职业性的继续教育以及各种类型的继续教育，通过资助各种培训使就业者达到较高水平，以期达到改善就业结构、促进经济繁荣的目的；《职业教育法》和《联邦促进培训法》分别对职业进修和转业教育及受培训者的培训费用做了明确规定；《高校常规法》则规定要对高校师资进行继续教育培训，等等。①

二、以校企合作为主要形式

无论是美国的"合作教育"模式、日本的"产学合作"模式、德国的"双元制"模式、英国的"攻读交替"模式，还是法国的"终身教育"模式，都在不断提及高校与企业之间的合作。校企合作是发达国家发展继续教育的主要形式；也被认为是"秘密武器"。日本高校与产业界的合作十分广泛。日本科技与经济协会的调查表明：企业与大学合作研究开发，尤其是大企业，更重视这方面的合作，资金在十亿日元以上的企业中，很多与大学都建立了合作关系。在美国，很多工科院校为企业提供继续教育服务，与企业开展各种产学合作项目，提供更方便、更全面的教育服务。在德国的"双元制"教育模式中，实施

---

① 刘佳．发达国家继续教育的经验及启示：以美英日韩四国为例[J]．长春大学学报，2013（5）：615-617.

主体是企业，委托学校订单式培养，从而为企业增加效益。法国在一些学校开展企业系列教育，形成了学校企业联合体，通过校企合作很好地将职业需求和学校理论有机结合起来。校企合作这一形式对于提高学生的实践能力、应用能力十分显著，这点早已为世界所公认，已经在我国推广和普及。纵观发达国家校企合作，有几个特点：一是制定国家或行业的技能标准；二是对相关利益主体的权利和义务有一个较为明确的规定；三是为了发挥学院在校企合作中的积极性，强调多样化的校企合作方式；四是建立合作组织，开设合作课程，为学校和企业建立合作提供平台。

三、培养目标具有针对性和实用性

继续教育目标具有较强的针对性和实用性。根据学习者的实际需要而有针对性地开设特定的课程，并重视能力和技能方面的培养。以澳大利亚的继续教育为例。在澳大利亚，突出学生能力培养是国家有关教育法规的要求，也是国家教育认证体系和继续教育必须遵循的标准。学校的教学和培训工作必须围绕着这些能力要求和标准来展开。教学设计建立在培养学生实际能力为目标的基础上，强调加强实践教学环节，使理论教学和实践教学融为一体，教室即实验室，学习环境就是工作环境，课程教学以提高学生能力素质为原则，纯理论的课程较少，基础课更是以够用为度。如悉尼的开放教育网络学院，市场管理专业共有 16 门课程，648 学时，数理化基础课设置很少。北美技术与继续教育（TAFE）学院的会计专业（文凭课程，1175 学时）只有商务数学和商务统计各 30 学分的基础课，该校的管理专业（文凭课程，980 学时）以及开放学院的商务专业（文凭课程，740 学时）均不设数理化基础课。南非 TAFE 学院的计算机多媒体专业（文凭课程，1 年制）有一半学时用于多媒体制作实践。一般考核分为理论水平和实践能力两部分，其中对理论的考核要求较松，在实际教学中理论考试如果没通过，可到补习班去补习后再考一次，还不通过，校方会派教师与学生面谈，进行面试。但对实践能力的考核非常严格。如澳大利亚昆士兰州 TAFE 学院 2000 年学生手册关于免修的事项中规定，对于一般的理论课程，只要提供有效证明或通过某级的考试，即可认定免修；而对于实践课，则不能免修。此外，课程成绩判定也有很强的实践性。例如，电路设计的学习只

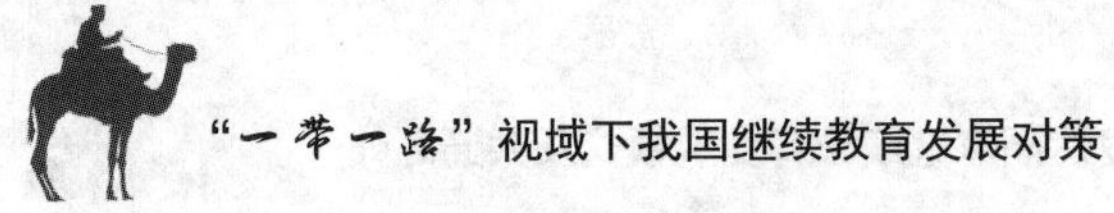

有动手排除预先设定的电路故障才可以认定为合格，否则就是不合格，不合格的课要继续学习再考试，直到合格为止。[①]

四、社会各界广泛参与

发达国家有很多举办继续教育的机构，主要有高等院校、各种专业协会/学会、联合会、工商企业、各级政府和私人企业等。以美国为例。美国有3200所高等院校，其中有2/3设立了继续教育部、继续教育学院和继续教育中心。美国还专门成立了国家技术大学，它由45所著名大学联合举办，利用卫星在多个教学点为专业人员开设硕士课程和短期进修课程。1988年，全美至少有3000家全国性专业协会，通过各种方式开展继续教育。到1990年，全美共有12 056家各种类型的继续教育培训中心。不少大企业还不惜投入巨额资金举办自己的大学，担负起岗位培训和继续教育的部分任务，并开发人力资源。到1995年，全美共有1600所公司大学，而1988年只有400所。如美国的朗讯公司就把享有盛誉的贝尔实验室收入麾下。不仅如此，为了活跃学术气氛，提高继续教育水平，这些大企业还经常邀请大学教授参与合作。据《美国新闻与世界报道》预测，在今后50年里，企业将会在更大程度上参与继续教育和职业训练，数以百计的公司将有授予学位之权，最常见的是高技术、自然科学和工程领域的学位。企业在这些领域的最新设备和研究将会超过多数高等院校的水平。此外，社区学院在继续教育发展中起着重要的主导性作用，社区学院无处不在，能够满足各地、各类人群对终身学习的需求，并能根据他们的需求提供相应的服务。再有，社区学院具有明确的为工人就业做准备的任务，并兼备提供给居民的普通社区教育和补偿教育。

五、管理体制比较灵活

西方国家政府的积极引导对其继续教育的发展起到了巨大推动作用。无论是中央集权的管理体制，还是地方分权的管理体制，政府对继续教育的发展都起到了主导作用。政府以及教育行政机构对继续教育的管理以质量管理为主，

---

① 肖胜春，肖晓华．发达国家继续教育的现状及发展趋势研究[J]．继续教育研究，2005（5）：12-15.

扩大继续教育机构办学权限，设立成人继续教育类的专业委员会或专门评估委员会，代表国家对办学机构实施质量管理。办学质量达到一定的规格要求，就可自由发展办学，凡质量达不到规定要求的就会被取缔。作为成人继续教育的办学机构，如普通大学、广播大学、函授大学、开放大学、社区学院、职业学校和企业、劳工教育协会、民间培训机构等，遵照成人继续教育的相关法律，根据社会市场需求，自我设计招生专业，设置课程项目、招生人数，自我招生，没有限制。如，在德国每年有160万青年在50多万家企业接受360种职业培训；英国的牛津、剑桥、约克等大学，都有自己的继续教育学院，其在校注册成人学生约占全校学生总数的一半；法国的巴黎第八大学、短期技术大学等，还对那些没有文凭的工人和自学者打开了大门；美国加利福尼亚大学的伯克利分校开展了在线远程成人教育，175门网课覆盖了全美半数以上的州。①

六、市场化的教育运行机制

市场导向的继续教育，指的是继续教育供给是以市场继续教育需求为导向进行的培训。美国继续教育已形成较为成熟的市场需求型的务实模式，其显著特点是针对性强，培训工作按市场规律、市场机制运行，各培训单位都十分重视调研和实地考察，根据需要来确定教学计划、教学内容、教学方法以及学时安排。继续教育实施中，每一个培训项目的完成大致要经历以下过程：第一个阶段是培训中心派有关专家到企业听取企业主的培训要求，确定培训目标；第二个阶段是根据企业的需要物色和聘请任教人员，一般是培训项目领域中学术造诣较深、实践经验丰富的专家；第三个阶段是由专家提出继续教育的内容、方法、手段、学时安排等工作计划，与企业主协商后实施；第四个阶段是继续教育项目结束后，培训人员返回原单位，按预定的目标要求实习一定时间，经企业验证合格后由培训中心发放结业证书，不合格者需要重新培训。整个教学过程采取理论讲授和模拟实习相结合的形式，授课占总学时的30%，实践则占70%。由于培训内容是工业生产的最新科研成果，且又着重于实际操作，因而能够大大激发学员的学习兴趣。学员能在较短时间内掌握培训内容，提高专业

① 高有华，王婷. 发达国家成人继续教育比较及启示[J]. 内蒙古师范大学学报：教育科学版，2012（3）：6-9.

技术水平，并直接应用于生产，提高劳动生产率，从而推动生产力发展。在德国，继续教育机构紧紧围绕社会需求来设置，由政府组织的全国经济管理人员教育管理协调机构进行周期性的调研市场，将信息反馈给继续教育机构，然后这些机构根据市场信息进行课程编排、专业设置、教员调换等操作。

七、教育评估体系比较完善

在多数发达国家都有专门从事终身学习咨询、管理、评估、认证等的机构，以确保继续教育质量。近年来，德国继续教育机构吸取了工商业质量标准管理的做法，在继续教育领域建立推行一系列的质量测试、教育评估等体系，已成为德国继续教育质量管理的一大特色。质量测试和评估是通过国家协调，由有关机构如行业协会、雇主组织、社会党派等来进行的。例如，由行业协会来统一指定晋升培训的标准和过程，继续教育考试由经济界的行业协会主持等；在英国，在具体的办学过程中，不同的继续教育组办机构会针对自己的办学特点、学校规章等提出进行继续教育的具体原则和规定，通过对学生的入学方法、作业提交方式、考试方法、评估原则等进行详细的规定，确保参与学习者通过学习能取得一定的学习成果，从而确保校方的教学质量；美国国会 1993 年通过的《政府业绩与成果法》，要求联邦政府为每一项终身学习计划制定发展策略和年度评估方案，并且建立相应的衡量指标和尺度，国会根据这些措施来评价计划的有效性，以决定资助水平。这一计划使得联邦政府不再仅仅为终身学习计划提供充足的援助，还必须保证和监督这些计划取得良好的效果。除以上国家外，其他发达国家也都有自己的一套继续教育评估体系，以保证继续教育的良性运行。

八、继续教育经费来源多渠道

财政支持是发展终身教育的基础，没有强有力的财政资金启动，终身教育事业就很难快速发展。德国继续教育的经费主要来自企业、公共财政和个人，其中，企业是继续教育费用最大的承担者，以联邦劳动局为主的公共财政和参加继续教育的个人则是费用的另外两大承担者。各国政府在发展终身教育时大

都重视提供相应的物质支持，英国和日本是两个非常典型的国家。英国自 1998 年发表《学习时代》绿皮书后，进一步加大了对终身教育的支持力度。“向学习者投资”是英国政府发展终身教育的基本原则之一。1999 年，英国成立新的学习和技能委员会，政府提供了 50 亿英镑的启动资金来建立个人学习账户。而且，英国政府承诺，将在政策和资金上全力支持和帮助建立国家终身学习框架与创建全国性的能适应各种学习需要的产业大学和远距离学习网络。日本政府不但通过立法保证继续教育的实施，而且在经费上给予极大的支持，增加文部省终身学习局的预算。1990—1993 年，据终身学习局的预算，整个国家教育预算从 0.89%增加到了 0.96%。1995—2000 年，日本每年的人均社会教育费有 2 万多日元。日本社会教育费主要由地方政府拨款，其百分比高达 98%左右，中央拨款仅占 2%。日本的社会教育经费主要投向公民馆、图书馆、博物馆、体育设施以及其他一些项目，充足的经费使得日本的继续教育很发达，人们接受继续教育的机会较多，利用继续教育机构学习的年人均次数为 10 次以上，旨在确保终身教育的健康、规范和可持续发展。

九、教学手段越来越现代化

发达国家在继续教育的教学手段方面已经达到相当先进的水平，其已越来越广泛地采用现代化的先进技术手段为继续教育服务。以美国为例。1964 年，佛罗里达大学开始启用电视转播课堂现场教学。1967 年，科罗拉多州大学开始使用录像带进行工程师继续教育。1985 年，美国国家技术大学开始通过卫星向全美转播高等工程技术教育课程，波士顿东北大学还采用了微波电视传递和电话回问的传播方式开展继续教育。目前，网络技术在继续教育中占据着非常重要的地位，发达国家以网络技术为主要手段开展远程教育的高校达 60%以上。目前，教学采用的设备通常有计算机网络、多媒体课件、电子图书室、大屏幕投影。在授课方式上，通常有三种形式：第一是课堂教学，课堂可以设在校园内、企业的培训中心或社区办公楼中，主要采用黑板、投影、电视录像等方式，此外，课堂讨论及分组讨论等方式的运用也很广泛；第二是电视教学，电视教学有两种方式，即实时方式和非实时方式，实时方式是授课端及听课端均有摄放录设备，教师讲课时，学生可在异地同时听课，也可随时提问，非实时方式类似于我国的电视大学；第三是网上大学（university on-line，UOL），学生可以通过电子邮件等网上工具来下载教师的讲课内容、完成布置的作业，还可以通过电子邮件向老师提问，网上大学的考试方式一律采用集中笔试或口试，这类考试的优点是大大方便了工作时间、地点经常变动的在职人员的继续教育学习，收到了相当好的效果。①

十、办学规模趋于国际化

随着经济发展的全球化，"跨国银行""跨国公司""跨国人员"的数量越来越大，发达国家继续教育办学规模也趋于国际化。这一点，在世界发达国家的一些著名的跨国公司中体现得尤为明显，它代表着未来世界继续教育发展的趋势。例如，美国国际商业机器公司（IBM）在全球拥有雇员约 38.9 万人，其中三分之一（约 13.1 万人）是技术人员，包括工程师、程序设计员、科学家、产品设计员、系统工程师、信息开发人员、系统分析员、业务规划代表及经理等。在这 13.1 万的技术人员中，8.5 万人在该公司国内的各部门工作，3 万人在该公司的欧洲、中东和非洲集团工作，近 1 万人在亚太集团工作，6 千多人被派往美洲集团工作。该公司为确保其技术人员有受教育的机会，在世界各地设有 100 个教育中心，在纽约的阿蒙古市、乔治亚洲的亚特兰大、比利时的拉干尔普等地均设有现代化的教育设施。该公司仅 1987 年的教育费用就高达 9360 万美元，其中 3210 万美元用于国外的教育中心。日本在继续教育人才培养模式中融入国际化的交流和合作，为培养现代化、国际化人才奠定了良好条件。同时也要清醒地看到，对发达国家来说，教育国际化是它们通过影响发展中国家教育现代化进程，使现存不平等的世界秩序固定化的过程。教育国际化可以直接或间接地给它们带来文化和人才的双重收益。一方面，由于发达国家在国际文化交流中居于优势地位，所以，教育的国际化可以增强它们对发展中国家的文化渗透和影响能力；另一方面，又能够在教育的国际交流过程中以低廉的价格吸引大批来自发展中国家的一流人才。

---

① 肖胜春，肖晓华．发达国家继续教育的现状及发展趋势研究[J]．继续教育研究，2005（5）：12-15.

第五章　继续教育管理体制类型及变革

体制，是指国家机关、企事业单位体系化的组织制度。管理体制，是指为保证某方面工作顺利进行而确定的有关机构设置、隶属关系和权限划分的体系化制度。继续教育管理体制，即体系化的继续教育管理组织制度，是指继续教育管理组织机构设置、领导隶属关系确定和管理权限划分等方面的体系、制度、方法、形式等的总和。继续教育管理体制是国家教育管理体制的重要组成部分。管理体制制定得科学，可以对继续教育实施有效管理，促进继续教育健康发展；管理体制制定得不科学，无疑会影响甚至妨碍继续教育的发展。所以，完善管理体制对于继续教育的健康发展具有非常重要的意义。

第一节　世界各国继续教育管理体制横览

宏观地看，世界各国的继续教育管理体制各不相同。然而，作为国家经济政治管理体制、国家教育管理体制的组成部分，继续教育管理体制的形成与发展大都取决于以下三方面的因素：一是取决于国家经济社会管理体制。继续教育管理体制是国家上层建筑的组成部分，它必然取决于国家经济社会管理体制。国家经济社会管理体制的类型决定着继续教育管理体制的类型；国家经济社会管理体制的变革与发展决定着继续教育管理体制的变革与发展。二是受制于国家教育管理体制。从系统论角度看，继续教育管理体制与国家教育管理体制是子系统与母系统的关系，母系统规定、制约着子系统，子系统隶属、受制于母系统，所以，继续教育管理体制的类型及变革直接受制于国家教育管理体制的类型与变革。三是适应于本国继续教育的发展要求。继续教育毕竟是与未成年人教育相对应的一种独立的教育类型，它有着不同于普通教育的独特属性和发展规律，世界各国继续教育的开展又因国情、民情的不同而呈现出明显的差异性，所以，继续教育管理体制的类型及变革，最终必须适应本国继续教育发展的要求。

由于国情不同，各国继续教育管理体制互不相同，中外学者曾用“两种类型”“三种类型”“四种类型”等不同归类方法对其进行分类。实际上，各种分类只是分类角度或划分粗细的不同，本质差异并不大，从机构设置、权限划分、领导运作情况归类，可将各国现行继续教育管理体制划分为三种具有较明显区别的类型，这在国际继续教育学界正逐渐形成共识。

一、中央集权管理体制——法式体制

法国的继续教育管理体制是典型的中央集权管理体制，这种管理体制将继续教育视为国家事业，在中央设立成人教育领导机构，地方层层设立相应的从属机构，将继续教育规划设计、教育培训运行、质量评估督查等权力集中于中央，由中央统一部署，自上而下推进实施。

法国虽然是发达的市场经济国家，但其国家行政管理体制却有着中央集权的传统。法国于公元 843 年成为独立国家，15 世纪末 16 世纪初形成中央集权国家，1789 年爆发资产阶级革命，推翻封建制度，1792 年建立法兰西共和国。然而，其行政管理体制包括教育管理体制始终保持着中央集权制制度。在继续教育方面，法国政府扮演着重要角色，负责制定有关继续教育管理的方针政策，积极筹措并分配继续教育经费，定期审查继续教育内容，评价教育培训质量，协调各部门、各地区之间的关系，推进继续教育的运作。此外，法国政府还设立专门的成人继续教育机构，负责计划、协调全国继续教育工作，解决各地继续教育、培训机构的纠纷等。

除法国外，苏联的继续教育管理体制也属于中央集权体制。目前，绝大多数发展中国家的继续教育也实行这种管理体制。多数拉丁美洲国家，如墨西哥、

智利、巴西、玻利维亚、洪都拉斯、尼加拉瓜，亚洲的泰国、斯里兰卡，以及非洲的埃及、肯尼亚、赞比亚等国，都通过有关法律，强化了国家对继续教育实施全面管理的地位。为了加强统一管理，这些国家在其教育部设立国家继续教育局，负责评估继续教育的需求情况，制定继续教育发展规划，编制继续教育年度预算，培训继续教育工作人员，搜集传播继续教育的相关信息，等等。

二、地方分权管理体制——美式体制

美国的继续教育管理体制是典型的地方分权管理体制。这种管理体制将继续教育视为地方事业，将继续教育的立法权、规划权、运作权、督察权等基本交给地方，给地方以充分的结合地方实际开展继续教育的自主权。中央政府除宏观指导和划拨教育支持经费外，基本不干预地方教育行政事务和运作。美国是由欧洲移民建立起来的国家，自由、平等、民主是移民最强烈的精神追求。独立战争后，美国于 1789 年制定的《美国联邦宪法》没有授予联邦政府教育管理权，教育管理权属于各州的保留权力，美国教育管理机构分联邦、州和地方三级。联邦教育部直到 1979 年 10 月才设立，其职权主要有三项，即划拨补助经费、开展教育研究及与地方教育委员会和教育局协商，也就是前者决策、后者运作。显然，这种机构设置和权限划分给了地方以充分的教育管理自主权。对于继续教育与培训，联邦政府除依据 1966 年的《成人教育法》、1982 年的《职业训练法》和 1985 年的《职业教育法》划拨经费资助，通过成人教育咨询委员会给予宏观指导，做好理论、实践研究以及相关数据统计等工作外，一般情况下不干涉各州与地方的继续教育规划、运作。

德国、加拿大等国情况与美国相似。德国属于联邦制国家，其联邦宪法规定，整个教育事业置于国家监督之下，教育、科学的立法管理主要由各联邦州负责，只要法律没有另做规定，各州政府即可在教育领域内行使国家权力、履行国家义务，这一点在继续教育与培训中尤为突出。在加拿大的大部分行政区域，地方教育委员会是继续教育与培训的指导者，继续教育主要由工会、专业协会和公立学校等开展，中央政府只是象征性地支持积极从事继续教育的组织，很少对继续教育活动进行管理和监督。

三、两级分权合作管理体制——英式体制

英国的继续教育管理体制是典型的中央、地方分权合作体制。这种管理体制兼具中央集权体制和地方分权体制的优点，中央、地方划分权限，各负其责、协同配合、共同管理，在法律上，中央政府及其教育行政机构具有管理全国教育事务的权力，国家建有自上而下统一的教育行政管理体系；在运作上，中央教育行政机构与地方教育行政机构之间不存在上下级隶属关系，地方教育行政机构虽有义务执行中央的规定、指示，但不接受其直接管理。

英国教育行政管理结构分两个层次。中央一级设教育和科学部，负责制定国家教育政策，颁布教育法规，审批地方教育发展计划，审核私立办学机构注册事项，对地方学校和教育机构的研究工作给予一定资助，等等。地方教育管理机构包括地方议会以及地方教育行政机构，地方议会是决定地方教育发展的最高权力机关，议会负责制订地方教育发展计划，建立、管理并资助学校和其他教育机构，监督检查教育、培训的运作，评估教育、培训质量并据此任命、罢免地方教育官员。104 个地方教育行政机构则直接负责学校和其他教育机构的设置，负责教育教学管理，包括课程标准设置、教材资料选用、教师聘用培训、教学评价考核等，它们不是中央教育和科学部的下属机构，而是由地方政府和议会任命或选举产生，只对地方政府和议会负责。所以，中央教育和科学部的政策和指令，对地方教育机构具有指导性但并不具备强制性。

瑞典、澳大利亚、印度等国情况与英国大体相似，全国继续教育的最高决策管理与立法机构是议会，负责继续教育方针、目标的确定，教育内容、办学形式、组织原则的指导以及教育培训经费分配原则的决定。全国继续教育的执行计划与行政管理由国家教育委员会负责。该委员会由地方教育官员、企业雇主及工会组织代表，在管理过程中十分注重与有关部门和地方的合作。继续教育的具体推进工作由郡教育委员会和市教育局负责，郡教育委员会负责编制本地区继续教育计划，协调各界关系，督查继续教育运作，提供财政支持和咨询服务；市教育局负责继续教育的具体运作。

世界继续教育的三种主要管理体制类型，应该说各成一体、特色鲜明。然而，这是为了理论研究的方便，而从各国继续教育管理体制的主要倾向方面加

以区分的，从继续教育管理实践角度看，必须说明两点。

其一，继续教育管理体制的不同类型并不是单独存在的。一国的继续教育管理体制常常是几种体制的混合，这是因为不同体制具有不同优势：中央集权体制利于政令统一、均衡发展、保证质量；地方分权体制利于继续教育与地方经济社会发展的紧密结合，利于调动地方开展教育的积极性。所以，各国总是结合本国的国情、民情，采用不同形式对各种管理体制进行组合。前文所述三种分类，只是依据一国继续教育管理体制的主要倾向性特征来划分的。

其二，一国的继续教育管理体制并非稳定不变，常常顺应经济社会发展的需要不断调整甚至进行根本变革。譬如，近年来实行中央集权管理体制的法国，就借鉴分权制国家的经验，将部分管理权限下放给地方，努力调动地区、省、市、镇发展继续教育的积极性；而实行地方分权管理体制的美国，从克林顿政府执政以来，就不断通过教育立法、定规，加强联邦政府对继续教育的统一领导，全力推进学习化社会的建设。日本在第二次世界大战前，成人社会教育实行中央集权体制，第二次世界大战后又以美国为榜样，实行比较彻底的分权制。其近年来，为强化中央政府对继续教育、培训的领导，又加强了文部科学省的教育培训管理权限。

第二节 我国继续教育管理体制纵观

我国继续教育制度属于国家教育制度，始终受到宏观经济、政治、教育政策的影响，因此，继续教育管理体制也自然与国家经济、政治、教育管理体制保持相当的一致性。从管理体制改革的角度看，自中华人民共和国成立以来，继续教育发展实际上经历了两个阶段：1949—1991 年是“中央集权、一级统管”阶段，1992 年至今是“两级管理、分类负责”阶段。

一、“中央集权、一级统管”阶段

自中华人民共和国成立至 1991 年，我国对继续教育实行高度集中的中央管理，建立起由中央到地方上下衔接的继续教育管理机构，采取由中央统一领导并由各省级政府、各部委到地方各级各类教育行政部门贯彻执行的管理模式。

1949 年 11 月，教育部设立社会教育司；1951 年，社会教育司调整为工农业余教育司；1955 年，教育部工农业余教育司与政务院文教委员会干部文化教育局合并为工农业余教育局；1958 年，设业余教育司；1977 年，业余教育司改称工农教育司；1982 年改称成人教育司。同期各省、各部委直到各地方政府也随之分分合合，构建了自上而下的继续教育领导系统，为国家继续教育方针的贯彻、政策的执行、计划的落实、任务的完成提供了保证。

除“文革”十年外，这一时期我国继续教育管理的总趋势是：不断强化统一领导，不断推行国家意志，中央从培养目标、办学资质、招生规模、办学形式到专业设置、教学大纲、课程教材、教学过程、教学评价等各个方面，都尽可能进行统一管理。1986 年开始推行的全国成人高等教育统一入学考试，便是这一时期我国成人教育中央管理的最典型案例。20 世纪 80 年代中期以后，随着我国经济社会的快速发展、劳动者学习需求的日盛以及各级各类继续教育的蓬勃开展，我国继续教育大一统的管理体制受到越来越多的质疑和冲击，并在国家层面开始孕育突破性调整。1987 年，国务院批转《国家教育委员会关于改革和发展成人教育的决定》指出：成人教育是涉及全社会的事业，范围广大，门类繁多，形式多样，必须充分发挥各地区、各部门和社会各方面力量的积极性，实行多渠道办学。这就要求继续教育的管理体制与普通学校教育有所不同，要把发展成人教育的责任和权力交给地方和基层单位，给予其充分的自主权。然而，这种认识在当时尚未落实到继续教育管理操作之中，也没能改变继续教育中央集权式管理体制的状况。

二、“两级管理、分类负责”阶段

从 1992 年邓小平南方谈话开始，全国掀起了新一轮思想解放的热潮，我国的成人教育管理体制改革也进入了一个新的发展阶段。1992 年 8 月，全国成人高等教育工作会议召开，形成了《关于进一步改革和发展成人高等教育的意见》（以下简称《意见》）。《意见》首次明确提出要“建立分级管理、分级负责的管理体制，形成科学的管理、调控制度”。《意见》明确规定，国家把办学“权力和责任全部交给地方和部门，地方和部门要保证学校有充分的办学自主权”。对于成人学历教育，国家教委要健全法规，加强总体规划，密切指导、

协调、监督和检查，重点掌管好学历教育的规格、质量，而将调整学校布局，制定培养规格，确定专业设置、办学形式、招生计划、招生对象等权限下放到地方和部委，这样就形成了中央和省级人民政府两级管理，以省级人民政府管理为主的新体制。我国继续教育也由“中央集权、一级统管”体制变为“两级管理、分类负责”体制。应该说，《意见》对于我国继续教育管理体制改革具有里程碑式的重要意义。

1993 年 2 月，《中国教育改革和发展纲要》（中发〔1993〕3 号）规定了成人教育“分级办学、分级管理”的管理体制。1998 年，教育部机构改革，撤销成人教育司，设置职业教育与成人教育司，负责管理成人中等职业教育和成人文化技术教育，而将原成人教育司的大部分职能分解到发展规则、基础教育、高等教育、高校学生四司，大幅转变了成人教育管理职能；1999 年 6 月，《中共中央—国务院关于深化教育改革全面推进素质教育的决定》指出，要“进一步简政放权，加大省级人民政府发展和管理本地区教育的权力以及统筹力度，促进教育与当地经济社会发展密切结合”，“形成中央和省级人民政府两级管理、以省级人民政府管理为主的新体制”，“地方各级人民政府要加强对职业教育和成人教育的统筹”。进入 21 世纪以来，国家、各省市对包括继续教育在内的教育管理体制所进行的改革逐步推进，日益向纵深发展。

第三节　继续教育管理体制变革

我国继续教育管理体制在 70 余年的发展进程中，经历了“长期稳定”和“快速变革”两个时期，无论是“中央集权、一级统管”，还是“两级管理、分类负责”，继续教育管理体制的建立和变革，都有其必然的现实依据。

一、我国继续教育管理体制变革的时代依据

从 1949—1991 年的 40 多年间，我国基本采用计划经济体制。尽管 20 世纪 80 年代我国经济体制已经开始转型，但高度统一的中央集权式管理却一直是包括继续教育在内的教育通行管理体制。这种集中统一型的管理体制，是我国当时大力兴办成人教育、快速解决人才紧缺问题的必然选择，事实上也确实有效

地完成了时代提出的继续教育任务。譬如，中华人民共和国成立初期，4 亿人口中有 80%是文盲。通过中央对继续教育的统一部署和有力领导，截至 1958 年，全国有 6000 万人参加了识字学习。1955 年全国有干部业余学校达 3500 所，在校生 130 多万人。1957 年全国工农速成中学、职工业余中学在校生达 55 万人。"一五"期间，业余高校累计培养 17.9 万人，业余中学培养 820.9 万人，业余高校培养 1761.1 万人。1958—1965 年，半工（农）半读学校达 4000 余所，学生达 80 多万人。到 1965 年，成人高校在校生达 41 万人。1957—1965 年，共有 154 万人接受了成人高等教育。"文化大革命"结束后，在中央统一部署下，我国继续教育迅速恢复发展。到 1985 年 8 月，全国共对 2683.7 万名青壮年职工进行了初中文化补课，对 1437 万名青壮年职工进行了岗位技术业务与技能补课，对 10 多万名厂矿职工进行了任职资格培训，共扫除文盲 1522 万人，建起成人高校 1200 多所、成人中专 4100 多所、其他职工学校 3 万余所、县级农民文化技术学校 3500 多所。①

20 世纪 80 年代中期以来，特别是 1992 年以后，我国经济体制改革步伐明显加快，产业结构急剧调整，职业岗位快速变更，劳动制度大幅改革，国际交融不断加深。这些都对劳动者的素质提出了更高、更严的要求，多行业、多类型、高智能的学习要求严峻地摆到劳动者面前。同时，在中央"让一部分地区有条件先发展起来"思想及发展战略的指引下，我国东西部之间、城乡之间、不同产业之间以及不同人群之间，其发展差距显著拉大，这自然就使与经济社会发展需要相适应的继续教育出现了明显的地域差异、人群差异和个体差异。另外，我国继续教育自身也获得了空前发展，干部教育、职工教育、农民教育、军人教育等多序列成人教育，基础文化教育、职业技术教育、文化休闲教育等多类型成人教育，扫盲教育、初等/中等/高等教育、继续教育等多层次成人教育，学校教育、岗位培训、远程教育、网络教育等多形式成人教育，公有、民办、合资等多所有制成人教育蓬勃开展、异彩纷呈。所有这一切，都雄辩地表明以前那种追求"合格""规范""统一"的高度集中的继续教育管理体制已经不合时宜。在这种背景下，我国继续教育管理体制改革在 1992 年最终得到上述突破。

---

① 诚萱．拓展成才之路，走向终身教育——我国成人教育 50 年发展回顾[N]．中国教育报，1999-09-27.

二、继续教育管理体制的滞后状态

我国继续教育实行“两级管理、分类负责”的管理体制，是为了“管严学历教育，搞活职教、岗培；管好高等教育，放开基础教育”，而“管严”“管好”学历教育特别是高等学历教育，事实上所采用的基本上还是一种中央集权的管理方式，这种管理体制充其量是一种“有市场的计划体制”。应该承认，这种管理体制对我国继续教育的健康、持续发展的确曾发挥过积极作用，但以发展的眼光来看，这种管理体制已不适合时代的要求，越发显现出诸多消极作用。

1. 已不适应我国经济发展的需求

我国经济体制改革已经经历了“计划体制→有市场的计划体制→有计划的市场体制”几个阶段，现已进入“初步建成社会主义市场体制”阶段，而我国继续教育管理体制尚停留在“有市场的计划体制”阶段，这显然已滞后于时代发展的要求。

2. 已不适应社会进步的要求

在新型的知识经济时代，在21世纪的学习型社会，“接受教育”已成为公民受到法律保护的最基本权利；同时，随着社会的发展，各行各业对从业人员的文化层次、学历达标也都有了更高的要求。在这种情况下，对成人接受学历教育“层层设卡”的集权式管理，显然不可能适应社会进步的要求。

3. 已不适应劳动者生存、发展的要求

经济社会的发展对劳动者提出了高素质、有专长、个性化的发展要求。然而，集权式成人高等教育管理通过大纲、计划、教材等手段制造“标准件”，严重限制了学习者自我潜能的充分发挥，同时把成人学历教育变成了地地道道的“应试教育”，这也根本不利于学习者综合素质的提高。

4. 已不适应继续教育自身发展的要求

在终身学习时代，继续教育必须以学员为中心，必须满足学员丰富多样的

学习需要，而要达到这一目标，继续教育必须实现教育系统的开放化、管理方式的灵活化、目标选择的民主化、信息传递的时代化、知识生产的创新化、教学手段的现代化、学习进程的终身化、人才培养的高效化。在此形势下，那种以种种规范限制成人学历教育创新活力的集权式管理体制，显然不利于继续教育自身的发展。

在中华人民共和国成立后的将近 50 年中，教育部一直设置成人教育专管部门，这是我国继续教育之所以能够取得举世瞩目辉煌成就的最重要保证，这一点也得到了国际社会的公认。1998 年成人教育司撤并，固然有其合理性和积极意义。但是，原成人教育司的成人教育专管职能被分解到发展规划、基础教育、高等教育、高校学生四个司，而这四个司又各有各的主要职责，所以，新分来的成人教育管理任务只能是“附加任务”。于是，“五龙治水”的成人教育自然处于“谁也管、谁也不管、谁也管不好”的状态。

1998 年之后，各级继续教育专管机构体系像多米诺骨牌一样纷纷倒下。这些年的实践证明：继续教育机构体系进行改革后，各地各部门、各办学主体举办继续教育的自主权和办学活力确实有所增强，然而，政府的政策引导、统筹规划、区域协调、信息服务等措施明显跟不上继续教育的需求，对中西部地区的帮助、扶持明显减少，不少地区的继续教育甚至处于瘫痪状态。

这一阶段，我国继续教育仍然基本实行集权式的传统行政领导体制，行业组织、民间组织没有能力，也不善于扛起统领全国继续教育事业的“大梁”；同时，区域发展、城乡发展、阶层发展“新三大差距”的扩大，又使相当一部分国民难以维护自己的受教育权利。在这种情况下，各级政府继续教育专管机构的缺失，就使其本来承担的统筹规划、立法定规、宏观调控、经费划拨、监督评估、权益维护等责任基本落空，致使我国许多地方的继续教育基本上处于“无政府”状态或政府职能“缺位”状态。显而易见，这对我国继续教育的科学发展极为不利，也严重制约了继续教育助推经济社会健康、协调、持续发展功能的发挥。

三、新时期继续教育管理体制变革

进入 21 世纪以来，党中央制定了全面建设小康社会的宏伟目标，我国社会

主义现代化建设又一次开创了崭新的局面。新的社会发展目标、路径的确定，新的教育改革任务的明确，为我国继续教育事业的创新发展提供了广阔的舞台，同时也提出了紧迫的要求，使得继续教育管理体制所依据的国家经济社会管理体制、国家教育管理体制有了大幅度改变，这些也为我国研究和开展继续教育管理体制的深化改革创造了良机。

1. 国家经济社会管理体制深刻变革

党的十六大指出，改革开放取得了丰硕成果。社会主义市场经济体制初步建立。21 世纪头二十年经济建设和改革的主要任务是完善社会主义市场经济体制。党的十七大进一步指出，要完善社会主义市场经济体制……着力构建充满活力、富有效率、更加开放、有利于科学发展的体制机制，为发展中国特色社会主义提供强大动力和体制保障，必须坚持党总揽全局、协调各方的领导核心作用，提高党科学执政、民主执政、依法执政水平，保证党领导人民有效治理国家；坚持国家一切权力属于人民，从各个层次、各个领域扩大公民有序政治参与，最广泛地动员和组织人民依法管理国家事务和社会事务、管理经济和文化事业。也就是说，为了实现全面建成小康社会的宏伟目标，我国应进一步完善社会主义市场经济体制，深化政治体制改革，扩大社会主义民主，依法实行民主选举、民主决策、民主管理、民主监督，保障人民的知情权、参与权、表达权、监督权，以推进社会主义民主政治制度化、规范化、程序化。国家经济社会管理体制的深化改革，意味着继续教育现行管理体制的依据已经大幅改变，继续教育管理体制当然应该相应地进行深化改革。

2. 国家教育管理运行方式明显改变

党的十六大提出：“坚持教育创新，深化教育改革，优化教育结构，合理配置教育资源，提高教育质量和管理水平。”党的十七大强调：“优先发展教育……教育是民族振兴的基石，教育公平是社会公平的重要基础。要全面贯彻党的教育方针……办好人民满意的教育。”《国家中长期教育改革和发展规划纲要（2010—2020 年）》（中发〔2010〕12 号）提出要以体制机制改革为重点，鼓励地方和学校大胆探索和试验，加快重要领域和关键环节改革步伐；要创新人才培养体制、办学体制、教育管理体制……建设现代学校制度；要坚

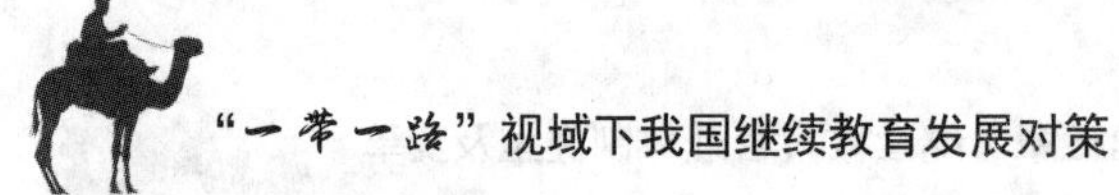

持教育的公平性，要把促进公平作为国家基本教育政策……形成惠及全民的公平教育；要坚持教育的公益性和普惠性，保障公民依法享有接受良好教育的机会……构建体系完备的终身教育；学历教育和非学历教育协调发展，职业教育和普通教育相互沟通，职前教育和职后教育有效衔接；继续教育参与率大幅提升，从业人员继续教育年参与率达到50%；现代国民教育体系更加完善，终身教育体系基本形成，促进全体人民学有所教、学有所成、学有所用；要全面形成与社会主义市场经济体制和全面建设小康社会目标相适应的充满活力、富有效率、更加开放、有利于科学发展的教育体制机制，办出具有中国特色、世界水平的现代教育。今后一个时期，我国将着力深化教育体制机制改革。这意味着我国继续教育管理体制所依据的国家教育管理运行方式将有大幅改变。

四、继续教育管理体制变革前瞻

“一带一路”视域下，随着社会主义市场经济体制的进一步完善，国际交往得更加频繁和密切，人才需要的多样化，教育管理运行方式的大幅改变，加之继续教育自身发展的需要，要求我国继续教育管理体制进一步总结经验，沿着四个“更加强调”的方向深化改革。

1. 更加强调地方为主、统筹协调

深化继续教育管理体制改革，首先要努力健全政府主导、地方为主、多元办学、充满活力的办学体制。继续教育管理只有向更科学、更民主、更灵活、更开放、更宽松的方向发展，才能适应21世纪的要求。因此，继续教育管理体制改革的总目标应该是将目前“两级管理”的“有市场的计划体制”转变为“政府宏观调控，学校自主办学”的“成熟的市场管理体制”。这首先需要进一步明确中央和地方的责任，加强省市政府对继续教育的统筹。

一方面，国家应进行宏观调控，不再直接实施具体管理。促进管办评分离，形成政事分开、权责明确、统筹协调、规范有序的教育管理体制。教育部要彻底转变职能，集中精力搞好成人教育总体规划、立法定规、区域协调、调研统计等工作，把握继续教育发展大方向，及时提出指导性意见，而将管理工作权限下放给地方直到办学主体，如对于办学资格审查、办学规模审批、办学质量

评估等权限，可以下放给省市教育主管部门；对于入学权、教学控制权（专业、大纲、计划、教材等）、文凭发放权等可以下放给办学主体；对于继续教育规律研究、教育方式引导、人才需求预测、教育质量评查等业务性较强的宏观指导意见的形成，可以更多地依靠和委托非政府行业组织、科研单位、咨询机构及其他中介组织，变行政运作为市场运作。

另一方面，继续教育应实行多级管理，特别注重省市统筹。继续教育地域性很强，与地方经济社会的发展联系紧密，由于我国幅员辽阔，不同地域经济社会发展的差距巨大，所以，主要为地方经济社会发展提供支撑的继续教育只有实施以地方为主的省市统筹，才可能实现实事求是的科学发展。管理权限的“地方化”下移，要求将继续教育的规划权、审查权、评估权、管理权、监督权交给省市教育部门。由于省市教育部门对本地经济社会现实状况、发展前景、人才需求有准确、具体的了解，由其确定继续教育发展规划、提出各类继续教育招生办学的指导性计划将更为切实可行；省市教育部门对本地办学力量、教育资源有清楚的把握，由其审核继续教育办学资格、评估继续教育质量将更为可靠及时；省市教育部门与办学主体最贴近，对办学主体的办学行为、教育质量、社会评价一清二楚，由其直接负责对继续教育的管理特别是监督，将为继续教育“依法治教”提供有力保证。

2. 更加强调人才市场主导功能

我国继续教育管理体制改革的终极落脚点，是促进各继续教育办学主体面向经济社会发展，面向人才供求市场，依法自主办学，通过公平竞争，激发创新活力，形成鲜明特色，为成人提供优质教育服务。

与普通教育人才培育的“普适性”、人才配置的“流动性”相比，继续教育的人才培育具有“针对性”，人才配置具有“本土性”的特点。所以，继续教育管理更应强调所在地区人才市场的主导功能。也就是说，为了培养实用的“地方型”人才，继续教育管理体制设计应该突出地域针对性。继续教育在办学方向、专业设置、课程设置、教育教学设计、教学过程实施等方面要突出“三个面向”：面向所在地区经济社会发展，面向地方产业结构需求，面向常住成人群体实际。只有根据当地经济社会发展、成人群体发展需求进行设计、改革，继续教育才能真正以人才市场需求为导向，有效提高人才培育的实用性，实现自身社会价值。

“市场导向型”继续教育最主要的特点是招生办学的市场导向，教育教学的市场要求，规格质量的市场评价，即以人才市场需求为指挥棒，及时、全面地调整办学运作。这就要求继续教育面向市场、动态调研、即时反馈、适时调整，而不仅仅是奉命办学、行政办学、复制（普教）办学。

3. 更加强调自主办学、依法行事

继续教育管理体制深化改革的主要目标，是建立以人才市场为导向、充分实现自主办学的管理体制。各类成人学校及开办继续教育的普通高校是继续教育办学主体的骨干部分。只有让学校享有充分的办学自主权，自定招生规模、培养目标，自主设置专业、拟订大纲、实施计划、安排课程、组织教学、考核管理、核发文凭，自己对教学质量、文凭价值、学校声誉负责，并接受人才市场的评价和社会的检验，才能充分激发继续教育办学主体的生命力和创造力，促进继续教育多元化、有特色地发展。

各类企业、科研机构、社会团体、公民个人等社会力量在举办继续教育方面也有自己的优势。继续教育要通过管理体制改革，将它们纳入“多级管理、自主办学”范畴，给它们尽可能多的发展空间和平等的竞争发展权利，让它们汇入我国继续教育的洪流，成为主要的继续教育办学主体。只有这样，继续教育才能最直接地为科技创新、生产力发展提供有效服务。

当然，强调继续教育办学主体自主办学，不能让继续教育重蹈“一管就死、一放就乱”的覆辙，而是要在强化法制的前提下激发继续教育办学活力。各级政府要综合运用立法定规、政策引导、依法治教、监督管理等手段和行政措施，对继续教育实施“既不越位、错位也不缺位”的科学管理，依法保障继续教育办学主体行使办学自主权和承担相应责任，使继续教育形成“自主办学、自创特色、自我约束、政府监督、以质为本、竞争发展”的市场式体制机制。

4. 更加强调以学为主、优化服务

继续教育管理体制深化改革的最终目的，是保障公民依法享有受教育的权利，办好人民满意的教育，以人为本，促进成人的全面发展。

为实现这个目标，我国继续教育的管理理念必须实现三大转变：一是由“教育施予”转为“教育服务”。为促进人的发展，继续教育必须以学习者为中心，

以其适应生存和发展需要的学习需求为根据，提供尽可能周到、细致的教育服务，支持学习者的自主学习。二是由“学校教育”转为“社会教育”。继续教育必须具有“大教育观”，将成年国民特别是劳动群体作为自己的服务对象，使自身拥有充分的活动舞台和广阔的发展空间。三是由“教化”“塑造”转为“因势利导”。继续教育必须尊重学习者的学习选择权、自主权，根据学习者自身的学习基础、条件、兴趣、愿望、习惯，再结合国家、地区发展需要，进行科学巧妙的因势利导。要想为成人的生存和发展提供优质服务，继续教育需要在教育管理方面讲究“四更”。

（1）教育体系更开放。应该尊重国民实现自我发展的学习权利，不再人为地设置经济的、智能的、年龄的种种障碍，公平地向所有有学习能力、有学习愿望的社会成员开放。

（2）教育管理更灵活。应该千方百计地为学习者创造便利的学习条件，进行便于学习者随时随地加入、退出的管理，为学习者提供真诚的教育服务。

（3）学习选择更自主。必须充分尊重学习者对教育内容、方式、进度安排等进行自主选择的权利，为其天赋、潜能的发挥提供支持，满足学习者多样化的学习和发展需求。

（4）目标设计更多元。要为基础不同、各有所需的成人学习者提供尽可能丰富的学习内容，尽量扩大学习者的选择余地。为了促进教育机会平等，必须实施“宽进严出”，实现“一个入口，多个出口”，即学习者只要有学习意愿和一定基础即可入学，通过自主学习和严格考试，分别获得学历文凭、单科合格证书、职业培训证书、技术等级证书等不同证书。这样，既可为学习者提供公平的受教育机会，又能保证继续教育的质量。

总之，只有形成“国家宏观调控、省级规划审核、地市监督管理、学校面向市场、依法自主办学”的崭新管理体制，我国继续教育才能走向成熟，其发展才能适应21世纪的需求。

第六章 “一带一路”倡议给我国继续教育带来的机遇和挑战

我国和世界许多国家和地区发展继续教育的实践表明，继续教育特别是大量的非学历教育培训活动，不仅具有周期短、针对性强、传播新知识和新技术较快的特点，而且教育内容、模式、方法等与传统的学校教育也有着很大的不同。特别是在我国经济和社会迅速发展，终身学习需求日益高涨的背景下，我国继续教育正呈现出一些新的特点和发展趋势。

2015 年 9 月，习近平主席在出席联合国成立 70 周年发展峰会时指出：“中国愿意同有关各方一道，继续推进‘一带一路’建设。”这是基于对当今世界和平发展、合作共赢时代诉求依然未变的认识和判断，也是对自身实力的自信。在“一带一路”倡议下，中国继续教育会面临哪些机遇和挑战？笔者认为，一个国家与世界的关系之核心是利益，决定利益诉求的是世界秩序和国家综合实力。中国经济快速崛起，受惠于中国拥抱世界。“一带一路”倡议不仅是中国国家利益迈向全球的“强国梦”展现，也是中国继续教育破茧腾飞迈向国际化的新机遇。

第一节 “一带一路”倡议带来的机遇

一、“一带一路”带来教育反思

相关数据表明，2010—2016 年上半年，我国在“一带一路”沿线国家和地区已经投资失败的大型项目为43个，该数量占我国投资失败大项目总数的26%。这些项目投资失败的根本原因大体可以分为以下两种：一是投资活动受到准入壁垒的直接限制，继而使得大量投资活动被迫取消；二是在项目收购或者投资过程中，受到投资当地国家政策和社会环境的直接影响，导致失败。在“一带一路”倡议大背景下，我国继续教育必须清晰准确地认识到“一带一路”所具有的长期性、艰难性以及复杂性，必须以发展的眼光看待问题，在实现中华民族伟大复兴梦想过程中深入思考，强化沟通交流，不断提升我国的国际影响力。

1. 推进“一带一路”倡议关键是人才

“一带一路”倡议构成了中国亚欧战略新构架，对促进我国经济增长方式转变，增强我国自主创新能力，实现中华民族伟大复兴具有重大意义。“丝绸之路经济带”从中国经中亚、俄罗斯到欧洲，“海上丝绸之路”从中国经东南亚、南亚、西亚到非洲、欧洲。面对如此广泛的国家和地区，中国企业面临的困难将会很多，竞争也会很激烈，诸如法律法规、语言文化、民俗风情等方面的挑战也不会少。中国的强大是“一带一路”倡议的物质基础，但“一带一路”倡议仅有物质投入显然不够，人才是成就一切伟大事业的核心因素，因此也是“一带一路”倡议成功的关键。我国应通过继续教育培养大批懂经济、擅管理的高级人才，造就数以千万计高素质劳动者和拔尖创新人才，提高企业竞争力；同时，向他们传授“一带一路”沿途所在国国情、法律、语言，避免在异国他乡生活、工作产生不必要的麻烦、纠纷，这点显得尤其紧迫。2015年4月25日，尼泊尔发生8.1级强震，7000多人死亡，许多建筑倒塌，但我国援建该国的项目都经受住了强震的考验，屹立不倒，被誉为“楼坚强”。这件事在让国人深感自豪的同时，也让人感受到了我国建筑设计的高水准，展示了我国广大工程技术人员高超的技术，它为“中国制造”做了一个很好的广告。擦亮“中国制造”这张名片，有助于让人们深深体会到人才在中国对外开放，在“走出去”过程中的重要作用。

然而我国基本国情是：我国是人力资源大国，却不是人力资源强国。根据2004年国家教育发展研究中心对我国9省154个企业近万名员工的调查，进入企业前没有接受过培训的员工占61%，员工两年内在职培训参与率约为45%，

其中生产、服务一线和具有小学、初中文化程度的员工在职培训参与率分别只有 34%和 25%。此外，“一带一路”涉及的不少国家和地区都不是英、法、俄等语系，若要在这些国家、地区推进“一带一路”，就离不开对“小语种”人才的培养，而目前，我国“小语种”建设远远落后。因此，适应“一带一路”倡议的人才培养任重道远。

2. 继续教育在人才培养战略中处于独特地位

依据《国家中长期教育改革和发展规划纲要（2010—2020 年）》（中发〔2010〕12 号）的定义，继续教育是学校教育之后所有社会成员的教育活动，是终身教育体系的重要组成部分。继续教育具有“开放、灵活、门槛低”等特点，可以满足人们随时随地接受所需要的教育的需求。

继续教育具有如下功能：弥补人智能结构的缺陷，提升智力水平，持续提高受教育者的知识、技能及综合素质；生产、再生产人才的重要途径；可以将潜在生产力转化为现实生产力，服务地方经济建设，促进经济社会发展。因此，继续教育已成为知识经济时代人们补充、更新知识的“加油站”。

综观世界各主要发达国家，无不赋予继续教育极高的战略地位，在德国，继续教育被作为一个独立并与正规学校教育具有同样价值的第四教育领域；英国号称“继续教育王国”，继续教育在英国被赋予崇高地位，英国把加强继续教育作为提升经济发展力与提升成年人的技能与生活质量的重要途径；在我国，继续教育的人才培养功能也日益得到认可，在《国家中长期教育改革和发展规划纲要（2010—2020 年）》中就明确提出，要以加强人力资源能力建设为核心，大力发展非学历继续教育，稳步发展学历继续教育。因此，抓住“一带一路”倡议机遇，积极发展继续教育，充分发挥继续教育人才培养功能，服务“一带一路”倡议，为“一带一路”倡议提供强大的智力支持和技术保障，是我国继续教育的重要使命。

3. 推动教育国际化转型，已成为“一带一路”倡议的迫切需要

“一带一路”倡议向全球展示了我国实现“中国梦”的信心，为我国教育主动面向世界提出了前所未有的新要求和新任务。教育是人力资源开发的重要途径，是文化交流的重要平台，是人才培养与科技创新的主阵地，是新生智库和智力服务的主力军。教育国际化是开拓国际关系、为国家谋福利的利器。中

国教育要为“一带一路”倡议提供人才支持和知识贡献，必须加大改革开放和国际化力度，尤其是职业教育、高等教育的人才培养和各级各类职业技能培训，其服务方向必须由主要服务于内向型经济增长转向主要服务于外向型经济发展。①

今天的“一带一路”倡议，以形成参与和引领国际合作竞争新优势，创新开放型经济体制机制，加大科技创新力度，扩大开放范围与力度等，倒逼教育深层次改革。我国教育国际化作为教育发展模式转型的时代课题，已经被提到了议事日程。

当前我国经济发展进入新常态，“一带一路”倡议已经与全面深化治理改革同时按下了“快进键”。在倒逼教育深层改革的大背景下，教育国际化必须面对国内经济转型升级和对外拓展型需要的双重压力，必须与全面治理教育结构、学校布局和人才培养计划等紧密耦合。

我国地域辽阔，受地理区位、资源禀赋、发展基础等因素影响，我国对外开放的总体格局是东快西慢、海强陆弱。“一带一路”倡议打开了新一轮对外开放新局面，在提升向东开放水平的同时加快向西开放步伐，助推内陆沿边地区由对外开放的边缘迈向前沿。如何保证推进对外合作项目所急需的源源不断的外向型人力资源和创新人才快速跟进，怎样建立人力资源和人才聚集的长效机制，怎样调整西部地区教育结构和学校布局，怎样建立全国一盘棋的优质教育资源共享的联动机制，怎样推进不同地区的教育向各种国际化人才培养模式转型等，已经成为我国教育深层改革的新课题。

推进教育国际化，既是对我国教育发展模式转型的整体要求，也是对不同地区人才培养类型与规格质量的个性要求。破除教育模式同质化难题，推进区域教育人才培养特色化建设，加强实用人才培养和劳动者专业技能培训，已经成为我国教育深层改革的着力点。

自从均衡发展这一理念引入社会领域以来，从均衡的角度破解我国继续教育发展进程中存在的一系列问题，不仅成为继续教育研究的主流，也成为继续教育走向“一带一路”实践发展所追求的理想目标。继续教育发展的不均衡，必将严重制约中国继续教育整体水平的提升，阻碍了继续教育现代化的进程。这种继续教育不均衡在教育供需方面的表现尤为突出：一方面，由于继续教育

① 毕诚．“一带一路”倡议带来中国教育新机遇[N]．中国教育报，2015-10-09.

办学理念落后、人才培养质量不高等原因，导致落后区域的继续教育不能真正满足区域社会经济对高素质、复合型人才的强烈需求，难以发挥继续教育为区域经济发展服务的功效；另一方面，继续教育培养的人才在结构、类型和层次等方面与区域经济发展所需人才不符，导致在一定程度上的结构性失业，造成了人才浪费，这也不利于推动区域经济的发展。从继续教育与社会之间的关系看，继续教育非均衡发展不仅会羁绊自身在规模、质量、结构、效益等方面的和谐发展，还会阻碍经济社会的可持续发展与社会的全面进步，同时也会导致继续教育难以公平，从而危及社会和谐与政治稳定。

目前，服务“一带一路”倡议的国内核心区域有 16 个省份，其他省份也正在争取成为战略支点，在经济互补、区域合作、产业转型、技术创新、环境保护、社会民生和政治安全等领域，为加入国际化的双边和多边互动，融入“一带一路”建设中而不懈努力。因此，推进教育国际化，各地教育既要服务国家经济建设人才需要的总要求，又要切实保证服务地方战略支点任务对不同专业人才培养的需要，形成各地教育国际化的基本特色。

二、“一带一路”激励教育自信

自信，是凝心聚力、催人奋进的精神力量，也是一个国家、一个民族、一个政党成熟的重要标志。习近平新时代中国特色社会主义思想洋溢着道路自信、理论自信、制度自信和文化自信，充分体现了新时代中国共产党人的骨气、底气和豪气，必将极大地激发全党全国各族人民建设新时代中国特色社会主义的积极性、主动性和创造性。党的十九大报告指出：全党要更加自觉地增强道路自信、理论自信、制度自信、文化自信，既不走封闭僵化的老路，也不走改旗易帜的邪路，保持政治定力，坚持实干兴邦，始终坚持和发展中国特色社会主义。“四个自信”是中国人民精神状态的真实展现。实现中华民族伟大复兴的中国梦，关键在实干，要在坚守“四个自信”的前提下，凝聚砥砺前行的精神动力，撸起袖子加油干。制度自信为中国梦提供根本保障，文化自信为中国梦提供原动力。推进教育改革，必须树立教育自信。“一带一路”倡议给教育自信提供了千载难逢的机遇。我国积极推动“一带一路”建设，推动与沿线国家和地区的教育、科技、文化等务实合作，开启我国教育转型新时代。

1. 实力自信

自信源于实力，真正的自信是建立在自身实力的基础上的。实力指实在的力量。一个国家是存在两种实力的，一种是硬实力，一种是软实力。硬实力指支配性实力，它是指一国的经济力量、军事力量和科技力量；通俗地说，硬实力就是指看得见、摸得着的物质力量。软实力作为国家综合国力的重要组成部分，是相对于国内生产总值、城市基础设施等硬实力而言的，特指一个国家依靠政治制度的吸引力、文化价值的感召力和国民形象的亲和力等释放出来的无形影响力。当今世界，一个国家的强弱不仅取决于军事力量、经济力量，更取决于综合国力。综合国力是一个国家的政治、经济、科技、文化、教育、国防、外交、资源、民族意志、凝聚力等要素有机关联、相互作用的综合体。

随着中国经济发展模式转型，外交倡议力增强，战略结盟国家增多，周边关系改善，经济军事援助力提升，等等，综合国力的持续上升已是不争的事实。中国启动亚洲基础设施投资银行能够得到如此广泛的国际支持，就是有力的见证。印度前总理尼赫鲁在鼓励女儿学习汉语时曾说：“世界上有一个伟大的国家，她的每一个字都是一首优美的诗，一幅美丽的画。这个国家就是中国。”的确，汉语每一个字都魅力十足。中国早已今非昔比，不仅是全球经济发展的新引擎，还在政治、军事、文化、科技等几乎所有方面越来越强大，活力和魅力不断彰显。而且，中国的各项主张符合世界潮流，得到了国际上广泛的响应和支持。中国国际地位不断提升，世界上越来越多的人认识到，与中国打交道，就意味着跟上了时代的脚步，拥有了光明的未来。放眼“一带一路”，我们必须通过自身努力，一点点地去积累，才能不断提高综合实力，这一点儿也不能投机取巧。我国继续教育将进一步发挥互补优势，拓展“一带一路”合作平台，扩大多领域合作。整体而言，我国继续教育处于转型期，从强调知识到提倡核心素养和关键能力培养，正朝着理想的方向迈进。未来，中国开放的大门将进一步推动“一带一路”沿线开展平等、双向、深入的交流合作，加强研究，让中国继续教育在服务“一带一路”倡议和实现中国梦的伟大实践中书写新篇章。

2. 制度自信

制度的自觉和自信，是马克思主义政党先进性的重要标志，制度的完善和创新，是坚持和发展中国特色社会主义的根本保障。习近平总书记指出，中国

特色社会主义制度是当代中国发展进步的根本制度保障，是具有鲜明中国特色、明显制度优势、强大自我完善能力的先进制度。党的十八大提出“构建系统完备、科学规范、运行有效的制度体系，使各方面制度更加成熟更加定型”的目标任务，对于坚持和发展中国特色社会主义，实现中华民族伟大复兴具有重大意义。制度自信为中国梦提供根本保障。制度是成就一番事业的根本保障，而我国实行社会主义制度，不仅是由我国国情、性质决定的，也是由经济社会发展进程决定的。

中国特色社会主义制度体系是我国发展的制度保障，强调制度自信需要完善中国特色社会主义制度。制度自信不仅表现为政治定力，也需要改革创新、不断完善，这是制度自信的基本要求，也是制度自信的重要保证。习近平总书记指出，制度自信能激发全面深化改革的勇气，不断深化改革，制度自信才能更彻底、更久远。新时代，强调制度自信，需要在实现中华民族伟大复兴中国梦的实践中，继续坚持并完善中国特色社会主义制度体系，特别是围绕广大人民群众关注的热点问题完善这一制度体系，做到科学规范、系统完备、运转有效，确保每一个人都能展现聪明才智，调动一切积极因素，为实现中国梦增添力量。

要明确中国特色社会主义制度是鲜明的、特色的、富有效率的，对其存在的问题，应有清醒的认识。要推动社会主义制度更为稳定、完备，才能为实现中国梦打好制度基础。中国特色社会主义制度和中国共产党的领导是中国走向强国的基本保证。美国政治学家塞缪尔·亨廷顿（Samuel Huntington）在历史比较研究的基础上得出结论：在处于现代化进程之中的国家，一党制度较之多元政党体制更趋向于稳定，多党制是脆弱的政党体制。就政治发展而言，重要的不是政党的数量而是政党制度的力量和适应性。处于现代化转型的中国，目前的政党制度是合适的，是符合国家演进一般规律的。我国教育的快速发展不仅提升了人口素质，也为巩固社会主义制度提供了根本保障。中国主动面向世界，更大力度地实施教育改革开放，不仅是国家经济建设的需要，也是教育国际化建设的必然。

3. 文化自信

文化自信是一个民族、一个国家以及一个政党对自身文化价值的充分肯定和积极践行，并对其文化的生命力持有的坚定信心。党的十八大以来，习近平总书记曾在多个场合提到文化自信，传递出他的文化理念和文化观。在 2014 年 2 月 24 日的中央政治局第十三次集体学习中，习近平提出要“增强文化自信和价值观自信”。之后两年间，习近平又对此做了多次阐述，如，“增强文化自觉和文化自信，是坚定道路自信、理论自信、制度自信的题中应有之义。”“中国有坚定的道路自信、理论自信、制度自信，其本质是建立在 5000 多年文明传承基础上的文化自信。”2016 年 5 月和 6 月，习近平总书记又连续两次对“文化自信”加以强调，指出“我们要坚定中国特色社会主义道路自信、理论自信、制度自信，说到底是要坚持文化自信”，要引导党员特别是领导干部“坚定中国特色社会主义道路自信、理论自信、制度自信、文化自信”。在庆祝中国共产党成立 95 周年大会上的讲话，习近平总书记对文化自信特别加以阐释，指出“文化自信，是更基础、更广泛、更深厚的自信”，其语境更为庄严，观点更为鲜明，态度更为坚决，传递出这既是文化理念又是指导思想。文化自信于是成为继道路自信、理论自信和制度自信之后，中国特色社会主义的“第四个自信”。

我们有博大精深的优秀传统文化，它能“增强做中国人的骨气和底气”，可激发我们最深厚的奋斗精神，“精忠报国”的爱国情怀、“天下兴亡，匹夫有责”的担当意识、“舍生取义”的牺牲精神、“革故鼎新”的创新思想、“扶危济困”的公德意识、“国而忘家，公而忘私”的价值理念等，一直是中华民族奋发进取的精神动力。此外，“天人合一”“天下为公”的社会理想、“以人为本”“民惟邦本”的治国理念、“载舟覆舟”“居安思危”的忧患意识、“止戈为武”“协和万邦”的和平思想、“与人为善”“己所不欲，勿施于人”的处世之道、“儒法并用”“德刑相辅”的治理思想、“和为贵”“和而不同”的东方智慧，一直是中华民族治国理政的思想渊源。甚至，我们刚全面建成的小康社会的“小康”这个概念，也是出自《礼记·礼运》，是中华民族自古以来追求的理想社会状态。我们的文化自信，不仅来自于文化的积淀、传承与创新、发展，更来自于当今中国特色社会主义的蓬勃生机，来自于实现中国梦的光明前景。中国共产党成立一百年来，领导中国创造了举世瞩目的成就。国家兴旺，文化必然兴盛。特别是党的十八大以来，我们党把建设社会主义文化强国摆到更加突出的位置，中华文化正迎来一个繁荣发展的黄金期。千百年来，古老的丝绸之路传递的不仅有丝绸、陶瓷和茶叶，也有中国文化和中国人民的深情厚谊。丝绸之路上，不同文化交相辉映、相互激荡，共同积淀形成世人共

知和推崇的和平、开放、包容、互信、互利的“丝路精神”。

“一带一路”沿线许多国家和地区在过去曾是儒家文化的辐射区，在今天更是与中国利益相关的“命运共同体”。中国教育将为其服务，亦将因其发展而大放光彩。已开办至今的孔子学院便是我们推行文化“走出去”的良好实践。截至2015年年底，中国在134个国家和地区建立了500所孔子学院、1000个中小学孔子课堂，学员总数达190万人。①我们有理由相信，中华文化之“花”已经借孔子学院及其他诸多实践之力开遍世界。以文化人，以文载道，让中华民族的文化理念走出国门，让文化自身说话，使其成为不同语种、不同地域、不同国家和平交流沟通的媒介。在展现中华文化风采的同时，更重要的是呈现中国和平发展、和平崛起的理念，阐明中华民族的血液中没有侵略他人、称霸世界的基因，中国人民不接受“国强必霸”的逻辑，愿意同世界各国人民“和睦相处、和谐发展，共谋和平、共护和平、共享和平”，为中国特色社会主义事业发展营造良好的国际氛围。

4. 教育自信

教育是一个国家和民族最根本的事业，教育自信是一个国家、一个民族对自身拥有的教育理论和实践方式的充分肯定，是对自身教育生命力、创造力、影响力的坚定信念，关乎民族精神状态，关乎教育改革发展进步的动力与活力。建设教育强国是中华民族伟大复兴的基础工程。坚定新时代中国特色社会主义教育自信，对于加快推进教育现代化、建设教育强国、办好人民满意的教育、实现中华民族伟大复兴的中国梦，都具有十分重要的意义。

习近平总书记的教育自信思想既来自他热爱教育、关心教育、重视教育的满腔热情，以及努力建设教育强国的巨大勇气和坚定决心，也来自他对中国特色社会主义的文化基因、理论基础、实践路径、建设成就和未来前景认知的理性自觉。新时代中国特色社会主义教育自信具有深厚的理论和实践基础。五千年的中国具有“人文化成天下”的优良传统，通过教育交流与合作，以及文化积淀和浸淫，在中国周边地区建立了以儒家文化为主导的庞大的中华文化圈。改革开放以来，中国教育质量的国际认可范围不断扩大。对于“一带一路”沿

① 我国已建立500所孔子学院 学员总数达190万人[EB/OL].（2015-12-07）. http://www.xinhuanet.com/politics/2015-12/07/c_128506154.htm.

线而言，中国教育与科技具有相对优势：中国政府已经提出要扩大相互间留学生的规模，开展合作办学，中国每年向沿线国家和地区提供1万个政府奖学金名额；深化沿线国家和地区间人才交流合作；加强科技合作，共建联合实验室（研究中心）、国际技术转移中心、海上合作中心，促进科技人员交流，合作开展重大科技攻关，共同提升科技创新能力；整合现有资源，积极开拓和推进与沿线国家和地区在青年就业、创业培训、职业技能开发等领域的务实合作。凡此等等，都将为中国教育“走出去”铺平道路。中国优秀传统教育思想滋养着我们的教育自信。

教育自信基于对自身文化历史有清醒认知和文化未来的坚定信念。中国自古以来就是一个重视教育的国度，有着世界上最为博大精深的优秀传统教育思想。从2500多年前开始，我国就形成了尊师重教、教学为先、有教无类、因材施教、教学相长、学思结合、知行合一等一系列优秀教育理念。这些理念，至今仍闪耀着真理的光辉。改革开放以来，我国在传承中华优秀文化和吸收人类文明优秀成果的基础上，创新了一系列符合时代发展、体现中国特色社会主义要求的新理念、新思想。比如，坚持德育为先、能力为重、全面发展，培养学生的社会责任感、创新精神和实践能力，面向人人、发展素质教育，促进多样化人才培养、终身学习、人人成才等，这些都成为中国特色社会主义教育理论体系的重要组成部分。

党的十八大以来，以习近平同志为核心的党中央始终把教育摆在优先发展的战略地位，高度重视教育、优先发展教育。这是我们党在长期的革命和建设实践中对教育发展规律的高度概括和深刻总结。教育优先发展战略保障了我们的教育自信。面向经济社会发展和现代化建设需要对教育事业进行超前谋划和部署，财政性教育经费占国内生产总值的比例始终保持在4%以上。“十三五”规划时期，明确确保国家财政性教育经费支出占国内生产总值比例始终不低于4%，确保一般公共预算教育支出逐年只增不减，确保按在校学生人数平均的一般公共预算教育支出逐年只增不减。这充分体现了党和国家实施教育优先发展战略的坚定决心。

国际影响力、竞争力不断上升增强了我们的教育自信。国际竞争考验着一个国家的教育自信。在基础教育领域，上海学生连续两次获得经合组织国际学生评估项目（PISA）测试第一，引起了许多发达国家和国际组织的广泛关注。

我国北京、上海、江苏和广东参加2015年测试，总体成绩超过经合组织国家平均水平。在高等教育方面，我国高水平大学和重点学科国际排名整体前移，部分高校和学科已经达到或接近世界一流水平，中国工程教育质量获得国际认可，我国已成为亚洲最大、全球第三的留学目的国。2011年共有来自194个国家和地区的在华学习外国留学生，留学生总数首破29万人，[①]2016年共有205个国家和地区的44.3万名留学生在华学习，[②]2018年共有近200个国家和地区逾49万名留学生在华学习，[③]2020年达52.9万人。教育部将深化落实《留学中国计划》（教外来〔2010〕68号），进一步优化来华留学环境，注重规范管理，提高教育质量。近年来，中国主动在全球教育发展议题上提出新主张、新倡议和新方案，主动、有效参与国际教育规则制定，为全球教育治理贡献中国智慧、中国方案和中国力量，既展现了国际担当，也体现了教育自信。

当前，我国正由教育大国向教育强国迈进，教育改革发展进入新时代，前景十分光明，面临的挑战也十分严峻。加快推进教育现代化，建设教育强国，办好人民满意的教育，需要坚定教育自信，善于把握机遇，勇于面对挑战，充分激发教育自信的强大精神力量和改革创新的磅礴正能量，努力实现扎根中国与融通中外的有机结合。

中国是一个拥有14多亿人口、5000年文明史的社会主义大国。独特的历史、文化和国情，决定了要立足中国办教育，就必须坚守教育改革发展的中国特色。“中国特色”的合法性和合理性在于它本身所具有的国情适应性，任何试图抹杀中国特色，期望移植、模仿或者照搬别国模式来解决中国教育问题的，都是绝对行不通的，也是不可能成功的。当然，我国教育发展，也要虚心学习、借鉴人类社会创造的一切文明成果，在学习、消化、吸收、再创造中，做到融通中外，创造拥有“自主知识产权”的理论成果，努力推进中国特色社会主义教育的新发展。当代中国教育的发展史，就是一部既遵循教育发展的共性规律，又根据时代条件体现民族特点，积极探索中国特色社会主义教育的奋进史。

---

① 2011年全国来华留学生数据统计[EB/OL]．（2012-02-28）．http://www.moe.gov.cn/jyb_xwfb/gzdt_gzdt/s5987/201202/t20120228_131117.html.

② 教育部发布2016最新出国留学和来华留学大数据[EB/OL]．（2017-03-02）．https://www.sohu.com/a/127697409_125528.

③ 2018年共有近200个国家和地区逾49万名留学生在华学习[EB/OL]．（2019-06-03）．https://baijiahao.baidu.com/s?id=1635321910660821266&wfr=spider&for=pc.

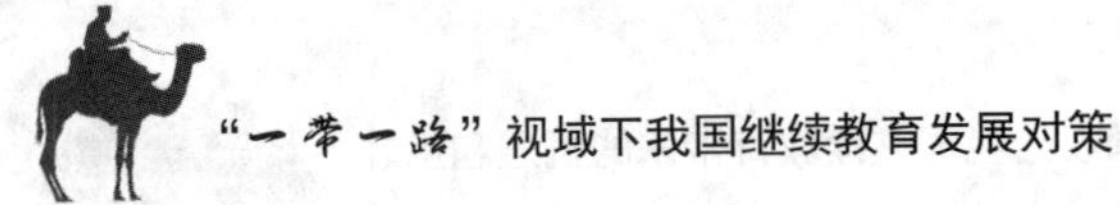

坚持走中国特色之路，迎来了中国教育的崛起，给世界带来了震撼和思考，显示了中国教育发展模式的独特魅力。中国共产党对中国特色社会主义道路的开辟和坚持，也为坚定教育自信，推动中国教育越办越好、越办越强，提供了坚实保障。

“一带一路”倡议给古老的丝绸之路赋予了新的时代内涵，为中国全面深化改革规划了美好蓝图，为亚太区域合作注入了新活力，为世界繁荣发展提供了新路径。中国已经充当了亚洲和世界经济持续发展的“第一动力”。中国教育已经进入国际化时代，我们没有理由不站在新的历史起点上树立中国教育自信，以大思路、大战略全力推动教育国际化。我国继续教育面对新形势，理应顺应时代需求，创新人才培养模式，拓宽发展路径。未来，要扎根中国大地，依托“一带一路”发展继续教育，将吸收人类文明成果和顺应时代潮流有机统一起来，做到兼收并蓄、取长补短、古为今用、洋为中用，为中国的教育自信赋予更为鲜活的时代内容。

三、“一带一路”带来目标引领

1. 发展目标导向

“一带一路”视域下，我国继续教育发展的目标导向是由继续教育系统整体目标和各个子系统目标组成的目标体系。其中，继续教育系统整体目标又分为外部目标和内部目标。

外部目标是：通过“一带一路”倡议，使“一带一路”继续教育能够适应并服务于“一带一路”规划重大战略需要，探索跨国跨地区继续教育合作与发展新模式，提升“一带一路”沿线继续教育发展水平和国际竞争力。内部目标是：通过“一带一路”规划，促进区域内教育公平，提高教育质量、人才培养水平和创新能力，提升我国继续教育服务经济社会发展的能力。

子系统目标包括区域性子系统目标和教育类型子系统目标。

2. 发展战略指向

继续教育协同发展，就是指以实现我国继续教育系统新的经济社会功能为目标的改进各个继续教育子系统结构、功能以及形成子系统之间协同一致的过

程，需要在“一带一路”视域下在全国范围内统筹安排、各负其责，并在整体规划的前提下逐项落实。继续教育协同要解决“同质性”高、人才对接不足等问题，对我国继续教育有一个明确的功能定位，各地继续教育机构与其他地区尤其临近地区应开展合作办学，同时，要发展社会培训和非学历教育，加大技能人才培养力度和面向基层的培训。对继续教育而言，其在教育规模的提升，空间布局的调整，教育手段的现代化、国际化以及科技创新等方面仍大有可为。目前，我国正处于全面改革的关键时期，21 世纪的到来给我国的继续教育带来了前所未有的挑战与机遇。

（1）知识经济。知识经济是指建立在知识和信息的生产、分配和使用之上的经济。知识经济不同于传统的依赖资本、资源及硬件的数量和规模，以消耗大量原材料为特征的经济，其依赖知识和有效信息。随着科学技术的迅猛发展，在微电子、信息、生物、航天、海洋、能源、新材料技术等方面开发的产品已成为集成知识型产品。知识应用于制造、服务等行业，能够促使经济增长方式发生根本性的转变。

知识经济的特征表现为：一是软资源比硬资源更重要，所谓软资源主要是指智力、技术、信息资源。关于软资源的重要作用，古今中外历史上早已形成共识。在知识经济社会，对软资源的开发和利用将成为经济发展的重要推动力，科学技术是第一生产力的论断就是有力的证明。二是学习在知识经济社会中有了特别重要的意义。继续教育、终身学习已成为教育的主要目标。知识经济所带来的技术爆炸席卷全球，同时也带来了世界范围内的科技和经济竞争，使工业生产技术知识的半衰期缩短。据专家预测，大多数工业技术领域，一般工业生产技术知识的半衰期缩短 10 年左右，而电子和信息技术生产知识的半衰期则接近 5 年。这就迫使在职技术人员要不断地补充新理论、新技术及新方法，了解新信息，以适应知识经济的要求。知识经济的确立与发展，对教育提出了更新、更高的要求，继续教育作为对专业技术人员的知识和技能进行增新、补充、拓展和提高，将成为哺育知识企业、推动知识经济社会进步的重要源头。

（2）两个根本转变及国企改革。我国经济领域正在进行两个根本性的转变：一是经济体制从传统的计划经济体制向社会主义市场经济体制转变，二是经济增长方式从粗放型向集约型转变。国有企业作为经济体制改革的中心环节，其改革方向是建立现代企业制度，这就使企业出现了企业决策、经营、运行、管理等方面的新问题。经济增长方式的转变必然推进科技进步，提高产品的技术知识含量。这就需要企业技术人员进行继续教育，发掘潜能，提高对技术和产品的开发和创新能力，促进产学研结合。因此，如何提高企业管理队伍和技术队伍素质成为一个突出问题。企业改革的结构调整，使大量劳动密集型企业向知识密集型企业转化，这就造成了专业技术人员职业变迁和相当数量的富余人员下岗，而改善社会就业环境又与继续教育密不可分。

（3）人才资源开发。人才是科技进步和经济社会发展的最主要的资源。党的十五大指出："我国现代化建设的进程，很大程度上取决于国民素质的提高和人才资源的开发。"新理论、新知识、新信息、新技术及新方法的传播与应用，全都离不开高素质、富有创造力的人才。在激烈的经济竞争中，人才最关键，人才资源开发将是我们未来经济发展的基础。继续教育是人才资源的主要开发方式之一。联合国开发计划署《1996 年人力资源开发报告》指出：一个国家国民生产总值的 3/4 靠人才资源，1/4 靠资本资源。事实证明，继续教育面临的挑战与发展机遇探析也是如此，没有资产可以筹措，没有设备可以置办，只有人的创造力是什么也代替不了的。只有挖掘人的潜能，开发创造力，很多奇迹才会出现。这就显示出学习不再是人生某个阶段或一次性教育就能一劳永逸的事情。人们主动要求学习，把学习贯穿一生。当前，继续教育是终身学习的最重要方式。因为继续教育的内容和方式与常规教育相比更具有灵活性、适应性和针对性，受教育者可通过相关专业学习交叉学科，使自身综合能力不断提高，经常保持知识结构的先进性，吸收新理论，掌握先进技术，从而做到在竞争中立于不败之地。

综上所述，知识经济时代的到来、经济体制和经济增长方式的转变、国有企业的改革以及人才资源的开发，既给继续教育带来了挑战，又给继续教育的发展提供了空前的发展机遇。继续教育作为整个教育体系中重要组成部分的地位日益显著，因此，我们应牢牢把握时代脉搏，研究继续教育的理论，开创继续教育的新局面。

第二节 "一带一路"倡议带来的挑战

"一带一路"视域下发展继续教育犹如一把"双刃剑"，一方面能够加深

彼此间的理解与沟通，从而加强国家间的交流与合作；另一方面也伴随着文化和意识形态领域的冲突，以及政治因素等方面的消极影响。此外，各国在国际合作与竞争中，也会遇到许多矛盾与问题。

一、本土化与国际化的对立统一

在继续教育面向“一带一路”的过程中，本土化与国际化一直是既对立又统一的矛盾结合体。本土化力图保持本国继续教育的传统与特色，指向继续教育模式的多样化和丰富化；而国际化则“努力使教育超出政治与文化的界限”。[①]国际化要求“一带一路”沿线继续教育彼此开放市场，相互借鉴，这容易削弱本国继续教育的功能，打乱本国继续教育的正常发展。

无论是本土化还是国际化，二者均是继续教育的时代属性，共同推动“一带一路”沿线继续教育既趋同又多样化地向前发展。与“一带一路”沿线国家的交流互补，是“一带一路”视域下我国继续教育发展的重要内容，国际化要尊重和服务于本土化，而本土化也要批判地接纳国际化，只有民族的才是世界的，“一带一路”视域下的我国继续教育发展也不例外。

二、文化渗透的风险考验

在与“一带一路”沿线国家和地区开展交流与合作的过程中，与我国意识形态领域有差别的思想、习俗及宗教文化不可避免地混合在其中。而这些思想文化通常不易察觉，对继续教育科学发展会造成一定影响，并且这种影响渐进又深远。对此，我们必须一方面强化对境外在华教育机构的监督管理，最大限度地杜绝各种形式的文化渗透；另一方面也要继续加大思想政治、人文素质、道德修养等方面的教育和阵地巩固，增强相关人员的思想辨别及抵制能力。

三、民办继续教育面临的机遇与风险

民办继续教育在我国起步较晚，相对于公办继续教育机构而言，无论在办

① 陈亚玲．高等教育国际化：中国的历史与现状[D]．湘潭：湘潭大学，2002．

学水平、规模还是社会认可度方面，都处于劣势，被边缘化。尽管如此，随着国家对民办继续教育的扶植和培养，加上民办继续教育自身体制灵活、注重特色优势等，近些年来也发展得风生水起，成为我国继续教育的有益补充和重要组成部分。“一带一路”对于民办教育而言，既是挑战，也是机遇。民办继续教育要利用“一带一路”机遇发展自己，同时政府也应该借此机会大力鼓励和支持民办继续教育，扶持一些民办继续教育机构同国内公办机构互补，与沿线相关机构合作办学，丰富教育形式，缓解继续教育资源紧张的局面，壮大我国继续教育本土文化及办学力量。

第七章 “一带一路”视域下我国继续教育发展动向

随着科技与信息技术的进步和全球化的到来，各国之间的教育联系逐渐紧密，为教育现代化、国际化提供了更加便捷的条件。在此背景下，继续教育现代化、国际化成为教育发展的时代趋势，它不再是一国独立面对的话题，而将进一步超越国界，通过互联网直接沟通，使教育资源在世界范围内的共享成为可能。同时，自20世纪以来，各国在积极推动教育现代化、国际化后发现，全球教育事业呈现趋同化的发展态势，民族特色和民族需求越发显得重要。教育现代化、国际化和民族化越来越成为我国教育事业发展的两大趋势，继续教育也不例外。在这种情况下，尤其是在“一带一路”视域下，探讨推动我国继续教育现代化、国际化创新发展的同时，必然离不开对我国继续教育民族化问题的关注和思考。

第一节 继续教育现代化

一、继续教育现代化的基本内涵

继续教育现代化是一个内涵丰富且动态运作的系统范畴。正如现代化不应仅被理解成一种经济制度或政治制度的形式，更是一种精神现象或心理状态一样，继续教育现代化应主要被看成一种心理态度、价值观念和思想状态的改变过程。较为准确地讲，作为一种面向社会和文化现代化的对策，继续教育现代化是继续教育为主动适应和满足社会和时代转型的需要，而实现由传统继续教育向现代继续教育整体转换的过程，是继续教育思想观念、价值取向、管理体制、运施策略及其手段方法等全面优化并赶超先进的过程，也是以最新现代科技充实、更新继续教育的内容，全面提高受教育者整体素质的过程。[①]具体表现如下。

1. 继续教育现代化是对传统继续教育的超越

继续教育现代化的实质是：要突破传统继续教育的樊篱，构建超越性的继续教育新机制，使继续教育由传统形态向现代形态转化。从世界范围来看，伴随知识经济时代和学习型、管理型社会的到来，传统继续教育的弊端暴露无遗，如教育观念的陈腐性和空虚性、教育目标的单一性和偏狭性、教学内容的封闭性和滞后性、教学过程的短期性和无序性、教学方式的模式化和僵硬性、教学手段的原始性和孤立性等。这不仅不能满足现代多元化社会高速发展的需要，而且严重阻滞了受教育者的能动性、自主性和创造性等主体性的充分发挥。因此，传统继续教育必须改革，必须转型，必须走向现代化。从这个意义上说，继续教育现代化是与传统继续教育相对立的，意味着对传统继续教育的批判、改造、更新和超越，同时也在一定程度上受到传统继续教育的影响和制约。因此，继续教育现代化的过程，实质上就是对传统继续教育的批判、继承和发展的过程。

2. 继续教育现代化是一种整体转换运动

罗马俱乐部总裁A·佩切依在《未来一百年——罗马俱乐部总裁的报告》中指出：“任何的进步（不论科学进步还是其他），如果不同时使道德、社会或政治也取得进步，那应毫无价值可言。”A·英克尔斯把现代化诠释为由经济、政治和文化构成的总体系统的格式塔转换。他认为，现代化不是一个狭隘、孤立的经济增长现象，而是泛化的整体转换。推而言之，继续教育现代化是一种整体现代化，是结构复杂、内容丰富的现代继续教育系统的现代化，其不仅仅针对某一方面。显然，将继续教育现代化与先进的办学条件和设备等同视之，是一种简单、偏狭的错误认识。继续教育现代化不但包括办学条件、设备等物

① 杜以德．继续教育现代化的基本内涵及发展策略[J]．中国成人教育，1998（8）：17-18．

质层面的现代化，还包括教学内容、课程体系等知识层面的现代化以及教育制度、法制、管理等制度层面的现代化，而且继续教育思想、价值等观念层面的现代化，更是继续教育现代化的深层内涵。因此，继续教育现代化的这种整体性，既体现在继续教育内部，又体现在继续教育外部；既体现在继续教育微观系统，又体现在继续教育宏观系统；另外还体现在继续教育的内因与外因、微观与宏观的整合协调方面。

3. 继续教育现代化的核心是实现受继续教育者的现代化

这是现代化的基本条件和最终目的，也是现代化的最根本指标。因此，实现受继续教育者的现代化便成为继续教育现代化的核心任务，是继续教育现代化的始点和归宿。现代社会中，人不仅是劳动力，还是一种宝贵资源。着眼于整个世界的未来，人力资源特别是人才资源将随着国家经济形势的不断发展而消耗，而且其速率越来越大。根据20世纪90年代初欧共体的研究，现在的人60%以上要工作到21世纪，然而，21世纪社会发展所需要的科学技术尚有2/3没有发明出来。也就是说，60%以上的劳动者只有及时掌握了这2/3的科技知识，才不会最终被社会所遗弃。毋庸置疑，人力资源特别是人才资源的再生必须依赖继续教育。所以可断言，接受正规教育之后的劳动者尤其是脑力劳动者，随着其资源的不断增长和极大丰富，接受继续教育、实现劳动者自身的现代化，便成为继续教育现代化的时代使命和应有之义。

二、继续教育现代化的基本原则

1. 一体化原则

一体化原则是指把我国继续教育系统看作一个有机的整体，以整体观念来考虑继续教育发展目标、规划、政策和措施，围绕工作聚焦，坚持问题导向，采取相应措施，力求实现教育教学一体化，推动继续教育的稳步成长和改革。

2. 开放性原则

开放性原则是指把我国继续教育系统看作一个开放的系统，既要适应系统外部环境的变化和要求，实现系统与外部的对接与互动，又要在内部子系统之间互相开放、有效衔接，要打破地区保护主义和区域行政壁垒。

3. 协同性原则

协同既是一种状态，又是达成协同一致的动态过程。整体系统的优化建立在各子系统的调整与改进的基础之上，为实现系统新的结构和功能，不同区域子系统和教育类型子系统都没有理由拒绝做出改变。

4. 互利共赢原则

互利共赢原则是指以各地各自的比较优势（包括相对比较优势和绝对比较优势）为基础，通过合作形成互补性效应，获得整体大于部分之和的合成效益。例如，那些不符合“一带一路”规划发展方向和国家长远利益而只有短期利益或局部利益的合作，不可持续且没有意义。

第二节　继续教育国际化

“一带一路”倡议使继续教育迎来了国际化发展的新机遇，加快和推进继续教育国际化，已经上升为许多国家继续教育发展的重要战略。美国教育专家菲利普·G. 阿特巴赫（Philip G. Altbach）认为：“一个国家、一个系统、一所大学对全球化的政策回应，就是‘教育国际化’。”[①]换句话说，在“一带一路”视域下，在继续教育国际化发展的过程中，必然会带来一些政治、经济、文化、风俗习惯、体制机制、意识形态等方面的碰撞和冲突，充斥着各种问题和争论，国际化政策由此便构成了继续教育国际化的重要前提和制度保证。

一、教育国际化发展历程

1. 我国教育国际化政策的历史沿革

中华人民共和国成立之初百废待兴，在教育领域，早期的教育国际化简单来说就是全面学习苏联。在当时的历史背景下，教育国际化的主要表现就是模

① 周南照．教育国际化的若干国家政策比较和世界态势反思[J]．世界教育信息，2013（2）：3-18.

仿苏联教育体系，引进苏联专家，派出留学生和学者等。这种教育的国际化交流建立在政治联结的基础上，对象单一、形式简单、交往深度有限。后来，随着我国与苏联关系的恶化，这一交流形态也中止了。严格意义上讲，我国的教育在相当一段时期内，基本处于“半封闭”状态，并非真正意义上的“国际化”。“文化大革命”十年浩劫使我国教育遭到了重创：留学归国学者、知识分子成为打击的对象，教育国际化经历了停滞不前的十年。

1978 年，党的十一届三中全会召开，我国教育的国际交流与合作也进入了一个新的发展阶段。1983 年，在改革开放的初期，邓小平提出“教育要面向现代化、面向世界、面向未来”，正是“面向世界”这个理念，开启了我国教育国际化飞速发展的新纪元。

面向世界，不仅指汲取世界各国先进的科学技术与文化知识，借鉴世界教育发展和管理的成功经验，同时也是将中国教育改革的方向放入世界教育体系来进行考虑，在与世界各国教育系统的互动中探索和拓展具有中国特色的教育体系。①这一举措为我国教育的发展指明了方向，也标志着教育国际化的思想在我国已初步形成，我国教育正式走向了国际化。

1985 年，中共中央在《关于教育体制改革的决定》中指出：“要通过各种可能的途径，加强对外交流，使我们的教育事业建立在当代世界文明成果的基础之上。”这是“面向世界”这一政策实施的标志。1993 年颁布的《中国教育改革和发展纲要》（中发〔1993〕3 号）中再次强调：“进一步扩大教育对外开放，加强国际交流与合作，大胆吸收和借鉴世界各国发展和管理教育的成功经验”，这就是不断深化“面向世界”的国际化教育行为的体现。1995 年，《中华人民共和国教育法》正式颁布，将“教育对外交流与合作”写入国家教育最高法律。1998 年，《中华人民共和国高等教育法》再次就“高等教育事业的国际交流与合作”做出明确规定，从“意愿”到“法制”，我国教育国际化真正和国际接轨，高等教育国际化发展进入法制轨道。

2001 年，我国加入世界贸易组织（WTO）。WTO 的“公平性或非歧视性原则”鼓励成员国到海外办学，允许国外教育机构（企业）在所在国颁发学位证书或学历证明，支持专业人才流动，减少移民限制，取消政府对教育市场的垄断，减少对本国教育机构的财政补贴，等等。这些条款对我国教育的国际化

① 吴刚．教育创新的目标选择[J]．教育研究，1999（3）：3-8．

起到了很好的导向和约束作用。我国政府积极履行教育领域入世承诺，进一步放开市场，利用入世契机加强与其他各国在教育领域的合作与交流，同时化承诺内容为法规政策，颁布《中华人民共和国中外合作办学条例》（国务院令第372号）等规范性文件，兑现WTO对减少教育贸易限制的要求，加快融入教育全球化发展的步伐。

2. 中外合作办学政策

相对于其他高等教育国际化政策，我国中外合作办学政策起步较晚，这源于中外合作办学本身作为一个新事物兴起时，没有能够引起人们足够的重视。关于合作办学，最早的法律依据可追溯至1982年重新修订的《中华人民共和国宪法》，其规定"国家鼓励集体经济组织、国家企事业组织和其他社会力量仿照法律规定举办各种教育事业"。这就从办学主体上打破了政府办学的单一体制，为合作办学的开展奠定了宪法基础。[①]我国中外合作办学政策的真正开始是在1993年，国家发布《关于境外机构和个人来华合作办学问题的通知》，[②]第一次对合作办学进行了界定，明确指出要有条件、有选择地引进和利用境外于我有益的管理经验、教育内容和资金，中外合作办学应坚持"积极慎重、以我为主、加强管理、依法办学"的原则，等等。1995年颁布的《中外合作办学暂行规定》确定了我国中外合作办学政策的基本框架。

中外合作办学政策发展的重大转折点是2001年我国加入世界贸易组织（WTO）。如前所述，我国在WTO-GATS对教育服务领域做出承诺，在市场准入上允许中外合作办学，外方可获得多数拥有权。面对更加开放的市场、更加复杂的办学主体，《中外合作办学暂行规定》已经不再适应新形势的要求，新的政策开始酝酿。2003年，《中华人民共和国中外合作办学条例》（国务院令第372号）颁布实施。它是我国政府颁布的第一部关于中外合作办学的行政法规，对于中外合作办学具有里程碑的意义。2004年教育部发布《中华人民共和国中外合作办学条例实施办法》（教育部令第20号），对中外合作办学的具体内容做出了规定。自此，我国中外合作办学真正进入法制化轨道。

有了法律依据后，我国中外合作办学政策开始步入规范化的新阶段，政策

---

① 易凌. 中外合作办学中面临的法律问题及解决途径[J]. 教育研究，2012（6）：30-35.

② 张晓鹏. 大陆中外合作办学与香港非本地课程相关法规比较研究[J]. 中国教育政策评论，2006（10）：189-207.

内容从宏观层面更多地转向精细规范层面。

一是规范运行管理。2004 年教育部下发了《关于启用<中外合作办学机构申请表>和<中外合作办学项目申请表>等事项的通知》（教外综〔2004〕39 号）、《关于设立和举办实施本科以上高等学历教育的中外合作办学机构和项目申请受理工作有关规定的通知》（教外综〔2004〕63 号）、《关于发布中外合作办学项目备案和项目批准书编号办法（试行）的通知》（教外综〔2004〕73 号）、《关于启用<中外合作办学许可证>和<中外合作办学项目批准书>的通知》（教外综〔2004〕72 号）、《关于下发<中外合作办学许可证编号办法（试行）>的通知》（教外综〔2004〕85 号）。

二是规范办学秩序。2007 年教育部发布《关于进一步规范中外合作办学秩序的通知》（教外综〔2007〕14 号），提出为进一步规范中外合作办学秩序，要坚定不移地坚持合作办学的公益性原则，抵制和纠正将中外合作办学当作学校创收手段的错误认识和做法；要以引进优质教育资源为核心，牢牢把握好审批入口关；要加强高等职业教育阶段中外合作办学的政策研究和发展规划，把握中外合作办学的政策界限。

3. 我国教育国际化政策发展的主要特征

教育政策常常会随着一个国家的政治、经济、文化、社会和学术发展的变化而变化。除了政治体制对于教育政策的影响，经济发展水平也是影响教育政策的重要部分。

通过培养人才，实现对社会政治经济的影响，是教育作用于社会政治经济的主要途径，也是教育政策制定的源泉。进入现代社会，科学技术高速发展，势必要求国家的政治经济人才具有较高的文化素养和科学文化水平，这就必然要依靠学校教育以及更广泛的国际化政策。这种源自政体、经济水准的政策制定、推广、变化，是由国家利益以及社会发展所决定的。

从历史上看，教育与政治关系的演进，实质上就是政治民主化与教育民主化演进和发展的过程。政治经济制度直接制约着教育的性质和发展方向，教育又反过来对一定的政治经济制度产生影响。这种影响随着现代化进程的加快，作为促进社会进步的力量，已变得越来越重要。

从我国的教育政策，尤其是国际化政策的发展来看，伴随着政治体制改革以及经济发展，教育投入以及教育的国际化政策都不断发生相应的变化。研究我国乃至其他国家或地区的教育国际化政策发展就必然与其相应的政体、经济实力，以及由其带来的教育水平产生联系，因为经济发展是教育政策制定和实施的基本物质条件，也影响着国家基本政策的倾向和实施。

1978 年十一届三中全会以来，我国进入了经济社会发展的新时期，40 多年来，面对国内外环境的复杂变化和重大风险挑战，党中央、国务院带领全国各族人民攻坚克难，不断前进。1984 年，我国进一步坚持不懈搞开放，使中国特色社会主义不断焕发出蓬勃生机和活力，我国经济发展和各项社会事业也取得了举世瞩目的成就。20 世纪 90 年代后期，我国经济更是进入了快速发展阶段；高速增长期持续的时间和增长速度都超过了经济起飞时期的日本和亚洲“四小龙”。2001 年加入 WTO 后到 2010 年，我国已经成为世界第二大经济体。

伴随着经济的发展，我国教育事业，尤其是高等教育事业发生了翻天覆地的变化，2012 年，普通高等教育本专科招生人数达 689 万人，比 1978 年增长 16.1 倍；在校生 2391 万人，增长 26.9 倍；毕业生 625 万人，增长 36.9 倍，较好地满足了经济社会发展对各类人才的需求。如果纵观我国教育国际化政策，可以发现它也伴随着经济的发展经历了从单一化到多元化，从计划管控到合理开放，从粗放管理到精细规范的发展过程，教育国际化政策也从只关注教育本身上升到了国家战略高度。

1）政策取向——由单向到双向，由有限开放到全面放开

中华人民共和国成立初期，我国根据当时苏联的经济社会制度建立起了社会主义计划经济体制，高等教育也保持了强烈的意识形态特征。在教育国际化开始之初，我国的高等教育主要面向以苏联为主的社会主义国家，国际化程度处于单向、有限的状态。

改革开放后正式恢复高考制度，这是具有划时代意义的一项调整。一大批青年学生通过高考重新进入大学门槛，开始更高层次的学习进修。同时，邓小平做出扩大派遣留学人员的战略决策。为落实邓小平同志的重要指示，教育部迅速制订计划，采取措施，很快确定了“突出重点、统筹兼顾、保证质量、力争多派”的国家公派出国留学生选派原则，做出了 300 人的派遣计划。此次，中国迎来了历史上规模最大、领域最多、范围最广的出国留学热潮。①

① 邓小平作出扩大派遣留学生的战略决策[N]. 人民日报，2009-09-30.

1984 年，随着党中央确定了以经济建设为中心的基本国策，对外开放成为我国经济生活中的主旋律，对外公派留学生和交流合作就是教育领域的一个热潮。1989 年后，我国的出国留学出现了短暂的停滞。这时候更多的教育国际化探讨，集中在了如何能够将教育的国际化和建设有中国特色的社会主义相结合，既不偏安一隅，也不妄自菲薄。国家接连出台《关于招收自费外国来华留学生的有关规定》等政策，对来华留学生进行了有序的调整和管控。

1992 年，邓小平在南方谈话中深刻回答了“什么是社会主义，怎样建设社会主义”的重大问题，极大地解放了人们的思想，坚定了人们的社会主义信念，极大地推动了我国的改革开放，是建设有中国特色社会主义道路上的又一座里程碑。1992 年，国务院发布《关于在外留学人员有关问题的通知》（国办发〔1992〕44 号），提出“支持留学、鼓励回国、来去自由”的新方针，真正体现了留学政策的开放性，国家教委更是出台《关于境外机构和个人来华合作办学问题的通知》。这些政策取消原自费出国留学政策中的限制，加强对于多元化交流的支持，明确提出留学人员回国后，按“双向选择”的原则，可回原单位工作或自行联系工作，也可以进入“三资”企业工作或自行开办企业等；并要求各地区各有关部门按照本通知精神落实具体实施，方便在外留学人员回国，简化出入境手续，妥善解决留学回国人员工作、生活上的具体问题。

1996 年国家留学基金委成立，加强了留学生工作的规范管理，加大了公派留学生力度。同年出台的“春晖计划”“长江学者奖励计划”符合我国的《中华人民共和国国民经济和社会发展第十一个五年规划纲要》和《国家中长期科学和技术发展规划纲要》提出的要大力吸引和培养尖端人才的战略。“春晖计划”主要资助在外优秀尖子留学人员，鼓励他们回国工作，截至 1998 年年底就资助 1100 名专家回国参与项目。“长江学者奖励计划”是由教育部与香港李嘉诚基金会于 1998 年为提高中国高校学术地位，振兴中国高等教育，共同筹资、合作设立的跨世纪高层次创造性人才计划，该计划包括实行特聘教授岗位制度和“长江学者成就奖”两项内容。可以看出，此时我国的教育国际化政策，已从单纯的对人的严格管理开始转化为更加开放平衡的双向选择体制，并且着眼于高级人才的引入。

进入 21 世纪后，WTO 为我国教育的国际化谱写出了新的篇章。我国在教育服务贸易方面向 WTO 做出了明确承诺：“除政府彻底资助的教育活动外，凡是带有商业性的教育活动，所有协定签署国都有权参与竞争。因此，结合我国教育的情况，从教育市场的开放而言，除了特殊教育服务（如军事、警察、政治和党校教育）和国家义务教育，我国其他教育服务领域都做出了开放的承诺。”[①]之后的几年间，我国政府接连出台政策。2004 年，国家留学基金管理委员会设立了“青年骨干教师出国研修项目”。2007 年，国家留学基金管理委员会启动了“国家建设高水平大学公派研究生项目”。

时至今日，改革开放使我国发展走上了快车道。回顾历史，我们可以看出，改革开放后我国的政策取向是在不断螺旋上升、不断完善的，从最初的单向变为双向，从最开始的有限度开放变为今天的全面充分开放并且加速发展，不断为社会主义现代化建设贡献人才。

2）政策形式——从计划形式转向市场体制，并且日趋平衡

世界的经济全球化作为不可逆转的趋势，在经济全球化发展的背景下，势必会带动科技发展的日新月异和各国对于人才的白热化竞争。归根到底，经济需要人才来驱动。人才的竞争，归根结底是教育的竞争，也是教育质量、国际化交流的竞争。

党的十一届三中全会以来，互联网的逐渐普及和对于国际化需求的不断增长，“教育国际化”的理念逐渐明朗。我国政府也将教育国际化摆在了核心位置。回首这 40 多年的发展历程，不难看出我们的政策形式也在不断经历变革，从最早的关注出国留学到后来的强调吸引留学生回国，从最开始的单一注重个体转向更有影响力的合作办学，通过合作办学和共建项目、学术交流和科研合作、学生输出和短期支持，进一步鼓励公民自费出国留学。

与此同时，随着我国经济形势的不断好转以及国际地位的不断提高，越来越多的留学生顺应潮流回到国内。20 世纪 90 年代末期，国家开始重视留学人员的回国问题，连续出台相关政策。2001 年，出台《关于鼓励海外留学人员以多种形式为国服务的若干意见》（人发〔2001〕49 号）。2007—2008 年更是密集发布《关于建立海外高层次留学人才回国工作绿色通道的意见》（国人部发〔2007〕26 号）、《关于进一步加强引进海外优秀留学人才工作的若干意见》（教外留〔2007〕8 号）、《中央人才工作协调小组关于实施海外高层次人才引进计划的意见》（中办发〔2008〕25 号）、《引进海外高层次人才暂行办法》（中组发〔2008〕28 号）、《关于为海外高层次人才提供相应工作条件的若干

---

① 张建仁. 关于教育国际化若干问题的思考[J]. 新疆师范大学学报（哲学社会科学版），2003（9）：75-78.

规定》（组通发〔2008〕56 号）、《关于海外高层次引进人才享受特定生活待遇的若干规定》（组通字〔2008〕58 号）等规章，为高层次的留学人才打开绿色通道，不断完善高层次留学人员回国之后的保障制度。在此政策的影响下，从 2000—2013 年，留学生回国人数增长率一直保持正增长。其中有 11 年都保持了 20%以上的较快增长，有 5 年的增长率超过了 40%，只有极个别年份的增长率低于 20%。2008、2009 年，我国留学生回国人数增长率一度超过 50%，分别达到 57.5%、56.2%。2013 年留学回国人员增长 29.53%，虽然较前两年的增长率有所下降，但仍保持了较大的增长幅度。①2000 年，留学回国人员仅为 9121 人，不足 1 万人。而到 2013 年，留学回国人员达到了 35.35 万人，而当年出国留学的人数为 41.39 万人，仅相差 6 万人。

3）政策定位由简单管理上升到国家战略

教育的国际化，除了符合经济发展的需求，能不断培养高质量、高素质的人才，还符合国家的综合战略。反观我国的教育国际化进程，经历了从最初的关注个体的留学归国，到后来的关注跨国合作、借助“他山之石”来增强本国高校能力；从最初的谨慎、控制到后期的开放、包容、扩大的政策。《国家中长期教育改革和发展规划纲要（2010—2020 年）》（中发〔2010〕12 号）专门对扩大开放提出了具体要求，把国际合作变成重要发展项目予以推进。重点推进 8 个项目：①支持一批示范性中外合作办学机构；②支持在高校建设一批国际联合实验室、研究中心；③引进一大批海外高层次人才；④开展大中小学校长和骨干教师海外研修培训；⑤支持扩大公派出国留学规模；⑥实施留学中国计划，扩大来华留学生规模；⑦培养各种外语人才；⑧支持孔子学院建设。这些行为一定程度上顺应了我国经济发展和国家的战略需求。从另一个层面上看，通过这种不断推进和尝试，进一步完善了我国教育国际化政策。

在国际合作的领域，经济最为发达的长江三角洲和珠江三角洲两个地区已经开始出现具有独立法人资格和独立校园、开设本科及以上层次课程、颁发国（境）外母体大学文凭的教育机构。诸如，宁波诺丁汉大学西交利物浦大学（苏州）、北京师范大学-香港浸会大学联合国际学院（珠海）等，都希望借助国际化的力量来增强自身的实力。这种尝试短时间内并不能改变大的趋势，但可以给我国高等教育体制深度改革带来一些借鉴意义。

---

① 2014，牵动人心的教育话题[N]. 科技日报，2014-12-30.

从目前已经在中国内地开办的分校的经验看，这些办学机构在人才培养模式、考试、学业成就、办学管理等方面，与内地大学相比显示出了明显的特色。但与人们对这类大学的期望相比，尚存在一些差距，如招生自主权依然没有真正落实，多元化招生需求难以满足；在新颖的教学内容和方法下培养的本科生，毕业后难以进入国内大学就读研究生；这类学校中的国际化师资难以融入国内现有的科研项目申报系统；等等。这些都对现行的政策，比如《中华人民共和国中外合作办学条例》（国务院令第 372 号）等提出了进一步改进的需求，要求政府反思并着手修订现有中外合作办学方面的法律、法规和政策，进一步促进这些新型办学模式的多样化发展。

美国政治家汉斯·摩根索曾经说过："较之军事、经济，如果文化运用得当，将能降伏人们的头脑，产生耐久、稳定的战略效果。"随着我国经济水平的发展，越来越多的海外人员选择来中国留学，以期能借助中国在国际上强大的影响力来不断实现自我价值。而伴随着开设"孔子学院"等一系列政策，国家也在进行战略的布局和调整，积极开展对外汉语教学工作，以期使得文化乃至语言的教学成为教育国际化的一部分。孔子学院对于中国文化的加速传播是有正面影响力的。语言和文化的关系密不可分，汉语在国际化过程中会加强对文化的传播，促进中国的文化外交，加强软实力并进一步提升中国形象。迄今为止，从埃及到日本，从美国到俄罗斯，我国共开设了 249 所孔子学院和 56 所孔子讲堂。

教育国际化符合文化外交的特质。文化外交是指国家以维护本国文化利益以及完成对外战略作为出发点，在文化政策指导下的外交活动，其由最初单纯的对于留学、归国的管控，到后期的深入改革，从深化合作、机制引入、强化管理、拓展思路等各个方面加强并完善我国教育国际化的政策，可以看出，改革开放 40 多年来，我国走出了一条教育国际化的强国之路。

二、制定教育国际化政策的影响因素

经济合作与发展组织（OECD）对当前高等教育国际化政策进行归纳，提出国际化政策的四个主要导向："以增进相互理解为导向、以技术移民为导向、以创收为导向、以能力建设为导向。"[①]这四个导向反映了国家在制定高等教

① OECD. 教育政策分析 2005—2006：聚焦高等教育[M]. 清华大学教育研究所，译. 北京：教育科学出版社，2008：51.

育国际化政策时的价值取向。

1. 政治因素

很多学者认为，政治因素依然是影响高等教育国际化政策发展的第一因素。2011 年，时任教育部副部长的郝平在评价国际教育形势时表示，“加强教育国际交流已成为各国外交战略和经济发展的重要组成部分，是公共外交人文外交的重要内容”，“教育国际交流是美国实现‘巧实力外交’的重要组成部分”。[①]杨启光提出，许多发达国家推行的高等教育国际化都体现了非常明显的政治目的，其中美国的高等教育国际化政策尤其突出了国家政治安全的利益。

三个时间点可以展现美国在不同时代背景下国际化政策的变化：第一，1946 年美国制订了“富布赖特计划”，美国无偿向欧洲和第三世界国家提供技术援助，免费招收留学生，其时代背景是第二次世界大战后美国要扩大其在世界范围的影响力，巩固世界霸主地位；第二，2000 年美国政府发布《高等教育国际化的备忘录》，明确了美国要维持世界领袖的目标，通过全球化培养亲美社会精英，这是基于彼时世界范围内新的经济政治体的崛起制定的目标；第三，2001 年“9 • 11”事件给美国带来了重创，出于国家安全考虑，美国加强留学签证审查力度，收紧留学生政策。从这些举措中不难看到，每一项高等教育国际化政策出台的背后，都带有美国政治利益的博弈和考量。

2. 经济因素

经济利益的驱动也是影响传统教育强国大力发展国际教育的重要动因。教育国际化是国民经济的新增长点，潜在的广阔的教育市场使越来越多的国家意识到教育的附加价值所在，即教育作为第三产业中重要的组成部分，不仅是一种公共服务资源，同时也具有创造商业价值的可能。且与其他产业不同，教育经济的风险更低，在国际经济纷繁复杂的变化中受影响较小。

在欧洲，英国最早看到了高等教育的经济价值，积极开辟海外教育市场，利用自己的教育资源优势推动教育的出口，主动“走出去”。如前文所述，它通过英国文化协会在全球范围推广教育项目，将教育作为产业来经营，是最早向留学生明确收费的欧洲国家。教育国际化为英国带来了巨大的经济利益。相

---

① 郝平．推进教育对外开放 提高教育国际化水平[J]．行政管理改革，2011（4）：40-43．

关数据显示，2004 年，仅学生流动就给英国带来了 400 亿美元的收入。无独有偶，同一年美国的国际学生也为美国经济创造了 110 亿美元的收入。2010 年，时任中国教育部副部长的郝平在报告中给出这样一组数据：澳大利亚的教育服务贸易收入每年达 140 亿澳元，加拿大 2008 年仅留学生的留学费用就达到了 65 亿加元，留学生在加拿大的其他开支还为政府创造了近 3 亿加元的税收。

3. 人才因素

占领学术高地、抢占人才资源也是一些国家制定教育国际化政策时考虑的重要因素。一些发达国家将推行高等教育国际化作为培养和吸引世界优秀人力资源的重要手段。相对而言，发展中国家往往希望通过导向性的教育国际化政策引入优质的教育资源，提升办学水平，提高国家整体的经济实力。比如，马来西亚是教育国际化走在前列的国家之一，该国具有多元化的文化背景，是各种语言、文化充分融合的地区，在教育领域较为开放包容。马来西亚政府允许并鼓励本国院校与国外大学采用联合培养模式，合作办学，学分、学位互认，实行“2+1”或“3+0”中外合作办学模式，学生既能够享受到国际化的优质教育资源，又可以在国内完成国外大学学业并拿到学位。此外，1994 年马来西亚政府还通过法令允许外国大学在本国办分校。[①]

4. 文化因素

全球化的发展同时也加深了各国在意识形态、文化理解上的交流和碰撞，特别是一些文化强国，将文化作为“软实力”作为国家价值观输出，成为扩大世界影响的重要手段。教育国际化有助于加速各国文化的渗透和整合，促进国际理解，增进民族间的理解和宽容。英国文化协会、西班牙的塞万提斯学院，以及中国的孔子学院等都具有文化传播的重要功能。以塞万提斯学院为例，它是西班牙在 1991 年创办的非营利性官方机构，得名于西班牙名著《堂·吉诃德》的作者塞万提斯。目前它在 30 多个非西语国家设有机构，通过专业课程、音乐表演、文学交流、展览等多种形式推广西班牙和拉丁美洲的文化，旨在推动全世界的西班牙语教学，传播西班牙语文化。教育国际化一定程度上加快了文化传播和交流的步伐，在碰撞中促进相互理解，加强文化的交流和融合，对

① 斯科特．高等教育全球化：理论与政策[M]．周倩，高耀丽，译．北京：北京大学出版社，2009.

于经济、政治等活动都产生了积极的影响。

三、“一带一路”倡议带来新变化

“一带一路”倡议的提出，为我国教育走向国际化尤其是“一带一路”化创造了新的环境和条件，对我国教育发展产生了根本性的影响，带来了与时俱进的新变化，使我国继续教育在国际办学的接轨合作方面，以及上升到国家战略的文化输出上，均有了很大的提升空间。

1. 实施主体多元化

20 世纪 70 年代以前，由于教育国际化主要受政治、外交或国防政策的影响，国家或政府实际上成为实施教育国际化的主体。20 世纪 80 年代以后，经济全球化的发展为包括继续教育在内的教育国际化带来了巨大的发展契机，许多高校及社会机构在继续教育方面积极拓展交流与合作的渠道，建立多元化的国际合作项目，扩大国际学生流动规模，继续教育国际化的主体逐渐由政府转变为学校。比如，华东师范大学以“开阔国际视野，引进优质资源，拓展合作领域，提升合作层次，增强交流能力，扩大国际影响”作为基本工作思路，近年来采取“请进来、走出去”的方略，与国外政府、协会、院校开展大量国际性交流与合作。随着区域一体化的进程不断加快，以区域性联盟为单位开展的政治磋商、市场融合、文化交流、人才流动以及地区认同感不断强化和提升，区域教育整合也开始在教育国际化中扮演越来越重要的角色。区域教育国际化的内涵在于：在经济全球化的前提下，从国际和国内两个维度出发，优化配置区域教育资源和要素，扩大教育国际交流与合作，为区域经济、科技和文化的发展提供高素质人才。其中，欧盟在教育区域整合方面的工作开展得最早，成果也最为显著。从 1987 年欧共体退出“伊拉斯谟计划”（Erasmus Program）到 1999 年欧盟的“博洛尼亚宣言”（Bologna Declaration），即“创建欧洲高等教育区域的宣言”，共吸引了 40 多个国家加入欧洲高等教育区。2004 年的“伊拉斯谟斯计划”（Erasmus Mundus）不仅努力推动本区域成员国之间师生和学术人员的流动，还强调质量保证和文凭互认的重要性，致力于加强欧盟与北美、亚太地区第三国教育领域的交流与合作，提高了欧盟国家教育的质量和竞争力，在教育国际化方面取得了显著成就。①区域教育一体化不仅在内部推动了各成员国之间大学的交流，在外部即区域间的层次更为丰富、结构更为复杂的跨区域教育交流也在蓬勃发展。其他区域教育一体化还有 1995 年 11 月，东盟各国签署“东盟大学联盟”宪章及协议，正式成立“东盟大学联盟”（ASEAN University Network，AUN），该联盟总体目标是，通过促进东盟各国优先发展领域交流学习与合作研究，促进地区人力资源开发。

2. 交流内容与合作模式多样化

早期的教育国际化由于信息技术不发达，在形式和内容上比较单一，主要表现为不同国家或地区间的人员流动，留学生教育则是其主要手段。随着信息时代的到来，教育国际化的内容不仅表现为师生和学术人员的国际性流动，而且表现为跨国分校与国际化课程体系的建立、教育法规的健全与完善、信息资料及教学设备等资源的共享、区域性和全球性写作组织的建立、跨国大学网及跨国虚拟传递等。在形式方面，主要表现为国际学术研讨会、人才交流与培养、合作研究项目、成立联合学院或系、联合实验室等。近年来，该领域密切关注的一个热点主体就是公私合作模式，这种模式鼓励和引导非公单位的资源（包括技术、资金和管理理念等）投入到教育领域。比如，公立教育机构与民营机构进行公私合作办学，政府在战略、政策和经费等方面进行积极引导与扶持。就我国而言，近年来出现了中外合作办学的新型办学模式，不少高校和教育机构与国外教育机构合作设立了中外合作办学机构与项目，涵盖各个办学层次，通过“不出国门留学”的宣传，呈现出快速发展态势。借此，发达国家解决其学额过剩、经费不足、资源短缺等问题，同时宣扬其教育制度、文化和价值观；发展中国家则认为这是借鉴发达国家先进经验和模式促进本国教育国际化的捷径，既可节省学生出国留学成本，又可减少西方文化和价值观对学生的影响。

3. 办学越来越追求质量

2018 年 8 月 27 日，习近平总书记在推进“一带一路”倡议工作 5 周年座谈会上的重要讲话中指出：“推动共建‘一带一路’向高质量发展转变，这是

① 朱敏．对推进我国研究型大学国际化的思考与实践[J]．高等工程教育研究，2014（1）：86-91．

下一阶段推进共建‘一带一路’工作的基本要求。”“一带一路”倡议是进一步提高我国对外开放水平的重大战略构想，也为进一步推进我国教育国际化，深化教育领域综合改革、提高教育质量提供了重大战略机遇。“一带一路”倡议的深层推进，人才是关键，质量是标杆。当前，我国急需培养一批精通相关外语、熟悉国际规则、具有国际视野，善于在全球化竞争中把握机遇和争取主动的国际化人才。因此，推进“一带一路”倡议实施，必须坚持质量优先战略。高等院校要结合自身办学特色和学科学术资源优势，突出办学质量，深度参与“一带一路”倡议，制订高质量国际化人才计划，加快推进“一带一路”沿线国家和地区来华留学生教育，加快为中资企业提供推进“一带一路”倡议所需要的高质量教育。在“一带一路”倡议向高质量发展的转变下，高等院校要解决“一带一路”建设人才培养结构偏异和质量不充分的问题，围绕“一带一路”沿线国家和地区发展急需的学科专业开展来华留学生教育，健全完备的教育质量管理和监控体系，强化规范管理力度，以质量促发展，更好地服务“一带一路”。

四、继续教育国际化主体

在“一带一路”视域下，随着国际化程度的日益增强，继续教育国际化除了涉及各国自身在国际化领域开展的活动外，同时涉及国与国之间的交流、合作与竞争。因而，就国际范围来看，继续教育国际化的主体包括两个方面：一是国家政府，二是超国家政府组织。而其在国际化进程中发挥的作用各有偏重。国家政府借助制度力量，通过直接制定政策，采取行政手段来推动继续教育国际化的深入；超国家政府组织则通过发挥其在区域合作和交流中的优势，促进政府间的对话与协商，发挥非政府组织的力量，从而推动国际化准则的确立。

1. 国家政府

教育附加价值不仅体现在产业化发展带来的经济价值，也体现在对社会进步、政治安全的重要意义。国际化为继续教育发展所提供的新的动力和空间，在很多国家已超越教育政策层面，而被上升到影响经济利益、国家安全的战略高度。继续教育国际化政策旨在解决继续教育国际化领域出现的问题，规范继续教育国际化行为，体现一国在国际化过程中的价值倾向和利益需求，同时需要借助国家政府的权威，保证政策自上而下地贯彻执行，政策的约束力和导向性才能得以实现。国家政府在继续教育国际化政策体系中占据主导地位，主要体现在如下几方面。

（1）战略定位。许多国家将教育国际化视为经济社会发展新的增长点，并上升为关系国计民生的重要战略。美国是世界上教育国际化程度最高的国家，早期联邦政府规定，“制定稳定且有效的政策来发展全球性的研究和学习，使人意识到提高美国国际化能力和培养未来世界领导人的必要性”。[①]《美国 2000 年教育目标法》中提出了明确的培养目标：“要通过国际交流，努力提高学生的‘全球意识’‘国际化观念’。”[②]同年发布的《高等教育国际化的备忘录》强调国际化战略对美国的重要意义，实现“继续在全球经济中进行成功的竞争以及维持我们作为世界领袖的作用”。2012 年 11 月，联邦教育提出历史上第一个国际教育战略，要“加强美国教育”，“推进国际优先重点”。同为教育强国的英国，21 世纪以来出台了《首相国际教育战略》，将国际化教育发展提升到国家战略的高度，之后制订并实施了《首相国际教育五年计划》，将国际教育发展目标精确化，使英国继续成为“国际教育市场领袖”。

（2）法律保障。美国也是通过联邦政府法律和国会拨款资助教育国际化最早的国家。美国早期的《国际教育法》将外语教学和地区研究纳入国家安全政策，为大学开展国际问题研究提供直接资助。《国际教育法》旨在增强美国进行国际教育合作的能力，强调政府在实施与管理国际教育中的责任。除了从宏观上为教育国际化发展提供政策支持外，各国还通过立法规范高等教育国际化的行为，确保教育服务水平，规避国际交流合作的风险。2000 年澳大利亚通过了《海外学生教育服务法》等政策法规，为外国留学生的在澳学习提供全方位的服务与保障，一度被称为世界上“最严格的消费者保障机制”。[③]

（3）资金支持。人员流动、学术科研交流是继续教育国际化的主要活动内容，在推动本国教育国际化的进程中，很多国家都推出了资助项目以鼓励国际交流与合作。最著名的是 1946 年成立的“福布莱特计划”，它是美国政府资助的国际教育交流计划，旨在通过教育、人员交流、知识和技术交换来增进国际

① 胡东成，张良平，姚崇兰，贺克斌．大力加强国际化教育，提高学生参与国际竞争的能力[J]．清华大学教育研究，2001（3）：68-71.

② 刘军明．发达国家高等教育国际化政策的发展[D]．上海：复旦大学，2008.

③ 周南照．教育国际化的若干国家政策比较和世界态势反思[J]．世界教育信息，2013（2）：3-18.

理解，它为学生、学者及专业人士提供在海外学习交流的资金，迄今已有超过29.4万的学者、教育者、研究生和专业人士参与该项目。

（4）质量监控。质量监控是政府对教育国际化“软件”管理调控的关键手段。英国的教育国际化较早，配套相对完备，国际化内容涉及留学生教育、境外办学等，因此成了国际化教育的精品象征。澳大利亚也是留学生“进口”的主要目的国，其国际教育作为一种品牌为全球所认可，是源于澳政府对教育服务质量一贯的严格管控。澳大利亚非常重视教育市场的规范化，2003年通过颁布《高等教育支持法案》，从法律层面上确立了完备的教育服务质量保障体制，具体包括澳大利亚学历资格框架、澳大利亚质量保障署、毕业生就业调查、课程评估表。①

（5）优惠政策。在美国、英国、澳大利亚等国，教育已成为一种服务产业，为国家发展提供着新的增长点。为加大吸引留学生力度，各国在移民签证、就业机会、奖学金、保险等多方面实施了优惠政策。欧洲多国都在海外增设签证申请中心，简化签证手续。英国更是通过英国文化协会，在100多个国家推广教育资源，促进文化交流，以此推广英国教育项目，吸引海外学生到英国学习。此外，面向留学生的奖学金政策也是各国用于吸引留学生的常见手段，以政府奖学金、学术团体奖学金、高校奖学金等形式为主。各国也通过其他方式吸引海外人才，比如英国的“海外研究生奖励计划”、美国的“美国竞争力计划”，都提出要为海外优秀人才创造良好环境，提供多项优惠条件。

2. 超国家政府组织

在教育国际化发展过程中，除国家政府对本国国际化活动做出的具体规定外，政府之间或超国家政府组织也通过促成对话协商，参与到推动教育国际化的进程中。20世纪90年代以来，联合国教科文组织（UNESCO）、经济合作与发展组织（OECD）、欧盟（EU）等超国家政府组织相继颁布了一系列的政策及准则，以规范和指导各成员国之间的高等教育国际化交流活动。1997年，联合国教科文组织与欧洲委员会（COE）联合颁布了《里斯本公约》（即《欧洲地区高等教育资格承认公约》）。2001年，联合国教科文组织和欧洲委员会制定了《关于提供优秀跨国教育的实施准则》。2005年，联合国教科文组织和

① 李盛兵．跨国高等教育人才培养模式研究[M]．北京：人民教育出版社，2010．

经济合作与发展组织联合颁布了《保障跨境高等教育办学质量的指导方针》。2006年，联合国教科文组织和亚太地区质量保障网络组织共同制定了《关于规范跨境高等教育质量保障的信息包》。[①]对高等教育国际化影响重大的国际教育政策还有《联合国教科文组织高等教育学历学位互认协定框架》，囊括了《拉丁美洲和加勒比地区公约》（1975年）、《阿拉伯国家地区公约》（1978年）、《欧洲地区公约》（1979年）、《非洲地区公约》（1981年）、《亚洲和太平洋地区公约》（1983年）以及《地中海国际公约》（1976年）、《关于评定外国资格的标准和程序的建议》等。

除了公约准则的颁布外，超国家政府组织还通过推进国际交流项目来推动教育的跨境流动，如欧盟自1987年开始实施“伊拉斯谟斯计划”，通过大规模资助的方式，鼓励教师和学生在不同学校间进行跨国流动，1994年在此基础上提出了一揽子教育行动计划“苏格拉底计划”。受欧盟“伊拉斯谟斯计划”影响，为促进亚太地区的留学交流，亚洲太平洋合作组织于1993年创立了“亚太大学交流机构”，[②]大大减少了亚太地区教师与学生流动中的障碍，加速了亚太各国国际化教育发展的步伐。

第三节　继续教育民族化

教育作为传承民族文化的重要载体，深深扎根于民族文化的沃土之中，承担着传承、弘扬民族文化的重要使命，具有非常鲜明的民族性。特别是一些第三世界发展中国家，在经历了全盘西化、生搬硬抄西方教育体系和模式后，陷入教育发展僵化、雷同和停滞的泥潭。这些国家纷纷开始认识到，本国民族特性的体现、民族文化的发展和民族人才的培养，都离不开教育民族化，也由此强调要把教育民族化作为教育改革的重要指导思想之一。此后，各国也开始正式推动教育民族化的发展，希望借此来重塑本国教育的“个性”。

然而，对于发展中国家而言，在短时间内迅速实现教育现代化的需求更为急迫。发展中国家如果过分强调继续教育的民族化或特色化，或者有意无意地以民族化来拒绝和抵制国际化，就不可能在根本上提高继续教育现代化发展的

---

① 张民选，李亚东．中外合作办学认证体系的构建与运作[M]．北京：高等教育出版社，2010．

② 张进清．跨境高等教育研究[D]．重庆：西南大学，2012．

水平，而且还会重复发达国家之前走过的弯路。

而这样的民族化，大多都只是在一个较低的水平上徘徊，它将使本国的继续教育游离于世界教育现代化体系中心，最终跟发达国家的继续教育差距越来越大。因此现代化体系中的继续教育民族化，只有建立在继续教育国际化的基石之上才有意义，才能成为真正意义上的民族化。当今世界上有些第三世界国家，经常为高端优秀人才流失而苦恼，国内的继续教育现代化进程日趋缓慢。造成这种状况的原因固然很多，但民族凝聚力差是其中一个重要的原因。民族意识淡薄、民族向心力减弱的原因之一，在于这些国家在继续教育现代化的发展道路上只是简单引入发达国家和地区的理论和方法而未进行有效的消化、吸收，缺乏教育民族化的过程。这是我国在“一带一路”视域下发展继续教育的过程中值得注意和警惕的。

在任何历史时期，教育的制度、理论和实践措施都需要深深地植根于本民族的文化热土之中，所以即使是在借鉴、移植他国的科技文化和高等教育模式之际，也需要进行仔细的鉴别、选择和改造。国际化打破了民族的藩篱，把各民族的教育、文明都卷入交流、融合的时代大潮之中，势必会引发民族文化的认同危机。而认同危机的出现必然要求重组民族文化，对本民族的固有文化价值进行重新审视、研判后再决定去留。所以，我们以民族的根本利益为出发点，在对固有文化的再思考中发现其中那些可以经受时间考验，值得后世传承的部分，从而完成民族文化价值的重组，在国际化与民族化的比较中找到一个动态平衡点。

一、促进继续教育国际化与民族化协调发展的辩证关系

继续教育国际化和民族化存在既相互对立又相互依存的辩证关系，发展中国家如果不能处理好继续教育国际化和民族化协调发展的问题，就会导致继续教育产生很多问题。如何正确认识和处理好两者的关系，让两者相互促进、和谐发展，是我们亟待解决的重要问题。

首先，如果不能很好地处理两者的关系，就会导致发展中国家优秀人才大量外流。究其原因，在于发展中国家的优秀人才在接受了国际化继续教育之后，往往感到本国的发展状况和发达国家存在差距；本国适合自身事业发展的成长空间极为有限，同发达国家有很大差距；同时，受教育者在接受国际化继续教

育的过程中也会产生一定程度的对本民族文化的不适应性。这些都会造成发展中国家已经培养好的优秀人才流向发达国家。

联合国教科文组织的统计数字显示，早在2006年，中国就已经成为世界上出国留学生人数最多的国家，全世界几乎每7个外国留学生中就有1个中国学生。根据教育部统计，2014年度我国出国留学人员总数为45.98万人，其中国家公派2.13万人，单位公派1.55万人，自费留学生42.30万人。2014年度各类留学归国人员总数为36.48万人，其中国家公派1.61万人，单位公派1.26万人，自费留学33.61万人。

所以，我们在重视发展继续教育国际化的同时，还要注意做好人才的回流工作。为了防止第三世界国家在教育国际化的过程中表现出优秀人才流失、民族文化丧失等弊端，我国必须加大民族教育事业投入和建设的力度，在培养本土化优秀人才的同时，采取引进发达国家专家、同发达国家学校合作办学、共同开展合作研究、促进人员互访、开展短期培训和交流等形式，来发展国际化教育事业。教育发达国家也应尽量提供优质教育资源，为发展中国家的优秀人才提供国际化教育机会，并支持这些优秀的发展中国家的人才学成后回到母国。

其次，过分强调继续教育国际化还会导致发展中国家的民族文化传承割裂，最终导致这些国家丧失本民族传统文化。对此，我国一定要在继续教育国际化过程中保持文化的独立性，始终坚持中国特色、中华民族特色，防止继续教育出现失衡甚至全盘西化的情况。

在这个问题上，香港中文大学的成功经验非常值得内地高校学习。香港中文大学创立于1963年10月17日，打破了英帝国一地只有一所高等学府的规定。香港中文大学的创立成功地推动了香港知识界为争取中文享有官方语言地位的"中文运动"，最终迫使当时的港英政府承认中文享有与英语同样的合法语言的地位。香港中文大学在创校之初就把促进中西学术文化传统的交流与融合确定为办校的宗旨，要求每一个中文大学的学生都必须在精通西方科学知识的同时，还深入地了解中国传统文化。通晓中英两种语言是香港中文大学学生了解世界不可缺少的工具。在香港中文大学短短几十年的发展历程中，每一任校长都秉持发展对外学术交流、促进中西文化汇聚的办学宗旨。经过几十年的发展，香港中文大学已经从一所港岛不起眼的大学，走向了世界教育舞台，每年都吸引着大量的国际学生入校学习。

最后，继续教育国际化还会加速发达国家文化扩张和入侵，从而破坏全球民族文化的多样性，进而引发发展中国家本土文化、民族文化的反抗。以上这些负面影响在网络化社会情况下还会加剧。在 2005 年 10 月第 33 届联合国教科文组织大会通过的《保护和促进文化表现形式多样性公约》中，“文化多样性”被定义为各群体和社会借以表现其文化的多种不同形式。文化多样性不仅体现在人类文化遗产通过丰富多彩的文化表现形式来表达、弘扬和传承，也体现在借助各种方式和技术进行的艺术创造、生产、传播、销售和消费。文化多样性是人类社会的基本特征，也是人类文明进步的重要动力。所以我们在实施继续教育国际化的过程中应强调文化的多样性原则，而不能将西方强势文化强加于其他国家、其他民族，或使其泛世界化。在跨国的教育、学术交流中，也应当尽力保持教育交流的双向对等与平衡，不应该生搬硬套发达国家的经验，只有这样才能让受教育者成为既熟悉本民族文化，又了解西方文化，具有较强的文化吸纳能力的人才。

“一带一路”视域下，我们发展本国继续教育，既要真诚地吸纳世界各国优秀文化、优秀教育理念，广泛吸收各国优秀文明成果，使之在中国传播，又要更加主动推动中华文化走出国门，迈向世界，提升中华文化的国际影响力。简单移植、照抄国外办学模式，不但不能使本国继续教育得到健康发展，还会对自己的民族教育产生破坏性影响。所以一个国家必须从本国、本民族的教育基础、文化背景、民族传统出发，对传统文化教育和外来文化教育进行融合，去粗取精，去伪存真，才能发展出具有民族特色和国际意识的现代化继续教育，最终推动继续教育国际“文化多样性”的发展。

二、创建有民族特色的国际化继续教育的办学模式和理念

“一带一路”视域下，我国继续教育如何既顺应国际化趋势，又走中国特色的民族化道路呢？我们认为应该采用如下的办学模式和教育理念。

1. 牢固树立国际化的继续教育理念

培养具有国际化教育背景的复合型人才，定期选派优秀学者和有潜力的青

年教师到国外知名高校和研究机构研修，进行国际合作研究；此外，还应在国际范围内招聘既了解中国国情又兼具国际化教育背景和全球视野的教育管理人才和教学科研人才。围绕国家发展战略目标，从2008年开始，我国开始有计划地引进2000名左右优秀高端人才，并重点扶持一批能够带动科技进步和高新产业发展的知名科学家和学科带头人才来中国兴办创新产业，即国家"千人计划"。同时，各地也结合本地区经济社会发展水平和产业结构特点，有针对性地引进一批国外优秀人才，即地方"百人计划"。

2. 全面改革继续教育学科设置

从我国现阶段国情和国家需要出发，增设一些与"一带一路"相关的课程与专业，减少一部分已经落后于时代的课程，培养当代学生的"一带一路"视野，增强他们对"一带一路"沿线情况、民族文化等方面的了解，从而丰富学生的"一带一路"知识。国内各大高校近年来也不断在继承中华民族优秀教育传统的基础上，借鉴国外先进的办学理念，不断推陈出新，探索新时期的高等教育办学模式。

3. 加强国家间的教育合作

促进国际学生、交流学者的互派，加强国际合作办学和学术交流，支持学分互认等，鼓励学者多多参与国际合作研究，及时掌握最新的高等教育发展动态，使我国继续教育紧跟国际发展潮流；推进高水平大学建设，增强为建设创新型国家服务的能力；此外，各继续教育院校、机构也可以建立起多种类的人才国际化教育和培养计划，加大与"一带一路"沿线国家的交流与合作培养人才的力度。

4. 完善继续教育国际化制度

建立人员交流和国际合作规章制度，完善教学、科研领域进行国际交流与合作的制度和派遣与接收国际学生的制度，使之适合外国访问学者和留学生的要求，发挥相应的作用。各高等院校都需要建立负责国际化教育与合作的专门机构，为高等教育国际化的实现创造客观条件，提供交流通道，推进各项国际教育活动标准化、系统化。

5. 建立国际人才吸引和本国人才回流机制

正如前文已经谈到的，发展中国家会在现代高等教育国际化初级阶段产生人才流失现象，也没有足够的吸引力吸纳国际高端人才。因此，我国应通过建立国际人才吸引和本国人才回流机制留住人才。

三、打造“人才回流”和“人才环流”的接纳国

近年来，各国不断提升自身软环境和配套扶持措施，越来越多在发达国家工作的高精尖外来移民人才开始回母国工作，欧美等发达国家开始受到“逆向人才流失”的困扰。目前，我国教育国际化已经跨越了初级阶段，教育的硬件足以吸纳国际高端人才以及流失的本国优秀人才，中国已成为世界上最主要的“人才回流”和“人才环流”的接纳国。对于如何营造更好的“软件条件”，笔者认为需要做到以下几点。

1. 改变观念，重视人才

要想控制人才流失，在国际化的竞争中脱颖而出，就必须树立重视人才的观念。只有尊重知识、尊重人才，才能合理使用人才，从而最大限度地发挥人才的价值，否则即使得到了人才，最终也会流失。

2. 出台支持政策，鼓励本国优秀人才学成回国

从历史的经验看，只有为归国人员提供优质的教育、科研的硬件条件，才会吸引流失到发达国家的人才回归。

3. 为归国人才打造良好的教育、科研环境

高等院校要推进各种人才评价制度改革，建立起合理的人才鼓励制度，只有这样，才能吸引国际高端人才，推动国内的高等教育国际化进程。

4. 完善国内的教育制度是解决人才流失、吸纳优秀人才的一个重要举措

只有完善高等教育制度，营造一个良好的人才培养环境，才能从源头上防

止人才外流，让流失的人才回流。尽管归国留学人数与出国人数同时保持了较高的增长率，但与我国对高层次人才的需求相比，获得博士学位又有相应研究或工作经历的高层次人才的回流率还是远远不够。调查资料显示，吸引人才回流的工作依旧任重道远。

在这一问题上，香港科技大学吸引“国际优秀人才环流”的成功经验值得内地高校借鉴。香港科技大学是一所高度国际化的研究型大学，由理、工、工商管理及人文社会科学四所学院组成，为世界百强大学之一。香港科技大学在建校之初，就将自己定位为一所“在国际上具有深远影响，而又致力为本地服务的优秀学府”。要想建设一所一流大学，优秀教师是非常重要的。香港科技大学之所以能够达到国际高水平，靠的就是优秀的教授。学校始终遵循“延聘一流人才，并使他们快乐工作”的信条，所聘教授都是非常出色的。这些高水平的学者型教授凭借多年积累起来的显赫声望和丰富经验，使香港科技大学在起步时就取得了国际同行公认的学术地位，也弥补了建校历史的短暂和文化积累的不足。

香港科技大学利用所聘任教授的关系网络，迅速建立起强大的国际关系网络，在建校后不久就迅速与欧美最优秀的前 50 所大学建立了非常密切的关系。在聘请到优秀国际人才后，还坚持既以人为本又严格规范的师资管理制度，使学校拥有了一支具有国际化高水准的教师队伍，极大地提升了学校的国际竞争力，这是值得内地高校借鉴的一条成功经验。

第八章 “一带一路”视域下我国继续教育宏观考量

教育是沟通世界的桥梁，也承担着构建世界秩序的重任。“一带一路”倡议需要教育发挥特殊作用，尤其是在人文沟通、人才培养、科技合作等方面，都应该为世界新秩序的建设做出贡献。推进“一带一路”的发展是目前教育工作的要务之一，继续教育与国家经济发展紧密相连，在“一带一路”建设中发挥着重要的作用。在“一带一路”倡议带动下，我国继续教育会面临哪些机遇和挑战？我们认为，“一带一路”倡议不仅是中国国家利益迈向全球的强国梦的展现，也是我国继续教育破茧腾飞迈向国际化的新机遇。继续教育应当汲取国外先进教学经验，加强政府和民间合作，增强教育和产业相互合作，树立国际化发展目标，全面提高服务能力，加强合作交流和教育交流，为“一带一路”建设做出应有贡献。

但是，目前我国继续教育还不能更好地面对国际化对人才的需求。究其原因，主要在于教育国际化长期停滞在依附大国的浅层面：一是培养目标狭隘，培养的人才主要在国内就业创业，对外开拓性人才严重匮乏；二是教育交流主要是向国外输送生源，教育输出的中国文化是碎片化的，人力资源和创新技术的输出极其有限；三是课程改革看重的是西方发达国家的基础教育课程标准，与高等教育、职业教育等课程改革互不相关，严重缺乏对国际化课程体系的深度了解，教学质量更未达到国际化水准。在“一带一路”建设急需大量对外开拓性人才之际，不论高等教育还是职业技术教育，都感到人才乏力、技术创新乏力，这也需要我们以更广的视域、更高的站位和更深的谋略来谋划和考量我国继续教育的发展。

第一节 营造优良的国际环境

一、营造优良国际环境的重要意义

西方教育强国，无一不具备灵活开放的外交战略思维，在国际舞台上一呼百应、游刃有余。它们通过一系列国际性或区域性的交流活动、合作条约和联盟协定等，与其他国家在各个领域保持着频繁的交流与合作。比如，北约组织的成立，使得以美国为首的欧、美、大洋洲的众多国家在政治、军事、科技领域结为同盟，进而扩大其在经济、文化、教育领域的合作与交流。而欧盟这一集政治实体和经济实体于一身，在世界上具有巨大影响力的区城一体化组织，使得欧洲众多成员国在政治、经济、军事、科技、文化、教育等方面的交流与合作更加紧密和全面。在全球化日益深入的今天，能否营造一个优良的国际环境就成为一国教育能否真正"走出去"的关键所在，我国务必要高度重视。

历史的经验告诉我们：弱国无外交，强国要先强教育，而教育的发展离不开稳定的外部环境，闭门造车的教育绝无前途，我国延续了两千多年的封建教育体制便因此而走向衰落。近代中国教育发展的几次"夭折"，都与当时孱弱的外交、恶劣的国际环境密不可分。如今，我们已深刻认识到，和平、友善、开放的国际环境是一个国家开展国际教育的基础。在加强自身教育建设的同时，与他国建立平等互信的关系也是教育走向国际化不容忽视的问题。只有与国际接轨、与世界保持紧密联系，广泛与他国加强文化交流和教育往来，共享教育资源，互相借鉴与学习，才能提升教育发展的国际化程度，提高本国教育的国际竞争力。

截至 2020 年，我国已经与全世界 180 个国家建交，还与多个国家建立了战略协作伙伴关系、合作伙伴关系、睦邻友好关系等多层级的双边友好关系，加入了世贸组织、上合组织、亚太经合组织等重要国际性和区域性的组织团体。如今，中国是全球 163 个国家的最大贸易伙伴国（美国为 56 个），成为名副其实的全球第一贸易大国，在没有损害其他任何国家利益的情况下使 8 亿人摆脱了贫困。此外，我国还更加积极地参与国际事务，为国际社会承担更多责任，

展示出一个负责任的大国应有的担当。“一带一路”倡议宏伟蓝图的提出，彰显了我国外交战略上的雄心。在世界各地广泛分布的“孔子学院”和“孔子课堂”，也成为我国对外传播中华文化、提升文化软实力的“桥头堡”，在营造有利于文化教育发展的国际环境方面发挥了积极作用。

应该说，这些举措无疑对于我国继续教育进一步走向国际化具有重要意义。然而也应该看到，与英、美两国相比，我国发展条件尚存在一定差距，周边环境依旧面临诸多问题。钓鱼岛争端、南海岛礁问题、台湾问题、中印边境问题以及美国“亚太再平衡”战略等，均对我国外部环境的安全构成严峻挑战，这就对我国的外交战略提出了更高的要求。在未来，我们只有更加灵活务实地运用外交手段，积极参与国际事务，扩大国际影响力，获得更多国家的认可，抵消和克服敌对势力的阻碍，才能真正营造出一个优越的国际环境，不断推动我国继续教育的国际化发展。

二、制定正确的服务策略

1. 必须继续坚持“请进来”和“走出去”相结合的发展策略

“一带一路”的沿线合作伙伴无论先进或落后，都有值得我们学习的地方。与此同时，我们不但需要深入考虑到自身发展需求，更需要帮助沿线国家和地区发展。基于此，在学习借鉴的基础上，我国继续教育必须更加主动、开放、自信地站在全球舞台上展现自身优势。

2. 必须坚持政府和民间合作相结合的发展模式

我们习惯于以政府行政指令为基础，将所有思路转变为现实行动，但对于“一带一路”沿线来说，部分非政府组织在经验技术和人力资源等多方面都具有更独特的优势。基于此，我国继续教育开展过程中必须坚持政府和民间组织合作的基本方式，促进继续教育进一步发展。

3. 必须坚持教育和产业的完美融合

教育和产业的完美融合能极大推动产品发展和技术突破，从而实现产品品牌的推广。因此，在后期发展过程中，应当不断强化企业和继续教育的合作，通过和继续教育深度合作，为企业合作拓展更多的全新领域，继而创造更多的全新方式，最终实现良好氛围的营造。

三、明确未来发展途径

1. 形成国际化的发展眼光

在"一带一路"倡议实施过程中，需要与沿线国家和地区进行区域合作。为此，不但需要准确把握我国继续教育发展的脉络，还需找准适合"一带一路"倡议发展的着力点，从国际秩序重建的角度深入分析，科学嵌入，精准对接，将继续教育发展融入"一带一路"建设中，确保"一带一路"背景下我国继续教育建设战略布局和行动策略的合理性。

2. 促使服务能力的提升

我国继续教育工作的开展必须紧跟"一带一路"新形势和发展方向的变化，强化与相关专业的融合，继而共同建立和拓展与之对应的专业结构。在"一带一路"实际建设过程中，继续教育院校机构还必须对原有的人才培养方案进行深入分析，并根据战略和现实需求深化课程教学改革，对课程体系进行重新构建，努力将"一带一路"倡议背景和实施重点、合作机制、规则标准等多种影响因素渗透到课程体系中去。另外，专业人才的培养应当以继续教育院校为基础，通过跨学校和跨区域的人才培养协作方式，促使不同院校能够根据自身优势和不足，在"一带一路"建设过程中充分融入工程、管理、语言、制造、贸易等专业，通过联合培养项目的开展，培养更多适应于国际化发展需求的人才。

3. 重视质量保障的管理

在人才培养方面，必须有效确保人才培养的基本质量，继而确保"一带一路"倡议目标的实现。我国继续教育在专业和课程、教学、实践以及师资等多个方面只有达到国际认同的标准，才能够实现"一带一路"竞争力的提升。在"一带一路"倡议背景下，只有以国际质量标准强化专业教育质量，才能保证最终的人才教育质量。当前，"一带一路"建设缺少工程和建筑、金融以及管理等方面的专业人才，而这些人才却处在国际认证中最为成熟的领域。参与国

际认证能够使得继续教育院校完全按照相关领域的国际标准进行教育改革，继而实现教学条件的改善，增加教育经费的投入，在确保教师队伍建设和专业化发展的同时，形成科学规范的教学质量管理和监督体系。

4. 强化政府的统筹和后盾作用

由于“一带一路”倡议规模宏大，政府必须在此过程中充分发挥坚强的统筹和后盾作用。为了有效保障“一带一路”背景下我国继续教育的不断发展和进步，必须不断对外强化政策沟通，通过政府之间的宏观政策沟通、双边及多边机制的启动，促使继续教育相关政策和理念得到多方共识；必须通过统一协调的方式，促使继续教育院校承接国家院校项目，借助多方融资的方式为继续教育提供更多的经费保障；政府部门必须更加积极主动地引导我国继续教育和国际通行职业教育标准对接，通过资格认证等方式实现我国继续教育的规范化发展，使得“一带一路”背景下的继续教育能够成为我国企业技术标准体系的重要组成部分，在推动区域人员合理流动和发展的同时，实现整体水准的提升；政府部门还必须积极营造支持继续教育“走出去”的氛围，对于“一带一路”的沿线国家和地区实行政策优待。

第二节　创新继续教育发展理念

鸦片战争的惨痛教训告诉我们：保守、陈旧、封闭、偏狭、抱残守缺的思想观念是阻碍一切事物向前发展的大敌，继续教育发展也如此。只有不断更新落后的思想观念，创新继续教育发展理念，与时俱进，我国继续教育发展才能在国际竞争中立于不败之地。英美两国正是遵循了这一原则，才使本国继续教育国际化取得了今日之成就。

以英国为例。英国教育理念存在两大重要传统——自由教育与科学教育。这两大传统诞生于不同的历史时期，从初期的相互制约、斗争到最终走向融合，英国完成了本国教育领域最重要的“蜕变”。而仔细研究这一“蜕变”过程，便能发掘出许多值得我们深思和借鉴的东西。英国自由教育的传统出现于十二三世纪牛津、剑桥大学的诞生之初，大学主要为培养国家的绅士阶层、神职人员，以及各种层次的教师服务，其教学内容主要是古典学科和经院哲学，因而传授普遍知识，通过教育来发展人的道德和心智，是当时牛津、剑桥教育的显著特征。应该说，当时的大学教育是一种古典自由主义的绅士教育。其倡导者们主张，自由教育所培养的人才，既要有健壮的身体，又要有“德行、智慧、礼仪和学问”。①“绅士要有经过教养的智慧，高雅的情趣，直率、公正、客观的思想，行为举止高贵，注重礼节，具体而言，我们在他的身上可以发现最高度的正直、体谅与包容，他有很好的修养，不容易受轻蔑言辞的冒犯”。②直到19世纪初，英国古典大学推行的都是自由教育，目的不是进行狭隘的专业教育，而是提供全面知识，强调人性的养成，旨在培养具有高尚德行的绅士。这一教育理念在当时世界范围内得到相当程度的认可，为英国教育走向国际化创造了条件。始于18世纪60年代的工业革命使得新的自然科学的学术潮流开始冲击古典主义教育传统，中世纪形成的自由学科、自由教育统治大学的根基开始动摇。这一时期牛津和剑桥的课程改革出现了微弱的世俗化倾向。进入19世纪中期，随着各种自然科学进一步发展并逐渐为社会生活所必需，强调科学知识和重视自然科学教育已成为时代的精神，兴起了一场规模颇大和影响广泛的科学教育运动。③英国资本主义的发展需要大学追求实用之学，为社会经济发展培养人才。在此背景下，剑桥加强了现代课程和科学研究，伦敦大学及一系列城市学院倡导实用科学，高等科技教育开始兴起，大学推广运动逐渐展开，同时女性也开始获得接受高等教育的权利。

值得一提的是，这一时期涌现出了许多积极传播科学思想的人士，他们对科学教育的发展做出了不可磨灭的贡献。培根提出了“知识就是力量”的口号，他是欧洲近代史上第一个挣脱经院哲学的束缚，倡导实验科学的哲学家，被马克思称为“整个现代实验科学的真正始祖”。斯宾塞在《教育论：智育、德育和体育》中提出“什么知识最有价值”，并反复宣称科学知识最有价值。正是这一章使斯宾塞成为英国教育史上最有影响力的科学教育的倡导者之一。20世纪前半期，独立大学运动的兴起进一步推动了高等科技教育的发展。第二次世界大战后，高等科技教育被置于促进国家发展的地位，大学开始与工业界建立

① 洛克．教育漫话[M]．北京：人民教育出版社，1963：76．

② 明远．教育大词典[M]．上海：上海教育出版社，1991．

③ 单中惠．试析十九世纪英国科学教育与古典教育的论战[J]．清华大学教育研究，2000（2）：91-96．

紧密联系。《珀西报告》及《巴洛报告》有力地推动了战后高等科技教育的发展，科学教育理念得到进一步强化。[①]1985年英国教育和科学部颁发的《5～16岁可续教育的政策性报告》，进一步要求重视中小学的科学教育。1989年，英国颁布《国家科学教育课程标准》，将科学与英语、数学一起列为核心学科。科学教育强调科学知识与科学方法的统一，倡导探究式的科学学习。

终身教育（学习）理念认为，人们在整个一生中所需要的知识从学校教育中获得的只是一小部分，大部分知识以及各种能力和技能等，都要在社会实践中通过不断地继续学习才能获得。“一带一路”倡议是人类的大创新，推行包容性创新，超越传统大国博弈，旨在构建人类命运共同体，开创人类新文明。“一带一路”教育不仅要培养学贯中西的人才，更要培养学贯南北的通才；“一带一路”教育不再只倡导“各美其美，美人之美，美美与共，天下大同”，更要共商共建共享，探讨成人之美之道，只有每个人都觉得自己美了，只有每个国家都找到符合自身国情的发展道路，将命运掌握在自己手里，才能成就人类命运共同体的命运与共、美美与共的新时代；“一带一路”教育不仅着力于应用知识，传承文明，还创造人类新文明。

在“一带一路”视域下，全社会要统一思想，提高对继续教育的认识；院校机构要创新理念，改进办继续教育的思路，这些是促进我国继续教育新发展的重要前提和保证。在科学技术高速发展和知识更新加快的新形势下，面对国内外复杂艰巨的任务和不断出现的新情况、新问题，必须进一步加强对发展继续教育重要性的认识，从制度、投入、机构、组织、技术等多方面进行变革与支持，进一步调动全社会发展继续教育的积极性、创造性，建立健全继续教育激励机制和加强相应的制度建设，大力开创我国继续教育更快、更好发展的新局面。

第三节 制定继续教育发展规划

“凡事预则立，不预则废”，这句话强调了规划的重要性。规划，就是个人或组织制订的比较全面长远的发展计划，是对未来整体性、长期性、基本性

① 贺国庆. 外国高等教育史[M]. 北京：人民教育出版社，2006：77.

问题的思考和考量，是设计未来整套行动的方案，也是融合多要素、多人士看法的某一特定领域的发展愿景。发展继续教育，服务“一带一路”，规划是第一道工序，也是发展的龙头，规划质量的高低直接决定了继续教育发展水平的高低。

习近平总书记在“十四五”规划编制工作重要指示中强调：“要开门问策、集思广益，把加强顶层设计和坚持问计于民统一起来。”可见，搞好继续教育的规划和设计不仅是开展继续教育的第一步，也是关键的一步。面向“一带一路”倡议推进继续教育发展，就是要坚持规划引领，把规划作为头等大事来抓。龙头抓住了，继续教育才能纲举目张。

做好继续教育规划，要树立强烈的规划意识和科学的规划理念，继续教育部门要全程参与，当好参谋助手，把好质量关；要明晰规划的内容，从继续教育发展思路、目标、方向和重点出发，充分考虑继续教育发展的基本趋势；要坚持规划的科学性，坚持政府主导、专家编制、社会参与，顺应形势、顺应发展，体现继续教育规划的指导性、特色性、可操作性、系统性和强制性。

与科学制定规划同样重要的是严格执行规划，这样才能把美好图景从纸面落实到地面。继续教育规划是继续教育发展的总纲，根据实际情况的发展变化，规划范围内可以对实施方案进行一些有益的调整，但应确保在执行过程中总纲不被恶意“篡改”和曲解。这就要求建立健全全面覆盖的监督检查机制，动员各方力量，推动信息公开，对不符合规划的项目不组织、不实施，对违反规划的项目坚决叫停并处理，确保城市建设科学合理稳步推进。

比如，为了提高进城农民工技能水平和综合素质，加快农民工融入城市步伐，国家制定了《2003—2010 年全国农民工培训规划》，各地方政府也制定了相应的政策和规章。同样，“一带一路”也属于国家长期战略，从国家层面做出继续教育发展的统筹规划，努力提高相关行业、企业员工素质，对确保“一带一路”倡议的有效实施至关重要，一方面，通过规划明确将员工是否参加继续教育作为个人入职、晋升、晋级以及用人单位获取资金、贷款甚至税收减免的必要条件，保证职工继续教育的时间及其在职学习期间的福利待遇，调动用人单位、个人参加继续教育的主动性、积极性；另一方面，想要办好继续教育，高校、继续教育培训机构的作用不容忽视，毕竟它们才是继续教育的办学主体，它们的办学态度、办学水平、办学质量对继续教育有着重大影响。如上所述，

如果这些培训机构办学方向不明确，办学思想不端正，把继续教育仅仅当作谋利、创收的手段以及交友联谊的场所，那么继续教育人才培养的功能将无从谈起；同时，如果它们办学积极性不高，其服务“一带一路”倡议的目标也将难以实现。因此，在继续教育发展规划中应对继续教育培训机构、组织机构、师资、教材、设备、人才培养目标及发展方向等做出明确规定。同时，应促使有关部门建立起一整套科学合理的继续教育评估考核体系，定期或不定期对继续教育培训机构进行评估检查，确保继续教育的持续健康发展。

第四节　推进继续教育战略转型

随着终身学习教育理念的不断深入，继续教育战略转型在终身教育体系中越来越重要。“一带一路”视域下推进继续教育战略转型，不仅可以完善终身教育体系，而且对继续教育发展、“一带一路”倡议推进都具有重要意义。长期以来，国家相关部门将大部分教育重点放在了义务教育和高等教育上，却忽略了继续教育发展，导致继续教育体系相对薄弱，传统继续教育体系弊端较多，从而阻碍了继续教育的发展，无法将其价值充分发挥出来。我们要围绕促进继续教育发展，以“一带一路”倡议需求为依托，从经济发展与社会经济的长期战略发展角度入手，制定科学的策略，研究和推进我国继续教育的战略转型。

一、继续教育战略转型方向

1. 功能定位转型

长期以来，一提到继续教育，大部分人都会将其与就业、职业资格联系到一起。之所以会出现这样的认识，与继续教育以往的功能定位有直接联系。在企业对人才资源十分注重的今天，提高员工的综合能力和素质就意味着企业发展目标的进一步实现，所以，学历补偿教育自然而然成为继续教育的核心内容。但随着新型教育观的不断深入，继续教育作为一种教育实践，与社会经济发展这一大环境的关系越来越紧密，社会经济发展方式的不断变化也决定着继续教育功能定位的转变。所以，为了满足新时期社会经济发展需求，继续教育功能定位开始由最初的学历补偿教育逐步转变为全民教育，注重人的素质和综合能力的提升。

2. 教育体系转型

我国继续教育发展初期，教育体系的构建往往以继续教育的功能定位为依据。继续教育最初的功能定位是学历补偿，这就决定了继续教育初期与初始教育相脱离的教育体系的发展重点多集中在社区教育和成人教育上，这是与学校初始教育相对的一个概念。改革开放以来，为了满足社会经济发展对人才的需求，国家对整个教育模式进行了改革与完善，不仅扩大教育规模，而且加大了成人教育的推广力度，加速了继续教育的发展，使其形成了一个全新而独立的教育体系。但就继续教育与初始教育之间的联系来看，却仍然有待完善。只有将继续教育与初始教育有效融合，构成统一的教学体系，才能更好地推动继续教育的进一步发展。

3. 管理政策转型

就目前劳动力的市场政策来看，我国继续教育的管理政策大致可分为消极和积极两种类型。消极的市场政策主要体现在失业补偿、失业救助方面，通过物质补偿的渠道为劳动力的生活提供保障；而积极的市场政策则通过系统的教育和培训工作，提高劳动力的综合素质和能力，提升劳动力的就业能力，避免出现个人能力与社会经济发展需求相脱节的现象。这种积极的市场政策就是继续教育的完美展现。近年来，我国继续教育发展已由最初的消极政策逐步转变为积极政策，以期通过教育培训的完美开展提高劳动力的就业能力，引领和促进劳动者的终身学习。

二、继续教育战略转型策略

1. 落实规划，完善继续教育的细化目标

为了进一步促进继续教育的长期发展，有关教育部门结合当前继续教育发展现状制订了一个长远目标，即大力推动继续教育，积极创建各类社会学习型组织，推动社会成员积极参与到继续教育中。从实施角度来看，这一目标的实

现并不是一蹴而就的，需要从国内继续教育发展的现状入手，分析继续教育发展中的现有问题，并制定相应的完善对策，将发展目标进一步细化，同时建立科学、完善的评价体系，定期对继续教育工作发展情况进行分析、总结，不断积累经验，以此来为继续教育的持续发展提供指导，促进继续教育发展目标的顺利实现。

2. 推行以政府为主导的继续教育模式

政府在继续教育发展中所起的作用是不容忽视的。目前，政府部门开始涉足某些社会学习型组织，向其提供资金和物质支持。但是，全民参与的继续教育学习体系涉及的主体较多，单纯依靠政府支持是不够的，需要社会各界的共同努力。所以，政府部门应该在继续教育发展中发挥主导作用，引入社会力量，推动各方积极参与到继续教育中，根据组织机构的实际情况，制订切合实际的学习计划和规划，推进各类继续教育的行业标准建设。只有这样，才能使继续教育发展具有全面性和系统性，才有利于推动继续教育发展目标的顺利实现。

3. 实行循序渐进的分区推进模式

社会经济发展对继续教育所起的推动作用是毋庸置疑的，但是由于不同地区经济发展水平具有一定差异，导致继续教育不能采用统一发展模式，而是要进行分区推进。以贵州省为例。2001 年开始，贵州省教育部门开始大力发展继续教育，将其作为教育体系中的重点内容给予了高度重视，并结合贵州经济发展出台了诸多发展政策，《贵州省专业技术人员继续教育规定》已于 2007 年 10 月 1 日正式实施。目前，贵州继续教育发展已经逐渐步入正轨，为贵州经济社会的发展奠定了坚实的基础。

第九章　“一带一路”视域下我国继续教育发展举措

第一节　加大继续教育投资

继续教育事业的发展，离不开必要的资金投入。这些资金只有得到合理的分配和使用，才能推进继续教育科学健康地发展。继续教育投资，也称继续教育经费、继续教育财政等，是指一个国家或地区根据继续教育事业发展的需要，投入到继续教育中的各种资源的总和。多数国家和地区重视继续教育，而对继续教育的投资则有待进一步加大。“一带一路”沿线多为发展中国家，要发展继续教育需要更多的投资，同时也是一种必要的发展保障。

一、国外继续教育投资现状

1. 宏观的继续教育投资

制度、经济发展程度、社会文化环境不同的国家，在继续教育上的投资也不同。《全球成人学习和教育报告》（*Global Report on Adult Learning and Education*）指出，对于一个高收入国家而言，各级教育的总公共支出的平均值大约是 GDP 的 5%。尽管 4.7%的世界教育支出的平均水平较 1998 年的 4%是一个增长，但它仍然比所建议的国民生产总值的 6%要少。就亚太地区而言，柬埔寨每年投入到继续教育的投入占 GDP 的份额超过 2%；2007 年，吉尔吉斯斯坦投入到继续教育的投入占 GDP 的份额为 16.9%（初等职业教育占 7.6%，常规专业教育占3.4%，高等教育占5.9%）。在欧洲，2008年，芬兰的该项数据为11%，爱尔兰的该项数据为1.96%。在拉丁美洲和加勒比海地区，玻利维亚每年在继续教育上的投入占GDP的3.22%，多米尼加共和国则为2.72%。在撒哈拉以南的非洲地区，2005年佛得角在继续教育上的投入占GDP的8.71%；2007年博茨瓦纳投入GDP的5.3%于继续教育上（2.1%投入非正式教育，4.1%投入职业教育和培训）。2009年，德国和匈牙利继续教育占GDP的份额分别为1.05%和1%。2001年，芬兰用了约0.6%的GDP份额在继续教育上（约占教育支出的9.5%）。而英国和美国在继续教育上的公共支出大约分别占GDP的5.5%和5.3%，这里包括私人额外贡献出的1.3%和2.4%。以上数据表明，大部分国家在继续教育方面的支出占国内生产总值的比例还是很小的。很显然，继续教育对于很多国家而言，仍然处在一个非优先地位。同时，继续教育发展不能仅仅依靠国家政府来支撑，还需要利用一些社会力量，例如企业、社团、私人等来推动继续教育的发展。

2. 微观的继续教育投资

国外继续教育投资主体是多元化的，这也是其继续教育事业发展较快的原因之一。发达国家都很重视继续教育的发展，在国家层面上都给予了经济和政策上的支持，同时也得到了社会各界的支持，私人、企业财团、宗教团体和慈善机构等的捐款，成为各国继续教育资金的重要来源之一。从《全球成人学习和教育报告》中搜集到的信息表明，继续教育的资金来源是多样化的，即投资主体是多样化的。在108个国家提供的资金信息中，只有26个国家（总数的24%）提到了其单一的资金来源。

虽然政府仍然是主要的资金来源（私营部门、民间社会、国际援助机构和个人贡献构成另外的投资主体），但在不同的区域，投资主体的表现也各不相同，在阿拉伯国家、亚洲和欧洲，政府是继续教育资金来源的主要供给者；在撒哈拉以南的大部分非洲地区，国际捐助者构成了最常见的支持继续教育的金融支持者，其次是公民社会，然后是公众部门。该报告也描述了资金来源和项目类型之间的关系。例如，在撒哈拉以南的非洲地区，虽然外国援助或其他捐赠基金可能为公共资助补充资金，但识字教育、成人基础教育和替代学校教育（非正规教育）的资金来源则是公共资助；在阿拉伯国家，为识字教育和继续

教育融资是政府的首要责任，公民社会组织在政府的指导之下动员和支持特定的项目，然而，私营部门的贡献是非常小的。总体来看，所有地区的国家报告都确认现有的供给是不够的。①

二、对我国继续教育投资的启示

中国早在1993年时就提出，要在2000年实现国家财政性教育经费占GDP 4%的目标，但由于我国GDP增长迅速、财政收入占GDP比重较低等多种原因，直到2012年这一目标才得以实现。国家用于教育的经费本来就少，对继续教育的经费投入更是不超过教育经费总额的5%。由此可见，政府对继续教育经费的投入相当少。鉴于继续教育的特殊性和“一带一路”倡议的国际性，“一带一路”视域下，要想解决我国继续教育经费的问题，需要依靠各方面的积极性，面向社会需要，引入市场机制，拓宽投资渠道，改变现有单一投资体系，加快继续教育投资体制和筹资机制改革，在政府把握大方向的前提下促进继续教育投资。

1. 通过税收优惠等财政政策鼓励企业加大对职工培训的投资

岗位培训是继续教育的重要内容。对于在职职工而言，他们迫切希望继续学习，一方面是出于自身发展的需要（如加薪、升职等），另一方面也是社会对劳动者知识和技能不断符合时代发展的硬性要求，因此培训和进修是职工获取知识和提高能力的重要途径。政府可以通过给予优惠的税收政策、培训补贴等办法，激发企业开展职工终身教育的积极性。

2. 学习和借鉴发达国家带薪培训的规定，保障参加培训的各类人员切身的经济利益

虽然法律明文规定企业职工有带薪休假和培训进修的权利，但很少有职工能真正实现这一权利。职工较难实现这项权利的原因有很多，这就需要企业为职工提供一个好的平台，鼓励员工参加培训进修，以提高成人参加继续教育的积极性。

① 张媛媛. 国外成人教育的投资现状及启示[J]. 亚太教育，2015（6）：261-297.

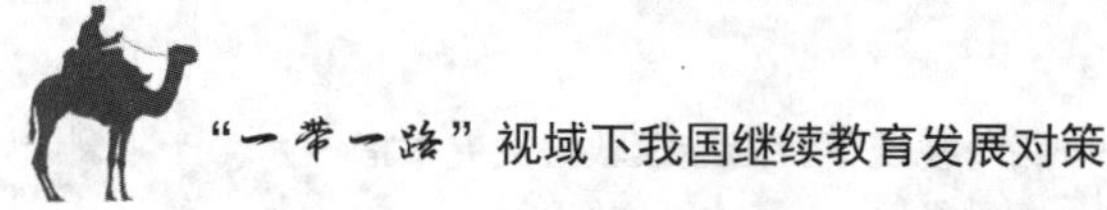

3. 用立法的方式来确保继续教育经费的固定来源

法律的强制力是其得以贯彻和落实的充分条件，因此，制定相关法律成为许多国家筹措继续教育经费的方法。例如，韩国 1980 年就通过《教育税法》，采取多种形式以不同比例向纳税者征收教育税；法国要求企业缴纳“成人职业培训税”和“学徒税”；美国联邦政府的教育经费来源于联邦政府征收的个人所得税和保险税，州政府的教育经费来源于州政府征收的销售税、个人所得税和彩票收入等。

4. 社会各界协力设立继续教育发展基金，专款专用

所谓继续教育基金，是指由社会、企业或政府提供资金设立的，由专门机构进行投资运作，投资收益用于资助继续教育事业的新型基金。在国家教育支出能力有限的情况下，国家应鼓励社会各方力量投资继续教育，从而推动继续教育共同投资体制的建立和完善。

5. 加大对计算机、信息技术的投入

在远程教育、移动学习上投入足够的资金，不仅能够丰富成人终身学习的形式，也能缓解偏远贫困地区成人学习的困难。因此，我们应加大对计算机、网络、信息技术等方面的资金投入，加强远程教育和信息化建设，以技术革新升级推进继续教育的创新发展。

第二节　健全继续教育机制

一、发挥专业培训机构的作用，形成以专业培训机构为主导的培训计划生成机制

国家部委直属培训机构根据时代和事业发展的要求，在充分调研企业和员工培训需求的基础上，围绕推动工作进步、提升个人素质、加强和改进教育培训提出的各种要求，向国家部委机关各部门、单位征求培训需求意见，统一设计培训课程和培训项目，包括培训内容、培训资源和培训方式的需求，合理设

计培训工作的程序安排和运行模式，将国家部委机关各部门、单位对继续教育的组织需求，与专业培训机构通过市场调研获取的企业和员工需求有机融合，生成统一的年度培训项目计划，理顺培训计划各主体、各要素、各环节的内在关系，从而增强项目计划的系统性和针对性，避免项目和内容交叉重复。直属单位培训机构负责一定数量和范围的省级工商企业的培训需求调研、课程设计和项目计划制订工作。

二、健全组织调训和全员培训制度，对骨干人才实行以组织调训为主、以选学为辅的参训机制

1. 完善组织调训制度

国家部委直属培训机构有计划地安排行业正处级以上经营管理人才、中高级专业技术人才、技师以上高技能人才的调训，直属单位安排其他经营管理人才和骨干技术技能人才的调训。不具备调训条件的直属单位应办理委托调训。

2. 落实全员培训制度

在继续加强技术技能人才教育培训的同时，重点加强经营管理人才业务技能培训，整体规划设计培训项目，运用互联网时代的新理念、新思维、新技术、新手段，促进全员培训制度的落实，促使各级各类人才培训的健康协调发展。

3. 推行继续教育培训与专项业务技能培训相结合的参训机制

研究制定继续教育规定，科学设置课程内容，合理确定定期参加轮训的时间和方式，实行专业技术人才继续教育与任期考核相结合、技能人才继续教育与职业资格等级审验相结合的制度，分类别、按层级组织开展继续教育培训。完善培训情况考核、登记、跟踪管理等制度，逐步形成规范有效的职工学习培训考核评价机制，促使行业干部职工培训学习方式常态化、规范化。

三、建立继续教育成本分担机制

教育事业的发展离不开资金的支持，继续教育的许多问题都与经费有关。

我国是发展中的大国，改革开放以来，我国教育经费虽年年增加，但直到2012年，我国财政性教育经费才首次突破4%，达到4.28%，但仍低于世界平均水平。教育是一项公益事业，继续教育利国利民。虽然国家应不断加大对继续教育的投入力度，但以当前我国国情，要国家完全负担起国人的继续教育费用不太现实。

根据《国务院关于大力推进职业教育改革与发展的决定》（国发〔2002〕16 号），企业需要按照职工工资总额的 1.5%～2.5%提取教育培训经费。用人单位应该用好这一政策，确保这笔经费真正用于职工继续教育与培训。根据人力资本理论，教育也是一项投资，通过对教育投资，受教育者可以提高自身的人力资本，从而提高自身的就业竞争力，增加收入水平，因此，个人也是继续教育的受益者，个人负担自己部分继续教育费用也在情理之中。由此，建立起“国家—用人单位—个人”继续教育成本分担模式，用人单位作为职工继续教育的最大受益者，应承担起其中最大份额，这是当前我国继续教育比较现实的选择。此外，建立继续教育发展基金，吸引社会力量广泛参与，也是解决继续教育经费问题的一个办法。

四、健全培训网络格局

1. 探索健全培训网络格局，统筹安排各级各类人才教育培训，大力推行混合式培训学习方式

健全以国家部委、地方部门和企业单位三级教育培训机构为主体，以社会和境外培训机构为补充的脱产教育培训网络；研究制定行业教育培训机构建设标准，对行业各类教育培训机构实行准入监管；整合资源，优化配置，对各级培训机构开展 ISO10015 质量管理体系认证和办学质量考核评估，符合条件的企业培训机构可作为部委直属培训机构办学点，符合条件的社会培训机构可作为企业培训机构办学点；按照“以我为主、为我所用、趋利避害、注重实效”的原则，利用社会和境外优质教育培训资源，改进高端人才培训工作；探索建立培训竞争择优机制，以最大限度地发挥各级培训机构特长和优势。

2. 健全分布式、一体化的远程培训网络

根据企业单位职工人数分布特点，建立应用型网络培训学习云平台；加大

员工参加网上培训的比重，并将各单位组织参加远程培训的情况纳入培训考核范畴，保证行业干部职工网络培训达到国家规定的覆盖率和人均年学时数。

3. 将脱产培训平台与行业网络培训平台有机融合，以“互联网+”促进培训规模发展和培训质量提升

将互联网技术更多更好地应用于行业教育培训，逐步摒弃单一的脱产培训形式和远程培训形式，大力推行混合式培训学习方式；充分发挥办学点和云平台的作用，以混合式培训学习有效支撑全员培训学习，优化行业各级各类人才培训任务的统筹安排，全面提升教育培训质量和资源使用效率。

五、强化基础建设

继续教育基础建设，是指遵循继续教育的特点和规律，以改善办学条件、增强办学质量为基本手段，以提高办学质量和办学效益为目的所进行的建设。随着我国继续教育的发展，从实际出发，合理布局，建立一批软硬件条件合格、适应人才培训需求的继续教育基地，并充分发挥基地作用，对于建立规范化的继续教育制度具有重要的意义。

1. 完善行业教育培训顶层设计，在师资队伍、培训基地等重要基础建设上下功夫

加强专兼职师资队伍建设，在行业推行首席培训师制度。国家部委直属培训机构在师资队伍建设上应做到“名师专职、充足兼职”，行业直属单位培训机构应做到“内训师主导，全行业调配”；探索建立符合行业职工教育培训特点的师资考核评价体系和职称评定、岗位聘任制度，逐步实行首席培训师制度，充分发挥名师的示范引领和带头促进作用；有计划地开展教师进修，定期对行业师资库教师和企业内训师进行轮训；加强师资库建设，完善兼职教师选聘和管理办法，推动领导干部、学术名家、先进典型、优秀基层干部登上讲台；推动行业优秀师资资源共享，探讨并制定全行业统一调配使用的办法。

2. 继续加强职工进修学院自身建设，进一步提升办学能力水平

一是潜心打造“五个平台”，即教育培训网络平台、培训需求信息处理平

台、教育培训课题研究与成果交流平台、教育培训综合管理数据平台、国际合作培训平台；二是完整履行“四项职能”，即职工培训职能、培训支撑与保障职能、培训管理职能、培训智库职能，要继续完善教育培训体系，进一步改进培训运行机制，下大力气抓好教师队伍建设、场地设施建设，进一步规范脱产培训、远程培训管理；三是深化内部改革，即以增强发展动力和创新活力、提升工作效率和培训质量为目标，重点围绕培训框架体系与培训组织形式、内部机构设置与服务行业职能配置等方面进行改革调整。

3. 加强继续教育基地建设

继续教育基地是指能根据继续教育的目的、任务和要求，具备相应办学条件，能组织实施继续教育任务的培训机构或办学实体。从现实来看，继续教育基地可以分为以下几类。

(1)高校继续教育学院。在当代和未来社会，高等教育不再是学习的终点，而将成为继续教育的起点。德国联邦1976年颁布的《高校常规法》中规定，大学有义务积极参与继续教育的活动。我国需要加强对高校的指导，进一步强化对继续教育的认识，提高和加强继续教育在高校的地位，把继续教育纳入高校改革与发展的整体规划中。

(2)独立设置的继续教育学院。此类继续教育学院具有业务集中的专业化优势和快速灵活适应新形势的特点，是从事继续教育的又一支重要力量。从发达国家的实践来看，高校继续教育学院和独立设置的继续教育学院各有优势，应当并存，互为补充，共同发展。

(3)企业内部设立的继续教育机构。发达国家非常重视企业内部的继续教育，企业界普遍认为企业人力资源开发决定企业命运，因此各大企业积极投资办学，纷纷建立自己的技术学院、研究中心、培训中心等。如，日本松下电气公司建有“松下电气商学院”和“松下电气工学院”；美国通用电器公司投入8000万美元建造了一个世界水平的培训中心，对员工进行培训。

(4)社区学院。社区学院教育包括就业培训、升学补习、更换职业教育等，具有居民集中、实施便利的优势，也可以说是社区管理的一种现代方式。作为继续教育的一种形式，它有利于将下岗职工或需要就业的人员组织起来开展有效培训，帮助他们重新择业、选择岗位，提高社区成员的科学文化素质。目前，

社区学院作为学校教育、职业教育、继续教育的综合体，已成为发达国家实施终身教育必不可少的继续教育机构。

六、继续教育管理信息化

信息技术的飞速发展改变着世界传统经济社会的秩序，对于各国继续教育的发展也不例外。现代信息技术特别是计算机网络技术的飞速发展，使我国继续教育模式产生了新变革，信息资源网络化改变了传统教育规模和培养能力严重不足的局面，实现了教育的均衡发展。

信息化是指培养、发展以计算机为主的智能化工具为代表的新生产力，并使之造福于社会的历史过程。管理信息化是指以信息化带动和实现管理现代化的过程，它是将现代信息技术与先进的管理理念相融合，转变工作方式、经营方式、业务流程、传统管理方式和组织方式，重新整合内外部资源，提高效率和效益、增强竞争力的过程。教育信息化是教育现代化的基础。教育信息化是指将现代信息技术，如计算机多媒体技术，网络技术，信息转换、存储等技术，引入到教育领域，实现教育信息资源的合理配置、开发和高效利用。教育信息化的目的是培养跨世纪的创新人才，从而实现教育的现代化。

随着各类教育管理信息技术广泛应用到教学、科研、管理工作中，其对规范工作流程、提升工作效率所发挥的作用得到了社会的广泛认同。现代教育技术的广泛应用对于继续教育转变陈旧的教育思想和观念，促进教学内容、教育方法、教学结构和教学模式的改革，加快教育手段和管理手段的现代化建设具有决定性作用，尤其对于我国继续教育改革，提高继续教育质量和效益，培养真正适应新时代、适应“一带一路”规划要求的创新人才更加具有深远的意义。

继续教育管理信息化建设不仅影响着高校自身的发展，也影响着高校承担的成人学历教育、在职培训等服务社会功能的发挥。当前，与全日制教育相比较，继续教育管理的信息化水平明显滞后。为此，大力推进继续教育管理信息化发展已迫在眉睫。

1. 加强继续教育院校网络系统建设

在信息技术发展的推动下，以多媒体教室、多功能电教室、校园计算机网和互联网为代表的现代化教学环境，对深化继续教育教学改革、推进教育信息化进程起到了十分积极的作用。网络资源建设具有独特的作用，它使教育资源共享变为现实，为学习者提供个性化的学习条件，有助于实现交互式学习，有利于促进教育社会化和学习社会化。

为满足教育现代化与教育信息化的需要，继续教育院校必须创建自己的校园网，充分利用网络功能，大力开发网络资源。教育网络是 21 世纪教育普遍采用的最基本的教学手段。教学网络系统的创建，不仅能极大地丰富学习者的文化科学知识，也有利于学习者获取众多的教学资源。继续教育院校教育对象的成人化特点要求，应实现以学习者为中心的学习，学生要主动、积极地学习，营造开发式学习环境，推广个别化学习模式，更好地将多媒体技术、网络技术和虚拟现实技术等综合运用并引入课内外教学过程中，展现那些在传统的教学模式中无法实现的教学效果，并充实与其专业相关的教学内容。

2. 深入进行继续教育教学模式及教学内容的改革

继续教育教学模式的改革是一项系统工程，它与继续教育教学内容的改革相辅相成、互相促进。在教育信息化环境中，通过开展继续教育教学模式的改革，可以有力地推动继续教育教学取得实质性进展。在教学中多媒体计算机技术的应用，将会使传统的教学模式和教学方法发生重大变化。不同时期教育思路、教学理论的影响，对构建教学模式具有决定性的作用。“主导—主体”模式是在以教师为中心的教学模式的基础上形成的，是指既发挥教师主导作用，又充分体现学生的认知主体作用。MCAI（多媒体计算机辅助教学）课件和多媒体外围硬件设备取代传统的板书、教具的教学方式，为新的“主导—主体”课堂教学模式提供了物质与技术基础。

3. 系统开展继续教育师资培训

提升继续教育管理的信息化水平，离不开一支掌握较强信息技术技能的继续教育师资队伍。教师要不断面对多变、更新的知识信息，这就使得继续教育教师的职责将从传统的教学转变为教会学生如何学，以激发学生的学习兴趣，帮助学生形成学习动机。教师在信息化社会中的角色也呈现出指导型、伙伴型、科研型、学习型等多元特点。传统教学模式下的教师将不再适应新的教学环境，新的教学思想、教学内容和信息技术的应用都离不开教师，拥有大批掌握并应

用现代教育技术的教师是推动继续教育信息化的关键。

4. 推进继续教育制度、标准、流程建设

信息技术的最大特点就是要照章办事，任何事情都要严格按照事先制定的制度、标准、作业流程来完成。近年来，有些继续教育院校出台了一批继续教育相关的规章制度和标准，如《学历教育学生学籍管理细则》《学历教育教材管理办法》《职业技能鉴定管理办法》《非学历培训管理办法》《课程、专业、学号、教材、教师、短信编制标准》等。在此基础上，编制了一批标准作业流程，流程以具体的工作任务为对象，涵盖工作任务的准备、实施、后期处置的全过程，并详细列出了工作要求和实施步骤。

例如，在《函授学员报到标准作业流程》中，就包括了前期准备、人员分工、材料准备、报到现场、特殊情况处置、后期处置等步骤，而在材料准备步骤中就详细列出了工作证、零钞、引导牌、接线板、纸质文件、电子文件等材料清单，在后期工作中则详细列出了文档归档的列表和标准。每次的函授学员报到工作均对照标准实施，既规范了工作，也提高了效率。有的继续教育学院还特别制定了《关于标准作业流程使用的标准作业流程》，该流程对工作流程的制定、使用、修订、特殊情况处置进行了详细规定，使得标准作业流程的应用更加规范。这些都为继续教育管理信息化提供了重要保障。

5. 自主开发软件系统

借助于内部信息技术师资和学生的人才优势，面向继续教育管理自主开发应用软件系统，是高校继续教育信息化建设的一大特色。例如，针对高校“专接本”教育规模快速增长，管理工作日益繁重的实际情况，启动“专接本”管理平台项目，将新生报名、考试报名、学费管理、学籍管理、毕业管理等功能整合于同一平台中，提升“专接本”管理信息化水平。此外，还可以继续开发职业技能鉴定管理系统、函授教育管理平台、非学历培训管理系统、继续教育在线拍照系统、继续教育在线考试系统等一系列继续教育管理软件系统。

6. 建立继续教育长效机制

继续教育管理信息化建设是一项系统工程，不可能一蹴而就。为了确保该工作持续、健康地开展，可以采取三项措施：一是建立一支开发、维护团队，

团队依托具体项目组建，并由继续教育牵头管理；二是确保经费投入，在部门年度预算中列出专项经费，并积极争取上级部门的科研经费；三是部门协同，借助网络中心等部门的力量，确保服务器、存储、网络接入等系统的稳定运行。这些表明，继续教育管理信息化与传统的管理方式相比，有着明显的优越性，为继续教育管理工作的发展带来了新的机遇和挑战，只要遵循“统筹规划、面向未来、着眼应用”的原则，继续教育管理信息化工作必将取得新的成果。

第三节　加强教育培训管理

教育培训管理（简称“培训管理”），是继续教育机构面向企业等社会组织所开展的人力资源开发与管理活动，也是继续教育管理的重要内容。明确培训管理的基本含义和相关理论，揭示培训管理中存在的主要问题，采取有针对性的一系列改革措施，并呈现培训管理的典型案例，是提高培训管理水平、做好培训管理工作的必然选择。

狭义的培训，是指为企业提高员工的实际工作能力而实施的有组织、有计划的介入行为。广义的观点认为，培训是企业创造智力资本（包括基本技能、高级技能、对客户和生产系统的了解以及自我激发）的途径，即高级杠杆培训。

高级杠杆培训的特点如下：培训计划的制订与企业经营战略目标密切相关；为确保培训的有效性，要进行科学的培训需求分析、规划、实施和评估；通常要将本单位的培训项目与其他单位的进行比较以拟订培训基准；培训的本质是学习；培训的最终目标是实现组织的可持续发展。

从培训的定义及特点来看，广义的培训定义更加符合现代培训的内容和发展趋势。综上所述，培训管理是指人力资源开发（或者说人力资源管理与开发）中关于培训的管理活动，具体来说，包括培训需求分析、培训规划设计（战略培训、课程开发和教学设计等）、培训实施（成人学习原理的运用、培训方法的选择等）、培训效果评估等几个基本环节。

一、教育培训管理的基本理论

教育培训管理理论广泛根植于教育学、心理学、社会学和管理学当中，但

其最重要的基本理论可归纳为以下三种，即科学管理理论、系统培训理论和学习型组织理论。

1. 科学管理理论

1911 年，“科学管理之父”美国管理学家弗雷德里克·温斯洛·泰勒（Frederick Winslow Taylor）出版《科学管理原理》，将培训理论概括为两点：其一，任何操作都存在最佳方法，即标准操作，按标准操作可以在单位时间内生产出更多产品，如果用这种科学的标准操作方法来培训全体工人，并在培训后提高工作定额，就可以最大限度地充分利用工作时间并提高工作效率；其二，改变过去那种由工人任意挑选工作并根据各自可能进行自我培训的观念，树立起由企业科学挑选工人并进行教育培训使之成长的观念，这是企业获得一流工人的重要途径。泰勒的科学管理理论虽然不是企业培训专著，但它首次提出了企业要对全体工人教育培训的原则，开创了培训理论研究的先河，也拉开了继续教育培训时代的序幕。

2. 系统培训理论

系统培训理论包括培训的需求分析、计划、实施、评估和培训转化几个组成部分，其中最主要的是培训需求分析理论和培训评估理论。

（1）培训需求分析理论。培训需求分析指采用科学的方法弄清谁最需要培训、为什么要培训和培训什么等问题，并进行深入探索研究的过程。[①]培训需求分析是培训的起点和首要环节。培训需求分析做得是否准确，将直接关系到培训方案的制订和培训项目的取舍，最终关系到人力资源管理与开发中的问题能否最终得到解决。

做好培训需求分析有利于找出差距并确立培训目标，有利于找出解决问题的方法，有利于做好前瞻性预测分析和成本预算。现阶段的主要培训需求分析理论从麦格希和赛耶的三层次分析理论发展而来，现已形成一套比较成熟的应用模式和方法，其内容主要包括培训需求的层次分析、培训需求的对象分析和培训需求的阶段分析；其应用模型有循环评估模型、全面性任务分析模型、绩

---

① 中国就业培训技术指导中心．企业人力资源管理师（三级）[M]．北京：中国劳动社会保障出版社，2007：115.

效差距模型和前瞻性需求分析模型；其收集信息的主要方法有面谈法、问卷调查法、工作任务分析法和重点团队分析法等。

（2）培训评估理论。培训评估是一个运用科学的理论、方法和程序，从培训项目中收集数据，并将其与整个组织的需求和目标联系起来，以确定培训项目的价值和质量的过程。[①]广义的培训评估包括对培训项目、培训过程和培训效果的评估，其中，培训效果评估是培训评估中最重要的部分。

培训效果评估领域的主要理论模型有以下几种：四层次评估模型（反应、学习、行为、结果）、五层次评估模型（培训可行性与反应、获得、应用、组织产出、社会产出）、CIRO 评估模型（情境、输入、反应、输出）、CIPP 评估模型（情境、输入、过程、输出）、五级投资回报率模型（反应与已计划的行动、学习、工作应用、组织结果与投入产出），其中，D. L. 柯克帕特里克的四层次评估模型，是最早提出并在国内外应用最为广泛的模型，其他模型基本上是在借鉴这个经典模型的基础上发展而来的。

3. 学习型组织理论

（1）学习型组织的概念。哈佛商学院教授戴维 • A. 加尔文（D.A.Garvin）认为，学习型组织是一个能熟练创造、获取和传递知识，同时也能善于修正自身行为以适应新知识和新见解的组织。具体到企业组织来说，学习型组织通过优化组织管理模式，建立共同愿景，促使个人主动学习和集体共同学习，并使二者有机结合形成学习交流和互动共进的氛围，及时把握新信息，努力创造新知识，迅速转化新产品，以实现员工个人自由发展，并不断提高企业适应环境、持续生存的能力。

（2）学习型组织的构建意义。教育培训发展的极致是学习型组织。随着科学技术的迅猛发展和经济全球化进程的加快，企业面临的外部环境正在发生翻天覆地的变化。为了生存和发展，企业必须顺应形势变化，不断对自身进行调整，不仅要调整企业的产品种类、生产过程等客观要素，而且要调整企业的价值观、思维模式、发展目标等主观要素。

从根本上说，这就要求企业必须成为高效的学习型组织，通过不断向外界学习，跟上时代的发展；通过不断的创造，构建新的成长模式。国内外各大企

① 陈栅芬．员工培训管理[M]．北京：电子工业出版社，2010：252．

业的实践也证明了建立学习型组织的重要性。2002 年年初，美国排名前 25 位的企业中就有 80%以上建立了学习型组织，世界 100 强企业中也有 40%以上按照学习型组织模式进行了彻底改造。比尔·盖茨掌管的微软公司之所以能够取得巨大成就，其秘诀之一就是建立学习型组织。壳牌石油公司总裁菲利普·卡洛（Philip Carroll）亲自推动了公司学习型组织的创建。[①]我国国内也有 100 余家企业建立了学习型组织，不但包括联想集团等高科技企业，而且包括内蒙古伊利等普通生产和服务型企业。

（3）学习型组织的构建模型。学习型组织有多种构建模型可供参考，如微软四原则模型、沃尔纳模型和瑞定第四种模型等，其中应用最为广泛的当属彼得·圣吉的五项修炼模型。1990 年，彼得·圣吉出版了管理学名著《第五项修炼——学习型组织的艺术与实务》，以系统动力学为基础，结合整体动态搭配原则和创造性管理技术，提出了学习型组织的五项修炼。

第一项修炼是“自我超越”。自我超越是指突破极限的自我实现，是个人成长的学习修炼，即不断认识并加深个人的真正愿望，集中精力，培养耐心，并客观地观察现实，不断扩展其创造生命中真正的心之所向的能力，以实现人的自身价值。精熟于自我超越的人，能不断实现其内心深处最想实现的愿望，他们对生命的态度就如同艺术家对艺术作品的学习意愿和能力，在一定程度上决定了组织整体的学习意愿和能力。

第二项修炼是“改善心智模式”。心智模式是指根深蒂固地存在于人们大脑之中的、影响人们认识周围世界以及采取行动的众多假设、印象和信念。它不仅影响着人们认识世界的方式，还决定着人们的行为方式。企业管理中许多好的设想无法付诸实施，主要就是因为这些设想与管理者或员工们对周围世界的固有看法和行为方式相抵触。因此，学习如何将内心心智模式展开并加以检验，有助于改善人们对周围世界运作方式的固有看法，从而为创建学习型组织奠定心理基础。

第三项修炼是“建立共同愿景”。共同愿景是指组织中人们共同持有的愿望和景象，如福特汽车公司的共同愿景是“制造大众买得起的汽车以提升行动便利”。建立共同愿景，就是通过构建全体员工共同的价值观、使命感和目标，把大家凝聚在一起，主动学习，努力创造并追求卓越。这应从建立个人愿景出

---

① 张水涛．学习型组织简明教程[M]．合肥：中国科学技术大学出版社，2002：4．

发，逐步磨合团队愿景，并最终确立组织的共同愿景。

第四项修炼是“团队学习”。团队学习是指发展团队成员整体搭配、相互配合能力和提高实现共同目标能力的学习活动及其过程。团队学习可以克服自我防卫，可以激发更深入的见解，不仅团队整体能创造出色的成果，其成员成长的速度也会更快。团队是组织中最佳也是最关键的学习单位，组织可以通过建立更多的学习团队从而促进组织整体学习氛围的形成。

第五项修炼是“系统思考”。所谓系统思考，就是要运用系统的观点来看待组织的发展。其作用是引导人们从观察事物的局部到纵观整体，从观察表面现象到洞察内部结构，从静态分析到动态认识各因素间的相互作用。系统思考是整合其他四项修炼以成为一体的理论与实务，是五项修炼的核心。

二、当前我国教育培训管理中的主要问题与应对策略

1. 主要问题

（1）对培训重要性的认识不足。我国长期处于计划经济体制下，企业没有充分地参与市场竞争。因而，很少有企业会把人力资源看作是企业生存和发展的核心资源，也很难认识到教育培训具有提高企业核心竞争力和促进组织变革的作用，以致尝试长期投入并获得高回报的案例少之又少。目前，教育培训做得比较好的企业主要集中在海尔、宝钢、上汽等高科技企业和部分服务型企业，多数中小型企业尚停留在不重点考虑或观望尝试阶段。

（2）培训投资不足。我国企业普遍存在培训投资不足的问题。《职业技能培训和鉴定条例（征求意见稿）》规定，企业要按职工工资总额的1.5%～2.5%提取培训经费。相关调查表明，国有大中型企业一般会根据此项行政法规安排年度培训预算，但数额一般达不到此额度；民营企业执行此规定的很少，小型企业则根本不会考虑把钱花在培训上。这与美国企业形成了鲜明的对比，在美国，企业一般会拿出其销售收入的1%～5%或工资总额的8%～10%用于培训工作。[①]此外，我国企业的培训经费不但绝对值低，而且有限的培训费用难以得到合理的利用。这主要表现在培训经费使用的随意性上——领导觉得哪种培训

① 胡巧莉．国有企业员工培训工作存在的问题与对策[J]．人才开发，2019（2）：209-210.

好，投入多少钱也没关系；领导觉得哪种培训没必要，则一分钱也不会投入。

（3）培训形式落后。受计划经济时代思维模式的影响，我国一般企业只愿意直接从职业学校、社会上招收培养好了的、能直接上手的员工，而不愿意自己投资培养所需的人才。如今，迫于竞争形势，部分企业开始尝试提高在职员工的技能与素质，但培训形式还很落后。调查显示，我国企业最常采用的是集体受训、师徒制等。这些培训形式显然有些陈旧，最重要的是无法满足当代员工的普遍喜好和多样化的形式需求，培训效果必然会大打折扣。

（4）师资素质偏低。当今教育培训中的教师可分为从外部聘请的和本企业自有这两类。一般来说，外部聘请的教师专业素质和教学水平都比较高，但他们只参加一次或偶尔参加企业的培训，因而很难深入了解企业，从而不利于切实解决企业的实际培训问题；相反，内部培训师比较了解本企业，但由于现阶段我国企业的内部培训师基本上都是兼职的，加上选拔不够严格，再培训力度不够，因而其教学水平普遍偏低，专业素质也很难达到外部培训师的水平，这就要求我国企业在提升培训师的素质上应多下功夫。

（5）培训体系不完整、程序不科学。培训体系主要包括实体方面的组织机构、人员配置以及文本方面的培训制度。我国部分教育培训体系不完整，多数小型企业根本没有对员工进行培训的打算，更不用说建立相应的组织机构、配备相关负责人员并逐步完善与培训相关的规章制度，部分中型企业没有根据需要将教育培训工作分为一级培训和二级培训，部分有需要也有能力建立企业大学的大型企业，也没有通过建立企业大学充分发挥自身培训资源的效力。

培训是一个完整的过程，包括培训需求分析、制订培训计划、培训实施、效果评估等几个环节。所谓培训程序不科学，主要是指培训需求分析不科学和效果评估不到位。不少企业都存在找不准培训需求从而导致培训计划缺乏客观性的问题。有的在制订年度培训计划时，不是从企业、员工和市场三方面的实际需求出发，而是根据企业领导的主观认识，甚至采用轮换的方式让所有人员参加现有培训项目。与培训需求分析同样重要的是培训评估问题。所谓培训评估不到位，是指许多企业根本没考虑过培训后还要去评估，或者觉得评估耗费成本太高没必要再进行，做得较好的通常也只进行浅层面的一、二级评估，因而仅从评估层面上来说，我国教育培训管理还存在不少问题。

2. 应对策略

（1）重视教育培训，建立学习型组织。知识经济时代的企业竞争主要依靠人力资源，人力资源已成为一切经济资源中最重要的资源。我国企业要向外资企业学习，把教育培训放在企业的中心位置上，抓好人力资源的开发与管理，努力创建学习型组织。国外的一些大型企业进行培训已经不仅仅是为了提高企业竞争力，获得更大利润，它们把教育培训看作建立学习型组织、实现终身教育的有力手段。如雀巢、联合利华等公司，都把培训放在比薪资更重要的位置介绍给新员工，把员工个人在企业里能够获得的培训机会作为吸引人才、留住人才的有力武器。

（2）适当增加培训经费投入。目前，经费投入不足已成为制约我国企业员工培训的重要因素。除企业规模小、财力有限，整个社会缺少职业教育氛围外，主要原因是企业领导没有把人力资源作为企业长期发展的最重要资源，没有充分认识到教育培训的重要意义，因此，只有企业领导转变思想，教育培训经费的增加才可能获得突破性进展。另外，企业在条件允许的情况下，应考虑多渠道筹措培训经费，可以考虑由员工负担少数部分。对国内企业的相关调查显示，多数员工愿意在参加的培训中负担部分费用，但前提是培训的质量要高，能对自己的职业发展有益。

（3）充分利用网络培训工具。计算机网络技术的飞速发展和普及，给教育培训提供了新的手段，也带来了前所未有的机遇。网络培训是随着互联网技术的发展而兴起的，以多媒体计算机和互联网技术为实现手段，凭借工作站、局域网或互联网提供的交互式环境，不需要面授就能达到培训目的。对于一般企业而言，利用网络培训方式的典型做法是构建本公司的综合网络学习平台，综合网络学习平台能在一定程度上满足全体员工随时随地学习的需要，能大大降低培训成本，提高培训效率。它不但具有集合课程资源的基本功能，还可进行扩展，兼具管理员工学习、管理培训师资、传播企业信息与文化等功能。当今，建立综合网络学习平台已非难事，各大科技教育公司和著名高校均具有这样的开发能力，能满足不同规模企业、不同层次的需要，而且其投资额度也均在一般企业财力的可承受范围之内。

（4）自我培养与引进师资相结合。企业提高培训师资的水平应走加强自我

培养和从外部引进相结合的道路，这是因为内部培训师和外部培训师各有所短又各具所长。提升内部培训师素质，首先要做好内部培训师的遴选工作，重点考察其专业知识和教学技能；其次要做好内部培训师的再培训工作，尤其是教学技能方面要进行轮训，成熟的课程模式有“TTT 培训课程”。引进外部培训师是提升教育培训师资整体水平的重要手段，其主要途径有引进国内顶级高校的培训师资、引进同行企业的培训师资、引进专门培训机构的培训师资。

（5）完善培训体系，科学落实培训程序。完善培训体系，首先要根据企业类型、规模、发展成熟度建立相应的企业大学、培训中心或培训办公室等；其次要在人员配备、经费投入、课程与教材建设、设施建设以及运行机制构建等方面不断制度化、规范化，其中，培训制度建设是一个重要方面，具体应该包括培训服务、入职培训、培训激励、培训考核评估、培训奖惩、培训风险管理这六种基本制度。

科学落实培训程序主要包括科学分析培训需求和切实落实培训评估两方面。进行培训需求分析需从战略层次分析、组织层次分析和员工个人层次分析三方面入手，综合考虑多方面的需求；进行培训需求分析要采取恰当的调查方法，面谈法、问卷调查法、工作任务分析法等各有长短，要根据培训类别、员工数量等不同情况恰当选取；进行培训需求分析还要周密安排实施程序。

例如，要特别关注受训员工工作中存在的问题、参加培训的真实想法和期望等。切实落实培训评估需要做好以下几方面工作：第一，要合理选择评估项目。这是指在时间和资源有限的条件下，没有必要对所有培训项目都进行评估，只对一些重点培训项目进行评估即可；第二，要加强培训过程监控，如培训对象与内容的匹配程度、培训项目的进度等；第三，要全面落实效果评估，分别进行反应层、学习层、行为层和结果层评估，及时调整培训项目并向相关人员反映培训信息。

第四节　优化继续教育路径

一、优化继续教育专业

继续教育应及时优化调整专业设置，新增与互联网经济、服务贸易与服务外包等领域相关的工程技术类专业、"一带一路"沿线国家和地区小语种语言类专业、"一带一路"旅游文化专业、数据科学与技术专业等。教育主管部门要对高校继续教育新增专业的数量与规模进行正确引导和管理，充分发挥各高校继续教育品牌和特色，准确服务"一带一路"倡议的办学定位，以避免盲目办学及竞相效仿，造成教育资源的不必要浪费。继续教育院校机构可以根据对外贸易情况，多增设面向东南亚、非洲以及拉美地区的小语种专业，加快对小语种专业人才的培养。对于已开设的"一带一路"倡议需要培养的基础设施投资与建设管理、国际贸易等人才的专业，如建筑工程、交通运输等，应根据"一带一路"建设项目要求，按照针对性、应用性、国际化标准，重新对专业培养目标、专业课程体系、专业评价标准等进行全面设计、开发及调整，从而保证继续教育专业更好地服务于"一带一路"倡议。

1. 提升继续教育人才培养质量

我国继续教育在合理布局和调整专业基础上，要把重点集中于提升专业人才培养质量。根据"一带一路"倡议对专业人才的要求，不断优化和创新专业人才培养模式，从培养目标、课程建设、师资队伍建设、评价标准等多方面推进专业改革。应该坚持以就业为导向，因地制宜，将培养具有国际意识和国际交往能力的国际性开放人才作为培养目标。

"一带一路"倡议有助于我国及沿线国家和地区在经济、社会、文化等方面的共同发展，继续教育国际化理念应充分体现在专业课程及其教学过程中，优化课程内容，创新课程形式，在专业课程体系中增加多元文化视角下多国历史文化、社会经济等通识课程。多开设学生（学员）海外学习项目及交流生项目，选派学生（学员）赴"一带一路"国家和地区短期交流、访问学习，并注重培养学生利用掌握的专业知识与不同国度和地域的学生进行交流沟通的能力，培养学生（学员）交流协调、团队合作意识及能力，提升学生（学员）的国际就业竞争力。

专业人才培养质量取决于师资队伍，需要培育适应"一带一路"倡议需要的具有国际视野和国际团队协作意识、掌握国际先进技术的师资队伍。比如，对于"一带一路"建设急需的小语种语言等紧缺专业，高校师资严重缺乏，为保证正常开设，应积极利用社会资源，从外部引进或从国际旅行社、外资企业、

外国驻华机构等单位聘请相关的小语种专业人才，并定期安排小语种专业人才的教育教学技能培训，提高教师的教学能力和水平。

引进国际通用的职业资格认证标准，与国外高校开展高端人才非学历培训等，不断拓展继续教育的发展空间，不断丰富开放办学的战略内涵，不断提高学校的国际化水平。我国继续教育要逐步与国际接轨，需要通过参照并执行国际化标准，逐步健全完善教育合作机制、规则标准以及评价标准，以便国内继续教育得到“一带一路”沿线国家和地区及国际上的广泛认可，提高我国继续教育的国际化水平。

2. 建设“一带一路”继续教育联盟

继续教育国际化的核心内容是人才培养和科技合作，“一带一路”继续教育联盟的建立可为我国继续教育拓宽国际合作的新视野，促进“一带一路”沿线国家和地区继续教育融合发展，已成为继续教育国际化的有效路径和必要举措。

2015 年 10 月 17 日，8 个“一带一路”国家和地区的 47 所高校联合发布《敦煌共识》，成立“一带一路”高校联盟。①借助于“一带一路”高校联盟这一重要平台与桥梁纽带，我国继续教育可以与来自“一带一路”沿线的欧、亚、非高校，共同建设“一带一路”继续教育联盟，进而打造“一带一路”继续教育共同体，推进校际间在人才培养、科研合作、文化交流、政策研究、医疗服务等领域展开形式多样、丰富多彩的合作交流。

建设“一带一路”继续教育联盟可持续发展与管理运行机制，整合和发挥各联盟高校的学科优势，推动“一带一路”沿线国家和地区高校之间在继续教育领域的广泛交流和深度合作。“一带一路”继续教育联盟除了搭建彼此之间的学术资源共享平台外，还可以通过探索各高校教师、科研人员与学生交流合作机制，设立继续教育开放基金，组建协同创新共同体，推进联盟成员协同创新研究，在能源、互联互通等重点领域建立联合研究中心，拓展科技合作的广度与深度，培育形式多样的人才联合培养项目。此外，还应设立“一带一路”奖学金，扩大在我国接受继续教育的国外学生规模，提升国际学生层次，不断推进有条件的院校“走出去”开展境外继续教育办学。再有，可以设立海外分

① 47 所中外大学成立“一带一路”高校联盟[J]. 中国教育报，2015-10-19.

校，培养具有国际视野的高素质、综合型、复合型国际化人才，更好地服务“一带一路”沿线国家和地区的经济社会发展。

3. 深化继续教育的国际交流与合作

“一带一路”倡议给我国继续教育国际化带来了培养国际化人才、促进海外办学和合作办学、增强继续教育院校办学水平等的难得机遇，也促进了中外高校的合作和交流。继续教育的国际合作与交流进入到吸收与融合期，同时也带来了一系列的挑战。培养“一带一路”倡议需要的人才，是我国继续教育服务于“一带一路”倡议的核心任务，以国际交流与合作为主要方式的继续教育已经成为人们选择教育的重要学习方式。

深化继续教育的国际交流与合作，就要探索一套行之有效的跨国人才交流机制。扩大“一带一路”沿线继续教育学生互换与学者互访规模，开设“一带一路”与对接沿线国家和地区经济社会发展需求相关的继续教育学科专业，吸引“一带一路”沿线更多的留学生来华接受继续教育。可以从以下几方面进行：第一，进一步完善跨境教育信息沟通机制，建立与“一带一路”沿线继续教育学分互认转换体系，实现“一带一路”沿线继续教育学历学位关联互认。第二，构建多元化的继续教育师资队伍，选派教师赴“一带一路”沿线进行交流与培训，建设国际化的继续教育教师团队。第三，开展与“一带一路”沿线在国际关系、经济学、民族学、管理学、法学、文学、历史、宗教等多个领域的科研项目合作。第四，以“一带一路”的基础设施建设、国际经贸、物流运输、资源开发、环境污染等领域的热点、难点问题为主题，定期举办“一带一路”跨国学术论坛，举办“一带一路”大学联盟校长论坛、“一带一路”学者讲坛、“一带一路”沿线教育展暨留学生文化节、“一带一路”大学联盟主题音乐会、“一带一路”大学联盟高校对接交流会等系列大型交流活动。建立“一带一路”大学国际联盟论坛成果落地机制，加强“一带一路”沿线学者、专家的深入交流与沟通，从而为“一带一路”倡议的顺利实施建言献策，提供前瞻性指导与智力支持。第五，积极运用网络优势，拓宽“一带一路”沿线教育资源共享空间。高校可以将继续教育网页与“一带一路”沿线高校网页有效链接、互访，获取国外著名大学、知名教授的学术讲座内容和图书情报资料，为我国继续教育所用，以此实现我国继续教育与国际继续教育的真正接轨与深度融合。

二、优化继续教育管理

一般而言，教育管理是指政府、学校和行业的管理者贯彻执行与教育有关的政策法规，通过自觉控制有关人员和组织的行为，协调人与人以及人与资源之间的关系，从而持续提高承担教育工作效率和质量的有目的、有组织的活动过程。

继续教育管理是一个内涵丰富且动态作用的系统范畴。对于这一系统范畴的内涵、特性等的认识和把握，目前学界尽管已经进行了一些有益的探索，但总体而言还是不够令人满意，不仅没有深入、全面地揭示继续教育管理的本质内涵，更为重要的是，没有从系统论的视角或者说没有把继续教育管理当作一个动态系统去研究继续教育管理的构成要素、系统结构及其功能。因此，开展并加强对继续教育管理的系统研究，对于深化人们关于继续教育管理的认识，提高其工作的规律性和目的性，必将具有十分重要的理论意义和实践价值。

在“一带一路”视域下，继续教育管理的主体和客体都需要拓展工作视野和工作范畴，以“走出去”“请进来”的战略思维来做好管理工作。其本质规定性包括以下几个方面。

1. 管理主体与客体间的辩证运动

继续教育管理主体是指从事继续教育管理工作的人员，他们具有一定的管理能力以及相应的权限和职责。继续教育管理客体是指进入继续教育管理主体工作范围并接受其管理的以人为中心构筑而成的对象系统。继续教育管理主体与客体之间的作用与反作用构成了继续教育管理活动中的主要矛盾，这一矛盾是引发和推动继续教育管理运行发展的根本原因和内在动力。主体与客体之间相互对立、相互依存和相互转化，构成了继续教育管理辩证运动的全过程。

2. 统筹协调并全面控制的过程

继续教育是由人力资源、物力资源、信息资源乃至文化资源等诸多要素构成的复杂系统，要把所有构成要素聚合在一起并使其发挥积极或正向的整体效能，就必须对其进行统筹协调和全面控制。从本质上说，继续教育管理的协调控制是指继续教育管理者将物质、技术或精神手段作用于被管理者，以建立所有管理对象的自组织机制的过程。科学的继续教育管理是指使各种资源发挥出最大的潜能和效益，尽可能减少自组织内部各种要素之间的功能消耗，同时使自组织成功实现与外部环境之间的能量转换，最终通过建立所有相关因素之间的和谐关系，使继续教育系统的整体功能达到最优化的状态。

3. 通过一定的组织开展的活动

管理是一种复杂的活动，它既涉及客观环境，又涉及人的主观因素。实施管理时，不仅要运用科学的方法，还必须运用一套技术和处理方式，这些都是管理信息系统力所不能及的。继续教育管理是管理主体与管理客体按照某种特定范式结合在一起，并构成具有统一要求和特定功能的共同体的结构系统，只有这样才能形成现实的管理关系和管理活动。其实，任何管理都是一种有组织的活动，只是存在实体与虚拟、紧凑与松散的差别，管理离不开组织，组织也离不开管理，组织是管理的结构体系和活动空间，管理是组织的动态表现和基本职能。

4. 指向一定结构的目的性存在

目的是继续教育管理系统的第一构成要素，是继续教育管理者和被管理者各自目的的高度统一，是继续教育管理共同体的共同愿景。它既是继续教育管理的出发点，又是继续教育管理的落脚点。确定目标、实现目标和评价目标，反映继续教育管理主体与客体之间的认识关系、实践关系和评价目标，以及继续教育管理主体与客体之间的认识关系、实践关系和价值关系，从而构成继续教育管理活动的全部内涵。继续教育管理是一种目的性存在，也是由低级目标向高级目标不断转移、不断跃迁的过程，由此促进继续教育管理水平的持续提升。

5. 不断变革和创新的过程

继续教育管理的职能之一是通过制定一系列规章制度，采取一系列方式方法，保持管理系统或管理组织的稳定性，但这种稳定性只是暂时的、相对的，因为作为管理客体的人力、物力、财力、信息乃至精神文化等要素时刻处于不断变化之中，继续教育管理系统以外的政治、经济、文化、科技等社会环境也是变动不息、与时俱进的。所以，继续教育管理在保持一定稳定性的同时，还

必须随时与系统内外的诸多变化相适应，应当将继续教育管理定性为一个永恒而绝对的变革创新过程。从本质上讲，继续教育管理就是一场管理的革命，即在管理客体持续进行的相互作用过程中，不断转换自身的管理理念，不断更新自身的管理手段和方式方法，不断提高自身的管理水平和管理质量。

“一带一路”视域下，继续教育管理不是一种形而上的理论存在和学科存在，而是一种极具操作性的实践存在。继续教育管理者应该至少弄清三个基础性问题：第一，“一带一路”需要什么样的继续教育管理；第二，“一带一路”视域下继续教育管理模式应该是什么样的；第三，继续教育管理怎样服务“一带一路”倡议。对这三个基础性问题的思考和界定，必将为继续教育管理的实践提供活动范式、时空坐标和价值取向，也必将最终有助于促进继续教育管理活动顺利开展并取得卓越成效。

（1）以就业为导向创新继续教育管理制度。以就业为导向，培养满足“一带一路”建设、管理、服务需要的高技能人才，依托“一带一路”发展，推动“一带一路”继续教育管理体制的创新。课程认知实践是根据所开设的相关课程来安排的，包括参观经验、与实际职位的定期及非定期接触，其目的是认可专业岗位，增强专业认同，坚定努力方向。学生在学校培训基地轮岗，选拔优秀学生提升岗位，进入学生管理岗位。同时，优秀学生进入“一带一路”相关企业实习，实习生进入企业，实现专业对接行业需求和教学内容对接岗位标准，构建“产学研结合、校企融合”的校企合作平台。

（2）形成战略合作关系的继续教育管理模式。战略合作关系继续教育模式是以人才继续教育为基础的，它使继续教育院校与地方政府或企业直接联系，加深联系，建立信任。双方逐步将合作领域扩大到“一带一路”建设相关技术研发、科技成果转化等领域，最终建立全面、广泛的战略合作关系，通过伙伴关系促进大学与政府或企业之间的密切合作。在战略合作关系模式中，校企合作是最主要的一种办学模式。继续教育的学历教育与普通高职院校一样，必须准确定位人才培养目标，转变以往只面授理论，脱离实际的教学模式，与具有一定资质和能力的企业合作，着眼“一带一路”建设发展趋势，立足“一带一路”急切需求和学生（学员）实际知识水平，聚焦产教融合平台，抓住机遇，引入“校中企、企中校”。同时，要引进“双师型”教师，丰富师资队伍，加强校企互动。根据继续教育发展规划，大力推进校企合作，通过培训等方式为

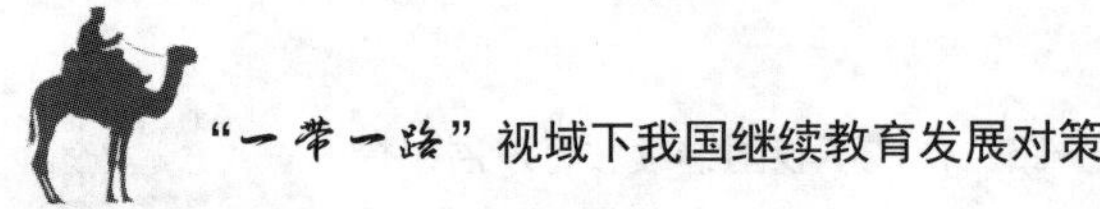

继续教育奠定坚实基础。

（3）优化继续教育教学内容管理。随着“一带一路”倡议的实施推进和新时代对专业技术人才的需求增长，继续教育必须随着“一带一路”建设的进展和变化，来制订培训计划。综合分析和设计继续教育的教学内容，根据社会和经济发展的需要，目标是提高人才的能力和技术水平，优化继续教育的课程，结合现实，突出特点，并确保教学内容与“一带一路”倡议的针对性和远见。继续教育的培训项目和内容需要专家、企业专家和管理部门共同研究，制订具体的培训计划和内容，考虑培训的规模和效果，突出继续教育的特点和水平。要及时监督和反馈教学管理工作，对存在的问题及时改进，逐步形成适应“一带一路”需求的、科学合理的继续教育教学管理体系。

（4）借助互联网构建的教学和学习平台实现继续教育网络化。“互联网+”时代的到来，使教师教学模式和学生（学员）的学习习惯都发生了巨大的改变，信息化和网络化教育已成为教学管理的新趋势，继续教育与网络教育的结合将使继续教育教学方法更加多样。在线教育不受时间和地点的限制，与继续教育相结合，可以更加方便地将“一带一路”知识融入其中，更好地为学习者提供满足“一带一路”建设需要的教育内容。传统的课堂教学模式是“以教师为中心”和“以课堂为中心”的，在教学过程中，教师基本上是“主人”，学生（学员）则是被动地接受教师传授的知识。在网络教学中，学生（学员）可以主动参与学习，从被动学习到主动发挥认知能力，探索知识，发现知识，真正成为学习的主人。此时，教师扮演着辅导员的角色，教师与学生（学员）成为平等的合作关系。在网络教学中，学生（学员）可以随时降低“教师”教学的速度，更新“以教师为中心”到“以学生为中心”的教育观念，使学生（学员）真正发挥学习的主导作用，提升服务“一带一路”倡议的能力和水平。

第十章 “一带一路”视域下我国继续教育发展保障

第一节 强化继续教育督导

一、继续教育督导的必要性

社会发展需要教育,而教育必须保证质量,质量是教育健康发展的生命线。要保证继续教育质量,就离不开对教育的督导。现代国家管理的一个显著特点,就是广泛地设置专家智囊机构(有的称为咨询机构),一切重大决策都必须通过科学论证,从中选取一个最佳方案,这就是督导。督导是指对组织运作过程的监督指导,用以保证方向正确、工作到位。激励是对运作行为的激发鼓励,用以振奋精神,促进工作。对于教育管理过程而言,督导与激励承接决策与计划、组织与领导环节,为前者正确、高效的实施提供必需的保证。因此,教育管理必须强调督导有效、激励得力。科学有效的督导,是教育科学发展的最有力保障。

就继续教育而言,教育督导就是继续教育督导。继续教育督导是现代继续教育管理的基本制度,是根据本国有关继续教育方针、政策、法规和制度,对教育行政部门和继续教育机构进行监督、检查、评估、指导和帮助,旨在加强国家对继续教育事业发展的全面管理,以保障教育方针、政策的贯彻执行,提高继续教育质量,促进继续教育事业健康发展。继续教育督导是继续教育管理的重要一环,与继续教育决策和执行共同构成继续教育管理的基本内容。

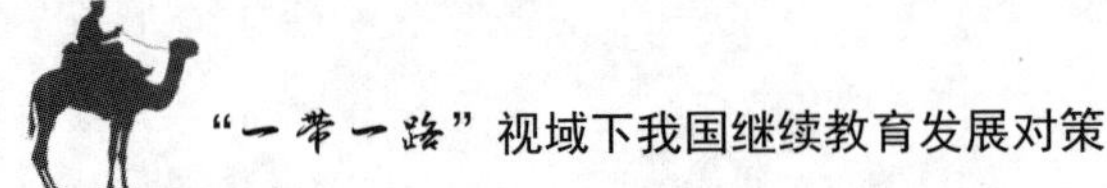

当今世界，大多数国家将教育立法、教育经费和教育督导视为教育行政管理的三大支柱，分别为教育提供法规、资源和运作支持，其中，教育督导是对教育实施科学管理的主要方式。“教育督导即教育监督和指导的简称，有时也称为教育视导，是指对教育工作进行监督、检查、评估、指导的活动。”[①]教育部在1999年发布的《关于加强教育督导与评估工作的意见》（教督〔1999〕6号）中对督导的性质、任务做了界定：以教育法律、法规和方针、政策为依据，在同级人民政府领导下，代表人民政府和教育行政部门，对下级政府的教育工作和教育行政部门的工作，对中等及中等以下学校和其他教育机构及其举办者的工作，进行督导、评估和检查、验收。根据人民政府授权，也可以对其他教育工作，对同级政府有关职能部门依法履行教育职责，进行督导检查。

可以看出，教育督导是国家保障教育法律、法规和方针、政策贯彻落实的重要手段，是政府和教育行政部门实现依法治教、依法行政的主要方式之一。继续教育是我国现代教育体系重要的有机组成部分，又是传统学校教育向终身教育发展的一种新型教育制度，所以，继续教育的督导运作既要遵循教育督导的一般规程，又有继续教育自身的独特要求。

教育督导，历史上又称教育视导，是指教育督导机关或人员依据国家的教育方针政策、法律法规，代表国家行使检查、督促的职责，对下级机关及各级各类学校的工作进行视察、监督、指导的活动。教育督导可以使领导机关掌握各级教育事业发展的实际情况，为决策提供可靠依据，并能起到协助基层改进工作，提高教育教学和管理质量的作用。

2012年公布的《教育督导条例》（国务院令第624号），把教育督导分为综合督导、专项督导。教育督导机构可以根据需要联合有关部门实施专项督导或者综合督导，也可以聘请相关专业人员参加专项督导或者综合督导活动，但应事先确定督导事项，成立督导小组。在基层督导工作中，有时会对辖区内的教育机构（学校、幼儿园）开展随机性的督查活动，被称为随访督导。综合督导与专项督导是指按督导原则和标准，使用科学方法，对教育行政工作和学校工作通过观察、调查和考核，做出分析和评价，指出成绩和缺点，并提出积极的修改意见，使教育工作质量不断得到提高的活动。教育督导机构及其成员代表政府和教育行政部门行使监督职能，犹如“教育钦差”，检查和督促下级政

① 张念宏. 中国教育百科全书[M]. 北京：海洋出版社，1991：8.

府和行政部门以及所属学校全面正确地贯彻党的方针、政策、法令、指示和计划的情况，使执行不偏离决策，从而保证管理目标的达成。从这个意义上讲，教育督导机构乃是决策机构和执行机构在实现管理目标时最有力的助手。

众所周知，任何管理系统都是分层次的，原因之一是管理能力的覆盖面是有限的，决策者和执行者虽可亲自下去进行调查研究，并对下属实行监督，但毕竟不可能经常离开机关，长期在基层工作。继续教育督导机构正是代表政府对继续教育行使监督职能的，既能传达政府的声音、落实政府的政策，又能体现政府的权威和工作要求。

继续教育督导机构就是政府和继续教育主管部门的智囊团和参谋部，是领导的“外脑”，督导人员既有行政职权，又有相当高的业务水平；既在领导身边，又在基层巡视；既明上意，又知下情；既有理论指导，又有实践经验，能够充分发挥督导机构的咨询、参谋作用，可使领导情况明、决心大、决策准。目前，我国继续教育存在决策缺少充分论证、执行缺乏广泛监督的问题，这也使得充分发挥继续教育督导机构的反馈职能显得十分必要。

二、继续教育督导内容

《教育督导暂行规定》第二条规定，教育的督导任务是对下级人民政府的教育工作、下级教育行政部门和学校的工作进行监督、检查、评估、指导，保证国家有关教育的方针、政策、法规的贯彻执行和教育目标的实现。就此而言，继续教育督导的内容也可因督导对象的不同，分为“督政”“督学”两大部分。

1. 继续教育督政

对下级政府、下级教育行政部门的继续教育工作应该从以下八个方面进行监督和指导：一是能否认真贯彻执行国家继续教育方针、政策、法规；二是能否从“形成全民学习、终身学习的学习型社会”高度认识、看待继续教育；三是能否在制定地方教育发展规划时考虑通过继续教育让人民享有接受良好教育的机会的权利；四是能否在辖区内营造浓郁的创建学习型组织、学习型社区等的“小气候”；五是能否通过足够的人力、物力、财力投入，保证继续教育、培训的充分开展；六是能否对各种类型的继续教育、培训实施科学的引导、管理；七是能否通过有力的监管、控制，维护辖区内良好的继续教育、培训秩序；

八是能否通过有效的监督、评估、指导，不断提高继续教育质量，促进辖区民众的全面发展。

2. 继续教育督学

对中等及以下成人学校和其他继续教育机构的工作，应从以下八个方面进行监督、指导：一是能否坚持社会主义办学方向；二是能否拥有坚持中国共产党领导的团结奋进的领导集体；三是能否具有与社会主义市场经济体制相互协调的管理体制、运作机制；四是能否进行科学、严格、规范的行政、教育管理；五是是否拥有足够的继续教育资源；六是能否提供目标明确、结构合理、组织有序、质量过硬的继续教育教学服务；七是能否满足学习者富有个性的学习需求，促进其潜质充分发挥；八是能否依法办学、自我约束、竞争发展。

三、继续教育督导原则

1. 依法督导与求真务实相结合

我国地域辽阔，东西部差距、城乡差别巨大，继续教育对象数量庞大、差异显著，继续教育类型众多、各具特点，这种状况与普通教育明显不同。因此，继续教育督导除了必须以教育法律、法规和继续教育的方针、政策为依据严肃运作，还必须求真务实，避免简单化和"一刀切"。依法督导与求真务实相结合，是新时期继续教育督导工作的基本原则。

2. 督政为主与督学为本相结合

世界各国的教育督导主要是督学，教育督政与督学相结合，是我国教育督导的显著特色。教育能否优先发展，责任首先在各级政府。所以，继续教育督导首先要对各级政府、各级教育行政部门履行继续教育职责的情况进行监督、检查、指导；同时，继续教育也要"以督学为本"，重视对各类继续教育办学主体的教育、培训运作进行督促、指导。

3. 中央督导与地方督导相结合

继续教育督导应该发挥中央和地方两个方面的积极性，中央督导机构负责

继续教育督导工作方针、政策、法规的制定，组织国家督学对地方各级政府、教育行政部门以及部属办学主体的督导，并对全国继续教育督导进行宏观指导、协调；地方各级督导机构负责本辖区内继续教育督导制度、文件的制定以及对下级人民政府、有关职能部门、各类办学主体继续教育工作的督促、检查。

4. 常规督导与专题督导相结合

继续教育督导属于常规性督导，它能保证一般情况下继续教育的有序运作，但随着继续教育改革的不断深入，诸多新情况、新趋势层出不穷，诸多新问题暴露无遗，在这种形势下就需要对新的热点、焦点、难点、增长点等开展专题督导，以求及时解决问题，实施科学指导。如20世纪80年代中后期对治理继续教育“三乱”的教育督导、21世纪以来开展的社区继续教育督导，都属于专题督导。

四、继续教育督导方法

1. 继续教育督导的一般方法

继续教育督导的一般方法可从不同角度划分：一是按照不同的督导对象，分为普通督导与抽样督导，前者是对督导范围内每一个对象都进行督导，后者是在督导范围内采用抽样方法对部分对象进行督导；二是按照不同的督导内容，分为全面督导与专项督导，前者是对继续教育活动的所有方面进行督导，后者是就继续教育活动的某些方面、某个问题进行专门督导；三是按照不同的督导时间，分为定期督导与随机督导，前者是每隔一定时间对督导对象进行常规督导，后者是根据情况需要临时安排非常规督导；四是按照不同的督导方式，分为直接督导与间接督导，前者是对督导对象进行实地督导，后者是采取审核材料、听取汇报等方式进行非实地督导。

2. 继续教育督导的具体方法

继续教育督导的具体方法按照其功能的不同，可以分为监督方法和指导方法两大类。监督方法主要包括观察法（对督导对象的实地巡察）、参与法（参与督导对象的教育活动）、信访法（通过接受来信、来访进行监督）、文献法

（查阅督导对象相关资料、档案）、问卷法（通过书面形式调查了解）、考核法（按照预定方式、程序、内容逐项检查）、审核法（审查督导对象的财务）等。指导方法主要包括诊断法（由督学检查、分析后提出指导性意见）、研讨法（由督学与督导对象共同分析情况并寻求改进举措）、交流法（组织不同地区、不同状况的对象交流经验、教训）、学习法（组织督导对象的代表到先进地区、单位观摩学习）、培训法（对督导对象相关人员进行专门培训）。

五、继续教育督导要求

继续教育督导在 20 世纪 80 年代治理继续教育“三乱”工作、20 世纪 90 年代继续教育质量评估活动中发挥了重要作用。但从总体看，继续教育督导仍呈现“无权或无法可依，无专门机构可靠，无科学程序可从，无质量保证可言”的状况。为保证继续教育健康发展，继续教育督导应从以下四个方面加以完善。

1. 加强督导的法制化建设

尽管出台了《国家教育委员会关于改革和发展成人教育的决定》(1987 年)、《关于进一步改革和发展成人高等教育的意见》（1993 年）以及众多继续教育政策法规，《中华人民共和国教育法》（1995 年）等法规中也包含了继续教育的内容，但我国至今仍缺少成人教育（或终身教育）的基本大法，这就使继续教育督导缺乏具体的权威性依据。目前已发布的《教育督导暂行规定》（1991 年）、《关于加强教育督导与评估工作的意见》（1999 年）和《教育督导条例》（2012 年）均局限于普通教育的督导，而没有涉及继续教育督导。因此，用上述法规来指导继续教育督导不太适宜，继续教育需要制定切合继续教育督导实际的运作法规。

2. 加强督导的专门化建设

目前从中央到地方近 4 万人的专兼职督学基本上是基础教育督导力量，与继续教育督导无关。因此，要强化继续教育督导，便要重视专门督学队伍的建设，而要保证继续教育督导有足够的人力，则更要重视继续教育督学的素质建设，要通过学习、培训、实践、交流等方式提高专兼职督学方针政策水平、教育理论素养，强化其继续教育实践积累、督察指导能力，以形成素质优秀的继

续教育督导专家队伍。

3. 加强督导的科学化建设

加强继续教育督导的科学化建设，一方面，要通过实践探索形成比较规范的督导程序，每次督导都要确定目标、明确职责、下达任务、分解项目、选用方法、收集资料深入分析、准确评价、悉心指导、反馈检查，并在反复实践的基础上积累经验，摸索规律，逐渐形成科学的继续教育督导制度；另一方面，随着现代继续教育的不断发展，传统的视察、监督、检查等手段已捉襟见肘、不足为用，因此，充分利用国内外现代教育技术，已经成为克服督导主观随意性的必然选择；同时，现代电子信息技术的运用，录音录像、网络联系、计算机处理等手段，都能大大提高继续教育督导的效率和精准度。

4. 加强督导的民主化建设

以人为本、人格平等是当今社会的主流意识，等级观念、权力意识已越来越令民众反感。因此，教育督导的“行政指令性”应该淡化，而代之以“业务指导性”。督学以往那种“奉尚方宝剑”“行钦差重权”的潜意识应该彻底清除。我国《教育督导条例》（国务院令　第624号）规定，教育督导机构实施专项督导或者综合督导，应当征求公众对被督导单位的意见，并采取召开座谈会或者其他形式专门听取学生及其家长和教师的意见。

基于此，亚太地区一些国家已不用“督学”“督导官”等职衔，而改用“教育顾问”“学校组织员”等新称谓。同时，在督导过程中，督学要平等对待督导对象，广泛而无偏见地征求各方意见，仔细听取督导对象的解释、申辩，尽量争取督导对象的理解、认同，充分考虑、照顾督导对象的实际情况，最终取得既完成督导目标又促进督导对象发展的“双赢”效果。

对继续教育实施督导评估，通过深入课堂一线、督查学习情况、评价师资水平、协调各方关系等方式，督促各地加强统筹规划，落实各级政府责任；加大教育投入，全面改善办学条件；构筑安全环境，确保学生就学安全；注重内涵发展，促进质量提升。这对于加强和提高继续教育质量有着积极的导向、激励、反馈和约束作用，进而促进继续教育项目执行过程规范化管理，提高项目质量和效益。

面向“一带一路”发展继续教育，我国要进一步完善均衡发展的督导评估制度，发挥教育督导职能，全面推进依法治教，科学施教，全面提高继续教育均衡发展水平。一要督促各地制定时间表、任务书和工作推进表，同时，召开全国继续教育均衡发展推进会，就加快推进继续教育均衡发展工作进行再部署、再动员；二要督促建立并完善继续教育均衡发展监测与复查制度，制定科学、完善的监测体系，建立定期发布监测报告制度和限期整改制度；三要督促有关省（区、市）加大省级统筹和经费保障力度，推进继续教育标准化建设，全面改善农村、边远、贫困和民族地区继续教育办学条件，促进继续教育资源均衡配置。

为更好地服务“一带一路”倡议，在现有职业技能鉴定专业专家委员会基础上，调整成立继续教育培训与职业技能鉴定专业专家委员会，其成员主要由继续教育培训与职业技能鉴定归口管理部门负责人、教育培训和技能鉴定任务量比较大的业务部门负责人及直属单位培训机构负责人组成，专业专家委员会下设专业专家分委会。这些负责人和专家成员要具备“一带一路”相关知识和国际化视野。

建立这一平台，主要出于以下考虑。一是可以加强继续教育工作指导与监督，研究并着力解决“一带一路”继续教育工作中的热点、难点问题，促进继续教育先导性、基础性、战略性地位和作用的有效发挥，促使继续教育更好地服务于“一带一路”沿线人才战略和发展战略。二是采用与行业技能鉴定相仿的工作机制，更有利于促进“一带一路”专项培训与鉴定工作的高度融合以及资源的优化整合，以培训促进鉴定质量提升，以鉴定促进培训发展。三是推动继续教育全面持续健康发展，促进“一带一路”及继续教育理论研究，促进继续教育制度建设，建立继续教育从业人员参加脱产培训和网络培训的长效机制；促进分类别、分层级的培训项目体系研发，形成分门别类的“一带一路”人才培养培训计划；促进“一带一路”沿线国家和地区的资源开发建设，推动继续教育精品课程建设和特色教材建设；等等。

第二节　加大继续教育激励

激励，即激发、鼓励，从心理学角度看，激励是通过外界诱因或刺激，将原本不属于主体的思想激化为行动动机的内化方式，是一个不断朝着期望的目

标前进的循环过程；从行为学角度看，激励是在外界刺激作用下产生的行为反应；从管理学角度看，激励是通过外界刺激，诱导主体发挥主动性、积极性以充分释放潜能的促进手段。

一、激励的要素与过程

1. 激励的要素

在激励过程中发挥关键性作用的基本要素有以下五种。

（1）需要。需要，意味着使特定的结果具有吸引力的一种生理和心理上的缺乏。这种缺乏可能单一也可能多样，可能稳定也可能变化发展，可能是个体的也可能是组织的、社会的，这种缺乏将促发动机的产生。

（2）动机。动机是推动人们从事某种行为的念头，是行为的内驱力。动机由需要产生，又激发、调节、控制、支配人的行为。动机是主体生理、心理需要转向实际行动的中介，又是导向行为目标的指南。

（3）行为。行为是受思想支配而表现于外的活动。行为表现于外，驱动于内，是主体为达到一定目的而采取的努力奋斗等社会行为。行为是个人、组织实现目标的必然过程，是由内而外的反应活动。行为既有心理行为、生理行为等个人行为，也有领导行为、组织行为等社会行为。

（4）目标。目标是个人和组织想要达到的境地和标准，是需要的满足、动机的指向、行为的归宿。一个目标的实现意味着一轮激励的终结。不同性质的目标可以激发出不同的需要和动力。

（5）刺激。刺激是对个体或组织施加影响以促发变化的过程。从管理学角度看，刺激是借助于外因促使主体内部发生积极变化的复杂过程。刺激是激励的发端、驱动，激励效果的优劣与刺激的类型、方式、程度等显著相关。

2. 激励的过程

五大要素发生关系的过程，就是激励的过程。一般行为过程如下：由主体的需要启动行为动机，由行为动机促发行为过程，通过行为实现主体的预设目标，而主体行为的预设目标又是由其“生理和心理上的缺乏”引发的某种期望，这种期望又直接决定着主体的生理、心理需要。这个过程有时是清晰、自觉的，但也常常是模糊、不自觉的。

激励过程如下：通过外部主动、有意识、有明确目的的刺激，激发主体的某种需要，进而启动动机，促发行为过程，以使其最终实现预定的目标。在激励过程中，刺激是最活跃的因素，它既可从激发需要着手，又可直接作用于已启动的动机或已运作的行为或已设定的目标，对它们直接进行强化或控制，从而对行为进程产生影响。

二、继续教育激励的原则

1. 公平性原则

继续教育管理者对下级组织及其成员的激励要一视同仁、不偏不倚，下属往往会通过与其他部门、人员的横向比较，或与以前情况的纵向比较，来衡量自身所受到的激励，如果比较结果相同或稍高，则认为受到了公平对待，此时便会产生激励的积极效果：反之，则会认为受到了不公平待遇，此时会产生激励的消极效果。

2. 公开性原则

继续教育管理者对成员的激励要面向公众，恰当宣扬。激励是对下属工作成就的认可，这种认可只有在较多公众中或较大范围内得到承认和展示，才能使下属产生强烈的被尊重、被认可的满足感以及自我实现的成就感，才能极大地振奋下属的精神，最终使他们迸发出更高的工作热情和创造力。

3. 适中性原则

继续教育管理者对下属工作成就的褒扬及奖励要合情合理、恰到好处，若激励力度过小，则不痛不痒、若有若无，达不到激励的目的；若激励力度过大，则过犹不及、难以服众，也失去了激励的意义。因此，作为继续教育重要激励方式的褒奖要慎之又慎，尽可能做到合情合理、恰到好处。

4. 规范性原则

继续教育管理者对下属的激励办法、举措要尽量规范、相对稳定。褒奖激

励一经兑现，下属往往就会以此为标准调整自身行为，去争取下一轮奖励，而如果下次降低了褒奖标准，下属便会觉得受到了捉弄，不仅积极性受挫，还会对领导产生不信任感。因此，继续教育激励要尽可能规范、稳定，最好是形成固定的制度，在需要调整时，及早征得下属的理解和认同。

三、继续教育激励的方法

1. 目标激励

目标激励是一种愿景式的成就激励。目标的实现能够满足人的成就需要，使主体享受到自我价值实现的快感。目标有高低、大小、远近之分，崇高的目标是对人生的挑战，它能够激发出巨大的人生潜能和行为驱动力。继续教育管理者如果能为下属恰当设置富有感召力的奋斗目标，将会极大地激发下属的工作热情和创造精神，同样也会获得超出预期的工作成效。

2. 荣誉激励

荣誉激励是一种高层次的精神激励，荣誉是一种鞭策，是一种自律约束，是一种催人奋进、促人领先的动力。荣誉激励通过授予获得者相应的称号或名誉，可以使获得者得到广泛的尊重和认同，也可使其得到巨大的精神鼓舞。因此，继续教育管理者应通过荣誉激励突出典型、树立榜样，以带动更多下属学习、赶超。

3. 信任激励

信任激励是一种情感化的精神激励，运用信任激励，能够在管理者与下属间建立一种稳固、持久且无私的精神沟通联系，能够激发下属的忠诚感和奉献精神，所谓“士为知己者死”，就是信任激励的应得回报。因此，继续教育管理者应善于运用信任激励，以此来凝聚人心、鼓舞斗志。

4. 物质激励

物质激励是一种最基本的激励方式，它能够满足人的生理需要，尽管层次较低，但依然能够发挥其他激励手段所不具有的独特作用。只不过在进行物质激励时必须坚持按劳取酬、多劳多得的总原则，在这一必要前提下，将物质激励与精神激励紧密结合，双管齐下，避免陷入物质至上、唯利是图的危险境地。

5. 学习激励

学习激励是一种新型的发展性激励方式，学习激励能够为下属提供带薪脱产外出学习进修的机会并承担相关费用，这不仅满足了下属自我发展、自我实现的需要，又让其感受到管理者对自己的信任和关心。因而，学习激励是一种物质激励与精神激励兼而有之的激励方法。显然，如果继续教育管理者能够恰当运用这种激励方法，就能实现奖励下属、培育人才、推进事业的综合效应。

第三节　做好继续教育评价

评价即评估与认证，是对事物功能和行为效果的价值判断。对于继续教育办学主体而言，评价既是对其教育质量、效益贡献的评价，也是对继续教育后续发展采取措施的必要依据。对于继续教育学习者而言，评价是对其学习经历、效果水平的认证。继续教育评价是保障继续教育持续发展的一种手段，建立完整的继续教育评价体系是继续教育发展的内在要求，是提升继续教育社会声誉的重要措施，可以帮助继续教育机构明确具体的质量标准，更好地为学习者提供学习支持服务。继续教育管理中，评价既是对已然运作的评价、鉴定，又是对未然运作的拨正、导引，必须评价准确、认证恰当。

一、评价做法

1. 我国继续教育评价历程

1985 年 5 月，《中共中央关于教育体制改革的决定》首次提出，要定期对高等学校的办学水平进行评价，这是我国现代教育评价的发端。同年，国务院《关于第七个五年计划的报告》指出，要加强教育事业的管理，逐步建立系统的教育评价和监管制度。1990 年 6 月，国家教委颁发《关于普通高等学校成人教育治理整顿工作的若干意见》，强调要在治理"三乱"（乱办学、乱收费、乱发文凭）过程中对成人高校办学资格、办学水平进行评价检查。同年 10 月，

《普通高等学校教育评价暂行规定》正式发布。1993 年 2 月，中共中央、国务院印发《中国教育改革和发展纲要》（中发〔1993〕3 号）强调要建立国家各类教育的质量标准和评价指标体系，把检查评价学校教育质量作为一项经常性的任务。同年 12 月，国家教委发布《关于各类成人高等学校评估工作的意见》（教成〔1993〕18 号）和《成人高等学校评估的基本内容和准则》。1994 年 10 月，国家教委办公厅印发《普通高等学校函授教育评估基本内容和准则》《普通高等学校夜大学评估基本内容和准则》《普通高等学校函授教育评估指标体系（试行）》《普通高等学校夜大学评估指标体系（试行）》等文件。1995—1996 年，国家教委、各省各部委组织开展了对 684 所函授大学、549 所夜大学的全面评价，评价结果是：函授大学 229 所优良，446 所合格，9 所不合格；夜大学 202 所优良，338 所合格，9 所不合格。

《国家中长期教育改革和发展规划纲要（2010—2020 年）》（中发〔2010〕12 号）明确指出，要改革教育质量评价和人才评价制度，改进教育教学评价。根据培养目标和人才理念，建立科学、多样的评价标准，开展由政府、学校、社会各方面共同参与的教育质量评价活动，完善学生成长记录，做好综合素质评价；探索促进学生发展的多种评价方式，激励学生乐观向上、自主自立，努力成才；改进社会人才评价及选用制度，为人才培养创造良好环境；树立科学人才观，建立以业绩为重点，由品德、知识、能力等要素构成的各类人才评价指标体系；强化人才选拔使用中对实践能力的考察，扭转社会用人单纯追求学历的倾向。毫无疑问，这为包括继续教育在内的所有教育评价奠定了理论基础，指明了实践方向。正是以此为指导，从 2011 年开始，山东、河北等地开始着手大力开展本地区继续教育教学评估工作。

2. 我国继续教育评价反思

纵观我国继续教育的评价历程，其积极作用表现在以下三个方面。一是发展速度较快。从 1985 年发起到 1996 年全国首次继续教育评价完成，仅用了十年时间，这在世界继续教育发展史上也实属罕见。二是社会影响较大。由中央、各省各部委组织的评价级别高，权威性强，评价对象涉及全国 841 所高等院校和 1233 所成人高校。三是促进作用明显。20 世纪 90 年代初期的“治理三乱”和中期的“合格评价”，对成人高校的基本建设、管理运作，秩序维护、纪律严肃产生了极大的促进、规范作用，特别是“合格评价”，引发了我国继续教育的“第二次创业”。

但与此同时，我国继续教育的评价也存在如下一些问题。一是缺乏理论指导。在开展继续教育评价活动之前，没有进行理论层面上的充分研讨和论证，缺乏科学的理论依据。二是评价主体单一。评价虽有专家参与，但实际上是政府行为，缺乏中介组织、社会、学习者等的参与。三是评价范围狭小。评价仅局限于成人高等学历教育，没有涵盖所有继续教育类型。四是评价标准僵硬。评价方案和指标体系同质化严重，没有全面考虑不同评价对象的特殊性。五是质量评价缺乏。两轮继续教育评价都集中于管理评价（实际上是遵守法纪评价）和合格评价（实际上是教育资源评价），而真正的教育教学质量评价则基本没有涉及。

二、评价类型

1. 评价主体

从评价主体的角度来看，继续教育评价分为四种类型：一是由政府和行业教育主管部门组织的评价，二是由社会中介组织接受政府、行业委托组织的评价，三是由社会用人单位联合或独立组织的评价，四是由学校聘请校内外专家和相关人员组织的评价。

2. 评价目的

从评价目的的角度来看，继续教育评价分为三种类型：一是对评价对象整个工作或专项工作是否达到相关标准而进行的合格评价；二是对评价对象管理、教育、教学整体水准进行的水平评价；三是通过对多个评价对象的比较，选拔出整体水平或专项水准突出者以树立榜样的选优评价。

3. 评价性质

从评价性质的角度来看，继续教育评价分为三种类型：一是对评价对象教育资源配置状况进行的配置性评价，二是对教育活动的状态、质量进行的形成性评价，三是对整个教育活动成果和效益进行的总结性评价。

4. 评价内容

从评价内容的角度来看，继续教育评价分为两种类型：一是对评价对象管理、教育、教学等全部工作进行的综合性评价，二是对某方面、某专项工作进行的专题性评价。

三、评价的运作

1. 评价的前期准备

（1）评价活动的策划。评价启动前，要先对评价活动进行通盘考虑，其中需要重点明确以下几方面内容：一是评价目标，包括整体目标和具体目标；二是评价类型，即从不同角度确定评价是哪几种类型的组合；三是评价范围，即在多大的社会区域内开展；四是评价对象，即在预定范围内有哪些具体的被评价者；五是评价内容，即评价具体针对哪些方面或项目；六是评价进程，即何时开始、何时结束、进程分几个阶段。

（2）评价主体的组织。评价工作的成败优劣，在相当程度上取决于评价主体的构成和素质。在组织继续教育评价主体时必须注意以下几点：一是要根据评价目的、对象、内容的不同，选择相关组织或专家参与评价；二是要扩大主体代表面，主管领导、教育同行、专家学者、用人单位、学生代表都应该参与评价；三是要特别强调独立教育中介组织或继续教育学会、科研机构等作为中介组织的参与，强调独立专家、学者的参与，力求评价的客观公正；四是要吸收和听取评价对象代表的意见，对其说明甚至申辩有利于评价主体全面掌握情况，要做出准确判断。

（3）评价方案的设计。评价方案的设计包括评价指标体系设计和评价实施方案撰写两项工作。评价指标体系是评价操作依据，其设计必须分解目标、制定权重。分解目标是指根据总目标将评价内容分解为一级指标、二级指标和三级指标，并从总体上审视指标设计是否合理，是否有交叉、重叠、遗漏等情况，最后形成比较完善的评价指标系统。制定权重是指根据各项指标在评价中作用的大小设定其评价比例，通常用分值表示。评价实施方案是整个评价工作的运作指南。它必须将评价策划、主体组织、指标体系设计及整个运作过程的考虑条理化、书面化。评价实施方案一般包括下列内容：评价目的、意义，评价组织、领导，评价范围、对象，评价内容及指标体系，评价方法、工具，评价进程、步骤，评价效果、要求。

2. 评价的具体运作

（1）选点实验评价。对于范围较大、对象较多的评价活动，应开展选点评价实验。一是可以检验评价策划是否合理，评价指标体系设计、方案制订是否科学；二是及早发现评价过程可能出现的问题，研究相应对策；三是锻炼、培训评价主体队伍。实验评价的选点应具有代表性，如果评价对象情况复杂，最好选几个不同类型的点进行实验。

（2）修正评价方案。实验评价后，要根据发现的问题对先前的设计方案进行修改。既要对评价指标体系中的指标进行补缺削冗的完善，对指标权重进行适当调整，又要对实施方案中“组织领导”“方法工具”“进程步骤”“效果要求”等环节进行修正和补充。

（3）全面推进评价。继续教育评价在具体运作过程中要注意做好以下三个方面的工作：一要广泛收集信息，尽可能多地了解评价对象的相关情况，尽可能多地听取各方意见；二要认真核实资料，下功夫甄别鉴定材料的真实性、原始性、关键性和重要性；三要科学处理信息，发现各种因素的内在联系，探求本质性、规律性问题。

3. 评价的总结复查

（1）慎重分析，形成结论。评价主体要在反复核查和认真分析的基础上形成评价结论，在这个过程中应注意三点：一要根据评价经验充分交流个人意见，二要依据指标体系逐项进行定量评价，三要通过充分讨论形成定性判断共识。

（2）求实诊断，促进发展。评价主体在形成评价共识后应继续做好三项工作：一是根据定量定性分析判断，形成初步评价结论；二是通过与有关方面特别是评价对象的沟通交流，对初步结论进行补充完善；三是根据评价结论及评价对象的实际情况，提出可行性整改建议。

（3）认真复核评价质量。评价结束后还必须对评价行为本身进行监督性复查。这种复查可由教育主管部门主持进行，可委托独立设置的中介机构进行，

也可专门聘请其他专家和相关组织进行。政府或教育主管部门所选定的评价主体必须得到大多数评价对象的认可，并对评价主体的工作进行监督，评价主体对评价对象进行评价，而评价对象又有权监督评价主体。有了这种闭合的循环监督回路，便可有效控制继续教育评价的道德风险。

第四节 严格继续教育认证

资格认证，简称认证，也是一种效能评估，但评价主体是具有资格认证权力的国家机关、专门机构或办学主体，而不是其他不具有资格认证权力的机构或单位，评价对象则是成人学习者。科学有效的继续教育认证制度，有助于继续教育从业人员以及受教育者的技能培养，规范对继续教育开展过程及效果的监督把控，实现继续教育管理和人力资源的有效融通。

一、我国继续教育认证

1. 继续教育认证的历程

改革开放以前，我国继续教育的资格认证制度比较简单，认证权由办学主体掌握，发放的证书有学历性毕业证书和写实性结业证书两种。改革开放以后，由于“文凭热”的兴起，我国继续教育的资格认证便成为社会热点问题之一，认证制度也出现了空前繁荣的变动。1987 年 6 月，国务院批转的《国家教育委员会关于改革和发展成人教育的决定》提出，成人高等和中等专业学校要突破单一的培养规格，对学员实行三种证书制度，一种是毕业证书，一种是单科及格证书，一种是在本行业从事所学专业工作范围内适用的专业证书。1988 年 4 月，国家教委、人事部印发《关于成人高等教育试行（专业证书）制度的若干规定》，针对专业证书教育一哄而起、乱办滥办屡禁不止的现象，人事部决定不再将专业证书作为“任职资格的依据之一”，专业证书教育于是从 1992 年起全面退潮。1993 年 2 月，中共中央、国务院印发的《中国教育改革和发展纲要》（中发〔1993〕3 号）提出，国家建立和完善岗位培训制度、证书制度、资格考试和考核制度、继续教育制度，推行学历文凭、技术等级证书、岗位资格证书并重的制度。同年11月，《中共中央关于建立社会主义市场经济体制若干问题的决定》指出，要制定各种职业的资格标准和录用标准，实行学历文凭和职业资格两种证书制度。1996年颁布的《中华人民共和国职业教育法》则提出，接受职业学校教育的学生，经学校考核合格，按照国家有关规定发给学历证书；接受职业培训的学生，经培训的职业学校或者职业培训机构考核合格，按照国家有关规定发给培训证书。2002年9月，《国务院关于大力推进职业教育改革与发展的决定》强调，要“完善学历证书、培训证书和职业资格证书制度”，“推行‘绿色证书’教育，培养一大批科技示范户和致富带头人”。2010年3月，《国家中长期教育改革和发展规划纲要（2010—2020年）》（中发〔2010〕12号）明确指出，积极推进“双证书”制度，推进职业院校课程标准和职业技能标准相衔接，完善就业准入制度，执行“先培训、后就业”“先培训、后上岗”的规定。

2. 继续教育认证的反思

（1）七种证书及其相互关系。改革开放以来，我国继续教育资格认证中先后出现过八种证书：学历证书、专业证书、技术等级证书、岗位合格证书、岗位资格证书、职业资格证书、培训证书、绿色证书。其中，专业证书在1986—1994年阶段性使用后，目前已不存在。《中华人民共和国教育法》第二十条规定：“国家实行职业教育制度和继续教育制度。”国家教委政策法规司在解释该条时指出：凡进行技术等级考核的行业和工种，逐步实行“双证书”制度，即毕业证书和技术等级或岗位合格证书等职业资格证书制度，在全社会实行学历文凭和职业资格证书并重的制度。照此解释，职业资格证书包括技术等级证书和岗位合格证书，而“岗位资格”显然是“职业资格”的下位资格，所以，职业资格证书也包含了岗位资格证书，而“绿色证书”是农民技术培训证书，应该归入培训证书大类。如此看来，我国继续教育现有的七种证书分为三大类：毕业证书、职业资格证书、培训证书。

（2）三类证书及其价值。三类证书是三种不同教育培训制度的评价证明，各自具有不同的内涵和价值。学历证书是为完成正规国民教育一定阶段学习任务、经考试达到合格程度的受教育者颁发的证明文书，它是国家基本教育制度规格、水平、质量的标志文本。职业资格证书是为完成特定职业技术学习培训

任务，经政府认定的考核鉴定机构考核达到合格标准的劳动者颁发的证明文书，它是国家劳动就业制度准入水平的标志文本。培训证书是由主办者为参加各级各类教育培训活动收到一定成效的学习者颁发的写实性证明文书。学历证书是持有者接受正规教育及所具学识水平的权威性证明，在计划经济体制下，它与持有者的劳动就业、职位升迁、待遇福利、社会地位等紧密联系，具有重要的社会价值和经济价值。职业资格证书是持有者接受专门职业教育及职业技术水平的权威性证明，它是持有者求职、任职、开业的资格凭证，也是办理对外劳务合作技能公证的有效证件，同样具有重要的社会价值、经济价值。培训证书是持有者接受某种培训的写实性证明，其权威性及价值因培训主体的“身份”和用人单位的认可而天差地别。《国务院关于大力推进职业教育改革与发展的决定》第十五条规定，要“严格执行就业准入制度，用人单位招收、录用职工，属于国家规定实行就业准入控制的职业（工种），必须从取得相应学历证书或职业培训合格证书并获得相应职业资格证书的人员中录用；属于一般职业（工种），必须从取得相应的职业学校学历证书职业培训合格证书的人员中优先录用，从事个体工商经营的，也必须接受职业教育和培训”，此为三类证书及其价值的权威性说明。

二、继续教育认证类型

1. 成人学历资格的认证

文凭制度是“一个国家基础制度之一，是教育制度的核心，文凭制度不能搞乱”。[①]基于此，我国对继续教育学历资格的认证一直是从严控制的，只有经国家批准具有颁证资格的学校和机构才能颁发学历证书。1989年，为加强对成人继续教育学历证书颁发的监管，国家开始实行中等、高等成人教育学历证书由省级教育主管部门“验印”的制度。自1993年起，实行由国家教委统一印制成人高等教育学历证书并由省级教育主管部门验印的制度。目前，这种“统一制证验印”制度已经有所改变。

---

① 李铁映．积极支持大力发展成人教育：在全国成人高等教育工作会议闭幕式上的评话[N]．中国教育报，1992-08-14．

2. 成人职业资格的认证

成人职业资格的认证情况比较复杂，首先，按《国务院关于大力推进职业教育改革与发展的决定》第十六条的规定，职业资格证书可以由"部分教学质量高、社会声誉好的中等职业学校和高等职业学校"颁发，也可由政府认定的"职业技能鉴定站（所）或职业资格考试机构"颁发。其次，颁发职业资格证书必须依照"国家职业标准"进行考试。最后，职业资格认证又因适用范围的不同，分别由不同部门进行认证：国际职业资格证书需要通过国际公认的或一些国家公认的资格认证机构考试认证；国家实行就业准入控制的职业资格认证，必须参加国家职业资格全国统一鉴定考试及认证；一般职业资格认证由行业或地方劳动部门组织考核及认证。

3. 成人培训资格的认证

因为继续教育培训的运作情况差异巨大，所以培训的资格认证情况也大不相同，往往与培训机构的知名度、规范性和影响力有关，也与培训项目的需求度、时代性和吸引力有关。目前，由主管部门组织的培训往往容易得到行业内部的资格认可，而一般培训的资格能否得到认证，则主要由用人单位来决定，这也往往直接或间接取决于官方背景或成分判断。

三、继续教育认证走向

1. 三类证书制度将长期并存

一是由我国继续教育的基本状况决定的。据国家统计局测算，我国青壮年和逐步进入的劳动年龄段人口（15～64 岁）2000 年为 8.5 亿人（占人口总数的 68.40%），2010 年为 9.7 亿人（占人口总数的 73.27%），2019 年为 9.8 亿人（占人口总数的 70.72%）。[①]对如此庞大的劳动群体进行各类教育培训，是人类社会史上空前宏大的工程。显然，这种大规模、多层次、多类型、多样化的教育培训，仅靠单一的证书及认证制度是无法实现的。

---

① 中国历年青壮年和逐渐进入的劳动年龄段（15 至 64 岁）占总人口比重[EB/OL].（2020-11-23）. https://www.kylc.com/stats/global/yearly_per_country/g_population_15to64/chn.html?ivk_sa=1024320u.

二是由我国的人才结构要求决定的。要保证各行各业各种层次的人才需求，保证整个社会的和谐运作，既需要“一大批”优秀的高级管理人才、拔尖的科技开发人才，也需要数以千万计的中、高级专门人才、高新技术应用人才，还需要数以亿计的高素质普通劳动者。正是因为不同层次人才的智能素质要求、教育培训需要各不相同，教育培训效果区别显著，所以也就不能用单一规格的证书及认证制度来认证。

三是由我国继续教育和职业教育的政策决定的。三类证书及其认证制度经过多年实践，最终经国家最高权力机关审定而以法规形式予以发布。一方面，三类证书及其认证制度扎根于广袤而肥沃的实践土壤，符合社会主义初级阶段的国情，因而具有相当强的生命力和存在价值；另一方面，作为国家基本教育制度的组成部分，三类证书及其认证制度也应该保持自身的稳定性。所以，作为我国继续教育和职业教育基本制度核心部分的三种证书及其认证制度，将会在较长时期内存在并持续发挥作用。

2. 职业资格认证将日显其重要性

（1）人才标准将向职业能力倾斜。知识经济社会的到来要求人的技能快速更新。因此，与只能证明以往学习经历、知识水平的学历证书相比，具有动态性、时效性的职业资格证书显然更能证明人才即时提高的能力和水平。同时，市场经济条件下的人才选择标准更看重从事具体职业岗位工作的操作能力和水平。在这方面，职业资格认证显然优于学历证明。

（2）重视职业资格是发达国家的优长。发达国家职业规范性强、劳动效率高的一个重要原因就是非常重视提高劳动者的专业化、职业化程度和水平。发达国家大都制定了完备的职业资格标准，劳动者只有通过规范的培训、严格的考试和水平鉴定，才能获取职业资格证书，就业才有“准入资格”。这种发展经验我国已在认真学习、坚持推广。

（3）国际通用资格认证备受青睐。在全球化时代，持有国际公认或某些国家认可的职业资格证书，无疑就持有了从业的“王牌”。拥有国际通用的注册会计师、注册建筑师、远洋船长、远洋海员等资格证书，或通过已登陆我国的英国国家职业资格项目考试（BTEC）、美国注册管理会计师考试（CMA）、澳大利亚公证会计师考试（CTA）等并获取资格证书，便意味着拥有广阔的择业空间，意味着拥有充分施展聪明才智的发展机会，意味着拥有优厚的待遇报酬。所以，国际通用职业资格日益受到中高层劳动者的高度重视。

3. 继续教育认证趋于“三化”

（1）实证化。在成熟的识才用才机制面前，“以证取人”的情况将成为历史。用人单位将依据竞岗人试用期内的工作业绩及敬业精神、创新思维和竞争能力等情况，来认证劳动者的“从业资格”，而不是简单地根据证书来决定和评判人才价值。

（2）市场化。在“证书社会”里，证书将失去原有分量，其价值将“随行就市”。因此，通过持续学习不断提高自身素质，努力获取更高价值的教育培训证书（不一定是学历文凭），努力求得更高层次的职业资格认证，将成为劳动者入职的必要条件。

（3）全球化。在世界经济社会的加速融通过程中，我国相当一部分劳动者在职业身份方面将由“国民”变成“球民”。美国著名教育专家、卡内基高等教育政策研究理事会主席克拉克·科尔指出：“教育原本关注的是整个世界，拥有众多良好全球意识大众的国家将在国际上占有优势。”[①]因此，在全球化时代、“一带一路”视域下，在国际经济社会的生产、管理、研究及劳务合作竞争过程中，我国完全有必要采取多种有效措施，积极鼓励和大力支持中高级专门人才以及普通劳动者，通过继续教育获取国际社会承认的职业资格认证，使我国国民在世界经济社会发展进程中，特别是在“一带一路”建设中做出更大贡献。

---

① 张健，徐文龙．中国教育新走向：21 世纪中国教育改革和发展展望[M]．广州：广东教育出版社，2002：241．

结语

继续教育作为面向学校教育之后所有社会成员的教育活动，是终身学习的重要依托，在我国教育事业发展中具有极为重要的战略地位，办好继续教育成为我国推进现代化进程的迫切要求。因为继续教育不仅是我国实现社会主义现代化的关键因素，也是满足服务人类命运共同体、不断提高各国人民素质迫切需求的重要途径。

在中国特色社会主义新时代，我们比历史上任何时期都更接近中华民族伟大复兴的目标，我们比历史上任何时期都更需要发展继续教育。继续教育从来没有像今天这样深刻影响着国家前途命运，从来没有像今天这样深刻影响着人民生活福祉。在这个大发展、大变革、大调整的关键时期，我国现代化的过程表现为经济社会结构深刻转型、国家之间竞争加剧、社会和谐发展的要求前所未有、人民发展需求更加多元化，其产生的对继续教育的时代需求与继续教育发展不平衡、不充分之间的矛盾，是继续教育改革发展的主要动因。在我国各类教育中，继续教育还处于薄弱环节，实现现代化的任务还很艰巨，与“一带一路”倡议还有一定差距。

“一带一路”视域下，我们要以习近平新时代中国特色社会主义思想为指导，基于“一带一路”倡议的服务面向对象和“人类命运共同体”的战略考量，大力提高对继续教育重要性的认识，自觉增强加快发展继续教育的主动性和自觉性，积极宣传继续教育先进典型、改革成果和发展成就，营造有利于继续教育健康发展的社会环境和鼓励全民终身学习的舆论氛围，要以国际视野和战略格局，博采众长为我所用，充分利用国内、国外的继续教育资源，借鉴国外继续教育发展的丰富经验，提高自身办学水平，以扩大我国继续教育的国际影响。面对“一带一路”提出的任务与要求，我国继续教育必须要抓住机遇，出台相关措施和对策，充分发挥继续教育行业组织在提供服务、反映诉求、行业自律等方面的作用；加强继续教育研究基地建设，加强继续教育理论、政策法规、教育实践和国际比较研究，努力提升自身办学水平，不断推进我国继续教育向国际化发展；鼓励支持开展多种形式的继续教育对外交流与合作，积极借鉴国际继续教育先进理念，大力引进国际继续教育优质资源，建立健全继续教育中外合作办学政策与制度，打造中国特色继续教育品牌。

“一带一路”倡议给我国继续教育国际化带来了培养国际化人才、促进海外办学和合作办学、增强继续教育院校办学水平等难得的机遇，同时也带来了一系列的挑战。在这样的时代背景下，有现代经济社会发展“引擎”之称的继续教育，如何积极呼应“一带一路”倡议，主动融入“一带一路”倡议，创新人才培养的途径，则是需要高度关注的重要课题。“一带一路”倡议不是另起炉灶、推倒重来，而是实现战略对接、优势互补。

随着“一带一路”倡议的深化推进，展望未来，我国继续教育将围绕“四个全面”战略布局，牢牢把握服务“一带一路”倡议、促进人才技能提升的办学方向，科学定位、提前谋划、深化改革、依法治教，努力实现更明的定位、更高的质量、更优的结构、更顺的体制、更强的保障、更佳的开放，坚定走好更加宽阔的中国特色继续教育发展道路。

1. 明确更高的定位

牢牢把握服务“一带一路”倡议、促进人才技能提升的发展方向不动摇。一是继续教育不能办成升学导向的教育，继续教育后的第一选择是回到工作岗位，服务“一带一路”，而非升入更高一级学校。教学的重点是深化校企合作、工学结合，培养学习者的职业精神、工作技能和就业创业能力。评价的首要标准是技能水平和就业质量，而非升学率。二是继续教育不是“断头路”。要适应产业升级、终身学习的需要，为人的一生提供多次受教育机会，打通学习者不断上升的通道。三是构建人才成长的立交桥，为学习者提供多次选择、多样化选择的机会。四是继续教育必须坚持开放办学，要与“一带一路”沿线无缝对接，与社会、行业、产业紧密结合，不能用普通教育标准来开展、要求和评价。

2. 建立更顺的体制

建立办学合理布局、专业动态调整、服务“一带一路”更顺的体制。要让

行业指导作用得到更好的发挥，企业主体作用得到落实，现代学校制度不断完善以为继续教育提供更强的保障；财政保障不仅要落实，而且要逐年提高；与此同时，还要鼓励更多的社会资本进入到学校里来，鼓励更多的社会资源进入到学校来。实现更加的公平；要更好地落实贫困学生的资助工作，既要办好面向学龄人口的教育，也要兼顾各种教育需求；进行更好的开发，要进一步推进“一带一路”国际合作与交流，推进继续教育合作办学，更多地参与继续教育国际标准的制定。

3. 形成更优的结构

构建适应“一带一路”倡议的多层次、多样化、适应需要、引领需求的人才培养结构，一是办好各级各类继续教育，使它们保持在合理的比例和水平，确保继续教育可持续发展，让各层次办学各得其所、办出特色、办出水平；二是合理布局继续教育机构，不同地区因地制宜，确定好发展继续教育的发展定位和目标，采取差异化举措；三是调整优化专业机构，加强前瞻性、战略性研究，对产能过剩的行业要调减相应的专业和招生，针对“一带一路”沿线重点发展的现代农业、制造业、服务业及其他战略性新兴产业，要扩大相应专业和招生规模。

4. 打造更高的质量

服务每个学习者的全面发展，服务“一带一路”倡议，树立继续教育的品牌，一是坚持立德树人根本任务，全面贯彻党的教育方针，着眼于学习者的全面发展、终身发展，在保障技术技能培养质量的基础上，加强文化基础教育，实现学习者就业有优势、创业有本领、升学有希望、发展有基础；二是开展改革人才培养模式，强化教学、学习、实训相融合的教育教学活动，创新教学方式方法，根据社会及产业发展不断更新教学内容；三是加强教师队伍建设，一方面加强教师培训，另一方面吸引企业人员兼职任教，打造数量充足、素质优良的“双师型”教师队伍；四是加强办学条件建设，核心是提升实习实训条件，建设“一带一路”普惠、共享的基础设施，利用企业和社会资源；五是加强教材建设，教材内容能代表行业中上等水平。

5. 实现更快的发展

我国继续教育要把握趋势、跟上时代步伐，及时做出改变和调整。通过因

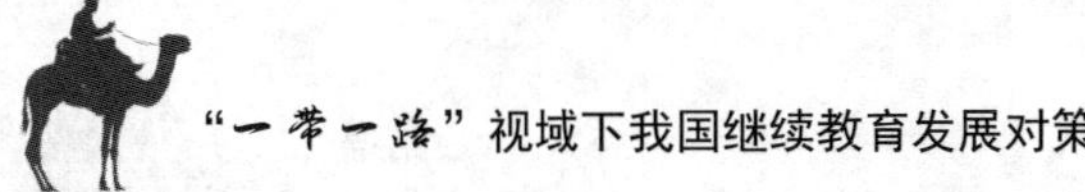

特网在"一带一路"沿线乃至全球范围内为受教育者提供某种教育服务，已不再为人们所惊讶。依托新兴技术，构建在线教育。信息网络技术发展使"一带一路"沿线民众跨越空间的限制，混合式教学模式将主导成人学历教育的主要教学模式，成为继续教育的主要手段，教育信息化和互联网的发展将会促进成人学历继续教育体系的改革与整合。不论是函授、夜大还是成人自考，都会逐步过渡到在线教育，并将越来越普遍。我们要推进我国继续教育走向"一带一路"，推进我国继续教育全面协调可持续发展，为中华民族伟大复兴做出更大的贡献。

参 考 文 献

[1] 国务院新闻办公室，中央文献研究室，中国外文局．习近平谈治国理政[M]．北京：外文出版社，2014：10．

[2] 国务院新闻办公室，中央文献研究室，中国外文局．习近平谈治国理政（第二卷）[M]．北京：外文出版社，2017：11．

[3] 刘震，张敏，周峰．继续教育的新形式：清华终身学习云课堂[J]．现代教育技术，2021，31（1）：83-89．

[4] 谢清理．成人高等教育高质量发展模式的时代构建[J]．成人教育，2019（7）：20-24．

[5] 丁凯，李国强．“双一流”建设下高校继续教育的供给侧结构性改革与治理体系[J]．继续教育研究，2021（2）：1-6．

[6] 杨斌，高策理，吴志勇．新时代高校继续教育内涵式发展的思考[J]．继续教育，2018（7）：3-8．

[7] 胡锐．双一流大学继续教育发展机遇与创新模式研究[J]．继续教育，2018（6）：28-31．

[8] 陈英霞．“双一流”大学继续教育综合改革策略思考：以中国人民大学为例[J]．继续教育，2018（5）：7-9．

[9] 丁凯．“双一流”建设下高校继续教育的供给侧改革：精准供给与跨界融合[J]．继续教育，2018（4）：7-11．

[10] 韩婷．“一带一路”影响下地方高校创新创业教育研究[J]．新疆医科大学学报，2017，40（6）：855-856．

[11] 高杨，张放．“一带一路”背景下校企合作存在的问题和解决途径[J]．教育观察（上半月），2017（3）：75-76．

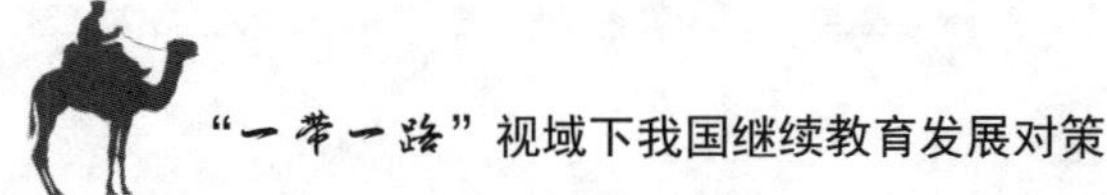

[12] 段世飞．“一带一路”背景下高等教育人才培养需求展望[J]．湖北函授大学学报，2017（4）：32-33.

[13] 黎云莺．“一带一路”对创新创业人才的培养研究[J]．太原城市职业技术学院学报，2017（1）：45-46.

[14] 李星云.“一带一路”战略背景下我国高等教育的困境及发展路径[J].南京理工大学学报（社会科学版），2016（5）：1-5.

[15] 李中亮．关于“十四五”继续教育规划的若干思考与建议[J]．当代继续教育，2020（6）：4-14.

[16] 张力．试论“十四五”教育规划的基本方位和主要思路[J]．宁波大学学报（教育科学版），2020（4）：9-13.

[17] 徐辉. 关于“十四五”教育规划的若干建议[J]. 教育研究，2020（5）：12-16.

[18] 董玉霞．高等继续教育与全日制高等教育协调发展研究[J]．成人教育，2019（11）：6-10.

[19] 左红武．新常态下的云南省高校继续教育发展策略研究[J]．中国成人教育，2015（11）：40-42.

[20] 王建明. 新时代高等继续教育发展的战略思考[J]. 终身教育研究，2019（3）：3-8.

[21] 乐传永，李梦真．近 20 年我国高校继续教育治理研究的热点与发展[J]．现代远程教育研究，2019（2）：67-75.

[22] 王定华．新时代我国教育改革发展的新方向新要求：学习习近平总书记在全国教育大会上的重要讲话[J]．教育研究，2018（10）：4-12.

[23] 杜以德．继续教育现代化的基本内涵及发展策略[J]．中国成人教育，1998（8）：17-18.

[24] 霍观宇，盖连国，程春军．中国继续教育面临的机遇和挑战[J]．继续教育，2012（5）：3-5.

[25] 晋银峰．试论中国继续教育内涵的发展[J]．开封教育学院学报，2001（1）：57-59.

[26] 赵惠琳，葛天诗，甘鹏飞．论我国高等继续教育的发展与对策[J]．中国建设教育，2008（1）：35-37.

[27] 焦玉步．加强顶层设计　构建现代职业教育体系：对荷兰、瑞士和意

大利三国职业教育的考察与思考[J]. 中国职业技术教育，2013（13）：29-30.

[28] 宋述强，王小明. 欧洲国家继续教育、职业教育的现状综述及对我们的启示[J]. 继续教育，2005（5）：60-62.

[29] 赵春鱼，吴华. 高校教学质量保障：一个新的分析框架及其检验[J]. 高校教育管理，2018（2）：98-107.

[30] 崔玉平，崔达美. 论全面质量管理在高等教育转型发展中的适用性[J]. 黑龙江高教研究，2015（7）：5-9.

[31] 尹雪莹. 试论新世纪我国高校继续教育的未来发展策略[J]. 世界华商经济年鉴（理论版），2009（2）：55-56.

[32] 牛玉超. 新时期高校继续教育发展的路径探析[J]. 科教导刊，2020（20）：1-2.

[33] 熊晓莉. 我国继续教育政策演变及发展趋势[J]. 继续教育研究，2017（7）：12-15.

[34] 中科院人教局. 日本的国家创新体系与产学官合作：中国科学院“赴日本科研管理高级培训班”东瀛考察见闻[J]. 科学新闻，2007（15）：32-34.

[35] 刘耀华. 韩国职业教育改革基本经验评析[J]. 临沂师范学院学报，2006（5）：128-130.

[36] 余晖. 英国：继续教育亦“芬芳”[J]. 中国教育报，2014-10-08.

[37] 任舒泽. 法国继续教育的特色及其借鉴意义[J]. 法国研究，2009（2）：77-81.

[38] 单中惠. 试析十九世纪英国科学教育与古典教育的论战[J]. 清华大学教育研究，2000（2）：91-96.

[39] 胡东成，张良平，姚崇兰，等. 大力加强国际化教育，提高学生参与国际竞争的能力[J]. 清华大学教育研究，2001（3）：68-71.

[40] 贺国庆. 外国高等教育史[M]. 北京：人民教育出版社，2006：77.

[41] 陈明宏. 美国继续教育培养模式分析研究[J]. 高等继续教育学报，2013（5）：68-70.

[42] 朱妙芬. 基于城市竞争力的人力资源战略探讨[J]. 现代管理科学，2003（2）：11-13.

[43] 诚萱. 我国成人教育 50 年发展回顾[N]. 中国教育报，1999-09-27.

[44] 宋志轩，白智童. 新加坡南洋理工学院教学模式及其启示[J]. 职业技

术教育，2013（20）：93-95.

[45] 李莹，张懿凡．提高行业类高校非学历继续教育质量的措施刍议：以长安大学为例[J]．高教学刊，2021（5）：90-94.

[46] 周龙英．“一带一路”倡议人才需求效应下的高等教育路径探析[J]．中国成人教育，2017（4）：39-41.

[47] 余晖，匡建江，沈阳．英国支持继续教育领域培养卓越劳动力的政府战略（上）[J]．国外职业教育，2015（1）：37-38，42.

后 记

历经千辛万苦，整整四年，我的这部继续教育研究专著终于要出版了。此时此刻，有一种如释重负的感觉，更有一种意犹未尽的豪迈。这本书既是我对自己十年继续教育工作实践和理论研究成果的集中体现，也是我向中国共产党成立一百周年的一份献礼！

第二次世界大战后，科学技术的快速发展和社会的日新月异促使国家、组织和个人迫切需要发展对未来的适应和创造能力。继续教育作为现代社会人力资源开发的重要手段，已经成为国家建设知识创新社会结构的重要组成部分，对人才培养可发挥“充电器”“加油站”功能，在学习型社会建设中发挥着重要支撑作用。新时期继续教育工作的基本任务如下：面向从业人员，以及有创业、择业、转岗需求的人员和就业困难、失业人员开展其职业道德、文化知识、专业技术和实践能力等方面的岗位培训；面向有接受中等或高等教育意愿的社会成员开展相应的学历继续教育；面向各类社会成员开展形式多样的道德规范、科技文化、文明生活、休闲文化和健康教育，满足人们日益增长的精神文化生活和幸福生活的需求；建设各类学习型组织，推动全民终身学习。

“一带一路”倡议是以习近平同志为核心的中共中央、中国政府对人类命运共同体和中华民族伟大复兴的战略考量。中国共产党一贯重视发展大众教育，增进人民福祉，促进民族复兴，以宽广的眼界审视世界和时代大势，着力推进继续教育事业发展。基于此认识，本书运用马克思主义方法论，以习近平新时代中国特色社会主义思想为指导，以“一带一路”倡议为视域，集中了我对继续教育发展的理解和认识，进行深入思考和探索，算是我对自己多年从事继续教育工作研究和实践积累的回顾和集大成。当然，有些想法和思路还不够成熟，有待商榷，还请广大读者和专家不吝赐教，批评指正。

感谢在北京印刷学院从事继续教育以来给予我帮助的各位校领导：刘超美、

高锦宏、罗学科、王关义、许文才、田忠利，部门领导蔡吉飞、杜明芳、李晓全、张可献、叶霞、卢国英、邓普君，以及佟诚南、关强、韩军、李琴、王红玉、王秋梅、戴贵忠、李花、赵凤瑶等各位同人！感谢清华大学 2014 年第二期北京继续教育系统教学管理骨干研修班班主任、北京市教委高教处调研员刘承邠和全体同学、清华大学党委统战部副部长南彬、感谢中国编辑学会会长郝振省，副会长、原国家新闻出版总署人事司司长孙文科，副会长、人民出版社原副总编辑乔还田，中教智业研究院（耘梯教育集团）董事长张耀华等业界专家领导。你们的指导及分享，对我的工作和研究给予了极大支持，并提供了宝贵协助，帮我找出问题、分享心得、指点迷津，为本书的完成提供了有力保障。

本书的出版得到了北京市教委的资助和清华大学出版社的垂顾，在此深切致谢！

鞠　华

2021 年 9 月于北京